L'ÉCONOMIE BLEUE EN AFRIQUE

Enjeux, défis et perspectives

Sous la direction de
Laré Batouth PENN

L'ÉCONOMIE BLEUE EN AFRIQUE

Enjeux, défis et perspectives

Préface de Stanislas Bamouni BABA

L'Harmattan Togo

5-7, rue de l'École-Polytechnique; 75005 Paris

www.editions-harmattan.fr

ISBN : 978-2-336-57029-7
EAN : 9782336570297

Comité de lecture

MEHINTO Michel Mètonou, Maître Assistant en Psychopathologie et Psychologie Clinique, Université d'Abomey-Calavi, Bénin

Remerciements

Nous remercions l'Unité de Recherche en Sociologie Appliquée et Fondamentale (URSAF) et le Centre de Recherche en Économie Appliquée et Management des Organisations (CREAMO) ainsi que toutes les personnes qui ont contribué au succès de ce projet de publication.
Nous sommes par ailleurs très reconnaissants à l'Université de Lomé de son soutien.
Nous sommes extrêmement privilégiés de l'encadrement et du soutien scientifique exprimé à notre égard par deux personnalités du monde de la recherche en sociologie et en économie. Il s'agit des professeurs Gbati Luc Napo et Akimou Amadou qui ont contribué à la réalisation de ce projet. Nous voudrions les remercier pour leur implication personnelle et rigoureuse dans le suivi et la réalisation de la présente publication. Ils ont été les principaux artisans du montage et des opérations matérielles relatives à l'effectivité du tapuscrit.
Aux comités scientifique et de lecture, nous exprimons toute notre gratitude. Ils ont été la cheville ouvrière de la dimension qualitative de ce travail. Ceux sont eux qui ont assuré avec professionnalisme l'évaluation des travaux selon la grille proposée par l'URSAF et le CREAMO. Ce qui leur a permis de valider les propositions d'articles et de les transférer à l'éditeur pour publication.
Nous voulons également remercier tous nos partenaires qui nous ont soutenu pour la publication de cet ouvrage, en particulier l'Organisation des Nations unies pour l'alimentation et l'agriculture (FAO). Merci au Docteur Oyétoundé DJIWA, Chargé de programme du bureau de la FAO au Togo et au Docteur Hodabalo PEREKI, Coordonnateur National du projet GCF NAP Readiness « Renforcement des capacités nationales et régionales pour une gestion efficace des risques climatiques au Togo » à la FAO au Togo pour leur assistance et l'accompagnement.
Nous tenons singulièrement à témoigner toute notre reconnaissance aux principaux et précieux artisans de cet ouvrage, ceux sans qui rien n'aurait été possible : les contributeurs. La qualité de leurs travaux, la pertinence de leur argumentaire et leur exigence méthodologique, confèrent une valeur incommensurable au présent ouvrage. Ils ont accepté de s'inviter dans une nouvelle approche pour le développement des économies maritimes et des eaux douces en alimentant le débat sur le concept de l'économie bleue. Un sujet d'actualité par ses dynamiques

en Afrique et dans le monde entier. Chers contributeurs, merci. En acceptant de contribuer dans cet ouvrage, vous réhaussez l'image de la recherche sur l'économie bleue en Afrique, un terrain qui semble être abandonné.

Sommaire

Préface

L'ouvrage, intitulé *L'économie bleue en Afrique. Enjeux, défis et perspectives*, est le fruit d'un formidable travail d'observation, d'analyse et de restitution dans lequel les auteurs ont mis en lumière les dynamiques en cours dans l'économie dite *bleue* en Afrique, en croisant les analyses d'experts, les retours d'expérience et les prospectives. L'approche retenue et les instruments utilisés par les différents contributeurs donnent au sujet un éclairage singulier permettant aux chercheurs et aux politiques concernés de s'y retrouver et d'y puiser des clés de solution de la croissance bleue de demain.
L'ouvrage se veut une boussole dans un monde en perpétuelle évolution où la nécessité de concilier la croissance économique et les impératifs écologiques constitue un défi existentiel. Les auteurs voient dans la biodiversité marine et aquatique actuelle le résultat d'une longue évolution naturelle à travers notamment l'exploitation des ressources maritimes, les moyens de contrôle et de sécurisation de son espace, sa dimension et son poids stratégique et géopolitique ainsi que ses promesses pour une économie bleue inclusive, résiliente au changement climatique, positive pour la nature et axée sur l'homme.
Qu'il s'agisse de transitions écologiques, d'innovations technologiques, de croissance économique durable ou de développement endogène, chaque thématique abordée ici vise à éclairer les choix auxquels nous sommes confrontés. A travers cette approche à la fois analytique et prospective, les auteurs proposent une grille de lecture des transformations en cours tout en explorant les voies d'un avenir souhaitable et soutenable de l'économie bleue en Afrique. Ils ne prétendent pas apporter des réponses définitives, mais ils invitent à la réflexion, en croisant les regards d'experts, de scientifiques et des différentes parties prenantes de l'écosystème maritime, publiques ou privées, intervenant dans toutes les activités économiques menées dans les rivages, les fleuves, les lacs, les berges, les étangs, les cours d'eau, les eaux douces, les nappes souterraines, les mers, les océans, etc.
Les contributeurs plaident pour le développement de l'attractivité de l'économie bleue sur le continent en tant que première aspiration d'une « Afrique prospère » et appelle à embrasser cette vocation avec lucidité et ambition. Car si les défis sont immenses, ils portent aussi en

eux les germes d'une *« nouvelle frontière de la renaissance de l'Afrique »*.

Nous espérons que cette lecture contribuera à nourrir votre réflexion et, peut-être, à susciter de nouvelles initiatives pour une économie bleue durable en Afrique.

Docteur Stanislas Bamouni BABA

Conseiller pour la mer du Président de la République Togolaise

Introduction

Les 24 et 25 juin 2013, a eu lieu, à Yaoundé au Cameroun, un sommet sur la sécurité maritime dans le golfe de Guinée (GoG) auquel ont participé des représentants gouvernementaux de 25 États de l'Afrique de l'Ouest et de l'Afrique centrale. Premier sommet du genre consacré exclusivement à la sécurité maritime en Afrique, il avait pour objectif d'adopter des mesures pour lutter contre l'insécurité maritime croissante (piraterie) dans le GoG en vue de développer l'économie bleue.

En effet, l'importance stratégique de la région est indéniable. D'une part, un grand nombre de navires porte-conteneurs en direction de l'Europe et les États-Unis d'Amérique naviguent dans les eaux du GoG. D'autre part, le GoG est devenu l'une des régions les plus importantes au monde pour sa production de pétrole et de gaz, au cours de la décennie écoulée. Le potentiel de croissance élevé du pétrole et du gaz, leur exploitation en mer ou dans les zones côtières, la proximité des marchés européens et nord-américains, l'instabilité du Moyen-Orient et, enfin, la demande croissante de combustibles fossiles dans les pays émergents contribuent tous à l'importance accrue du GoG (M. Roll et S. Sperling, 2011).

Trois ans plus tard, du 10 au 15 octobre 2016, Lomé accueillait le Sommet extraordinaire de l'Union Africaine sur la sécurité et la sûreté maritimes et le développement en Afrique. Ce sommet a débouché sur la signature, le 15 octobre 2016, de la Charte africaine sur la sûreté et la sécurité maritimes et le développement en Afrique (Charte de Lomé), un instrument pour une nouvelle gouvernance maritime pour l'Afrique, qui dispose d'une façade maritime stratégique pour concrétiser le concept d'« économie bleue ».

Au lendemain de l'adoption et de la signature de la Charte de Lomé, M. BAN Ki-Moon, Secrétaire général de l'Organisation des Nations Unies d'alors, a salué le « couronnement des années d'efforts visant à transformer les eaux africaines en un puissant agent de croissance, de développement et de sécurité humaine », estimant que la Charte de Lomé « démontre parfaitement que le continent est déterminé à créer une économie bleue sûre, prospère et durable » (R. Dussey, 2016, p. 8). La Charte de Lomé, qui promeut l'économie bleue florissante, durable

et respectueuse de l'environnement, est un véritable catalyseur pour le développement de l'Afrique.
L'Union africaine a défini le développement de l'économie bleue des océans comme un objectif prioritaire pour « une Afrique prospère fondée sur une croissance inclusive et un développement durable », dans le cadre de son Agenda 2063 (CUA, 2015, p. 4) :

> *L'économie bleue ou océanique de l'Afrique, qui est trois fois plus grande que sa masse terrestre, contribuera grandement à la transformation et à la croissance du continent, en faisant progresser les connaissances sur la biotechnologie marine et aquatique, la croissance d'une industrie maritime à l'échelle de l'Afrique, le développement du transport maritime, fluvial et lacustre ainsi que de la pêche ; et l'exploitation et la valorisation des minerais qui ne sont pas encore exploités ainsi que d'autres ressources.*

Assurément, ce concept d'« économie bleue » reste flou et ambigüe d'action publique. Toutefois, l'économie bleue peut jouer un rôle essentiel dans la transformation structurelle de l'Afrique, la croissance économique durable et le développement social (CEA, 2016).
Historiquement, l'économie bleue a été abordée pour la première fois lors de la Conférence des Nations Unies sur le développement durable, dite Rio+20 (M. R. L. Krysa et *al.*, 2024). Cette conférence avait pour thème principal de préciser et d'approfondir le cadre institutionnel du développement durable et le concept de « l'économie verte », tout en s'attaquant à l'éradication de la pauvreté. Pourtant, avant cette conférence, certains s'interrogeaient sur l'applicabilité et la pertinence du concept de l'économie verte à l'égard des États côtiers, et soulignaient la nécessité d'adopter une approche de l'économie bleue présentant des liens plus étroits avec la santé, la richesse, l'équité et les finances de l'océan.
Rio+20 a donc vu émerger les concepts d'*économie bleue* ou de *croissance bleue*[1], des termes qui ont gagné en popularité ces dernières années et sont aujourd'hui largement plébiscités par les gouvernements, les organisations intergouvernementales et le secteur privé. Plusieurs rapports et écrits scientifiques tendent à reprendre les éléments de

---

[1] Les termes économie bleue et croissance bleue sont utilisés ici de manière interchangeable, comme le font de nombreuses organisations de conservation: gouvernements, Union Africaine et organes des Nations Unies.

l'émergence du concept de l'économie bleue. Deux grandes tendances peuvent être dégagées de ces éléments.

La première décrit une économie maritime, dans la droite ligne des activités traditionnelles du « secteur maritime », qui perdure aujourd'hui sous le nom d'« économie bleue », résolument anthropocentrée. Il s'agit du transport, de la pêche, de l'industrie et de la construction navale, des télécommunications/câbles sous-marins et des ressources énergétiques. Cette tendance est basée sur la somme des contributions économiques de divers secteurs, faisant référence à un modèle économique conventionnel, néo-classique, référencé dans les divers rapports et selon l'expression consacrée « business-as-usual » (L. M. Fusco et *al.*, 2022).

La seconde tendance pourrait trouver ses origines dans l'émergence du concept du développement durable, la tenue des grandes conférences internationales et des rapports fondateurs, notamment le rapport Meadows (A. Gondran, 2023), aussi connu comme le rapport du Club de Rome, par exemple, ainsi que les divers grands rendez-vous qui l'ont suivi. Elle puise sa quintessence dans la compréhension des écosystèmes marins et côtiers, la compréhension du rôle essentiel de l'Océan dans le fonctionnement de la planète et son importance pour les sociétés littorales, en particulier les États insulaires, dont la survie est intimement liée à la bonne santé de l'Océan. Son origine pourrait être aussi attribuée au fonctionnement de certains « peuples de la mer » dont les us et coutumes ancestraux se déclinaient avec la mer, par exemple les populations côtières de l'Afrique de l'Ouest (E. K. Akyeampong, 2001).

À la suite de l'émergence du concept du développement durable, et de toutes ses applications, l'économie bleue, désormais reconnue comme l'ensemble des activités économiques maritimes, se doit d'être aussi inscrite dans le développement durable. Autrement dit, il faut rendre plus durable, « verdir, bleuir » chacun des secteurs du maritime, traditionnels ou émergents, et du moins minimiser leurs impacts sur les écosystèmes marins et côtiers pour préserver les ressources (C. D. Golden et *al.*, 2017). Il faut aussi maintenir une « bonne entente » entre ces secteurs, d'où la nécessité d'utiliser des instruments politiques intégrateurs comme la directive européenne de la planification en mer (« Marine Spatial Planning », ou MSP) sans pour autant « se ruer » sur les ressources marines (M. Barbesgaard, 2018 ; L. Bennett et *al.*, 2015 ; B. Queffelec et *al.*, 2021). Dans cette approche, tous les secteurs économiques traditionnels ou émergents de l'économie du maritime sont inclus dans l'économie bleue. C'est bien ce que propose l'Europe en 2012.

À l'ère actuelle, la notion d'économie bleue dépasse la sphère économique ; elle est intégratrice, inclusive, voire régénérative, prônant un nouveau modèle économique qui répond aux enjeux globaux et locaux. Elle s'inspire des derniers courants de pensée, dont l'émergence d'une économie régénérative (R. le Gouvello et F. Simard, 2024). Cette économie bleue s'inscrit résolument dans la continuité du concept d'économie maritime, ou « Ocean Economy », qui s'écrit avec l'Histoire humaine, et la volonté d'expansion des territoires côtiers et marins. Ce système économique est lié à l'exploitation des ressources marines (essentiellement la pêche), aux échanges commerciaux, aux expansions territoriales pour des stratégies militaires et les atteintes des ressources plus éloignées, notamment les stocks halieutiques, mais aussi les colonisations de nouveaux territoires (J. B. C. Jackson et *al.*, 2001). Dans cette vision, l'économie maritime est constituée par la somme des activités économiques traditionnelles liées à la mer, principalement la construction navale, le transport maritime, les activités portuaires, la marine militaire, la pêche et l'aquaculture.

Au cours de l'Histoire, et plus particulièrement au cours des dix-neuvième et vingtième siècles, cette économie maritime suit la courbe d'industrialisation des autres activités humaines. La pêche se modernise et se pratique davantage et plus loin, en impactant plus les stocks halieutiques, les écosystèmes marins et côtiers. C'est aussi l'émergence et/ou l'expansion de l'extraction minière, de granulats marins et d'hydrocarbures en mer ; autant d'activités qui viennent s'ajouter aux divers secteurs d'une économie maritime dont les impacts sur les écosystèmes marins deviennent alors très significatifs.

À la fin du vingtième siècle (entre les années 1970 et 2000), le développement du tourisme côtier, marin et toutes les activités de loisir liées à la mer viennent s'ajouter aux secteurs considérés dans une économie maritime. Le littoral devient un espace géographique attractif pour une part grandissante de la population mondiale (J. J. Goussard et M. Ducrocq, 2017) générant une économie du littoral que certains secteurs se partagent avec l'économie maritime. L'intérêt pour définir, qualifier et mesurer l'économie maritime remonte aux années 1970 aux États-Unis (G. Pontecorvo et *al.*, 1980).

Plusieurs pays se sont ensuite emparés du sujet (L. B. Penn, 2023 ; R. Zhao et *al.*, 2014 ; C. S. Colgan, 2013). De nombreux États réalisent alors le poids relatif à l'économie bleue dans certaines économies

nationales, ou dans des régions littorales, exprimé en pourcentage du produit intérieur brut (PIB). Au Togo, le premier rapport sur l'économie maritime date des années 1990 sous l'impulsion de l'Assemblée nationale (L. B. Penn, 2023). De nombreux États ont publié des plans nationaux et internationaux, et ont proposé un système de suivi de cette économie maritime. Car, comme tous le soulignent, l'intérêt est géostratégique, économique et politique.
Pour une grande partie de la littérature, l'économie bleue est essentielle à la prospérité et au bien-être futurs de l'humanité. Elle comprend, en Afrique, les océans et les mers, les rivages et les berges, les lacs, les cours d'eau et les nappes souterraines. Elle embrasse un éventail d'activités, directes ou dérivées, qui vont de la pêche à l'exploitation minière sous-marine en passant par l'aquaculture, le tourisme, les transports, la construction navale, l'énergie ou la bioprospection. Dans ce sens, elle joue un rôle primordial comme source d'aliments, d'énergie et de minéraux ainsi que dans la santé et les loisirs ou dans les transports, et des centaines de millions de personnes en dépendent.
Cette lecture est motivée par le constat général que le continent africain dispose de vastes ressources océaniques susceptibles de contribuer au développement durable des États africains. Les zones maritimes sous juridiction africaine s'étendent sur quelque 13 millions de kilomètres carrés, y compris les eaux territoriales, les zones économiques exclusives (ZEE), et un plateau continental d'environ 6.5 millions de km² (dont l'exploitation est placée sous la juridiction des États côtiers attenant) (CEA, 2016). Les lacs d'Afrique ont une superficie d'environ 240 000 km² (GRID-Arendal, 2015). Pour L. B. Penn (2023, p. 2), « *ce potentiel de croissance peut être fragilisé par le manque d'un système de connaissances nécessaires pour avoir un océan accessible, ouvert et équitable aux données et aux informations* ». Conjuguée aux impacts du changement climatique, cette intensification accroît la pression sur le milieu marin. D'autres menaces pèsent sur l'économie bleue, comme la piraterie et le trafic des êtres humains, le trafic d'armes et le trafic de drogue, sans compter les menaces « naturelles » comme les ouragans, l'élévation du niveau de la mer et l'acidification des océans. La surpêche provoquée par la pêche illicite, non déclarée et non réglementée (INN) et d'autres pratiques de pêche non durables posent également de sérieux problèmes à l'Afrique, de même que la pollution et la destruction des habitats naturels.
Ces préoccupations ne sont pas les seules. En effet, dans le contexte africain, la place de la recherche, des infrastructures de recherches, et

de l'organisations des chercheurs, doit entre autres, avoir des dimensions fondamentales pour promouvoir l'économie bleue durable. Les sciences, les technologies et l'innovation jouent un rôle fondamental dans le développement de l'économie bleue, en tant que catalyseurs essentiels pour l'exploitation rationnelle et durable des ressources maritimes. Elles permettent non seulement l'élaboration de technologies novatrices destinées à la production d'énergie marine renouvelable, mais aussi l'optimisation des méthodes de pêche et d'aquaculture, dans le but de réduire leur impact environnemental.
L'écosystème des innovations est essentiel pour appréhender la manière dont les technologies se diffusent au sein de l'économie bleue. En effet, ce réseau complexe d'acteurs (entreprises, chercheurs, gouvernements, organisations non gouvernementales et institutions financières) interagit de manière dynamique afin de favoriser le développement et la diffusion des innovations. La collaboration entre ces entités revêt une importance cruciale, chacun apportant son expertise, ses ressources et son influence pour encourager l'adoption des technologies. Pour les auteurs du présent ouvrage, l'économie bleue en Afrique est une question multidimensionnelle qui exige un regard multiforme et une analyse holistique de cette réalité.
En insistant sur une lecture essentiellement constructiviste, les auteurs rassemblés autour de la présente problématique proposent des solutions à long terme sur le développement de l'économie en Afrique. A cet effet, ils s'intéressent à l'entrepreneuriat à la réglementation, à la gouvernance, aux changements climatiques en lien avec l'économie bleue. Il ne s'agit pas d'insister, dans le cadre de cet ouvrage, sur le fondement ou la phénoménologie de l'économie bleue en Afrique, mais, plutôt, sur la praxéologie adéquate pour révolutionner cette réalité singulière. Pour ces auteurs, le développement de l'économie bleue est fonction de la connaissance des domaines maritimes et aquatiques. Quelles sont les mesures nécessaires pour développer davantage la gouvernance (politique, outils et actions en faveur de l'économie bleue en Afrique) dans les années à venir ? Cette question fondamentale sous-entend une batterie d'interrogations relative aux secteurs d'activités de l'économie bleue et la partition que doivent jouer les acteurs concernés. Elle interroge aussi les principes directeurs, les contours, les secteurs inclus, les conditions, l'évaluation, les indicateurs de performance, les acteurs ou partenaires associés, les priorités et/ou actions, les cas d'étude, le type de déploiement, l'utilisation des résultats des cas d'études présentés. Ce qui appelle à des réponses des contributeurs à

structurer l'ouvrage en trois parties. Elles abordent l'entrepreneuriat dans l'économie bleue (première partie), les mécanismes de gouvernance de l'économie bleue (deuxième partie) et l'économie bleue et les changements climatiques (troisième partie) et Adaptation et changement climatique (quatrième partie).

Professeur Tamasse Roger DANIOUÉ,
Responsable Scientifique de l'Unité de Recherche en Sociologie Appliquée et Fondamentale (URSAF).

Professeur Akilou AMADOU
Directeur du Centre de Recherche en économie appliquée et management des organisations (CREAMO).

LES PARADOXES DE L'ENTREPRENEURIAT DANS LE SECTEUR DE L'ECONOMIE BLEUE EN AFRIQUE : L'EMPLOYABILITE A L'EPREUVE DE LA RESPONSABILITE SOCIALE DES ENTREPRISES

L'ENTREPRENEURIAT À L'ERE DE L'ECONOMIE BLEUE : QUELLES OPPORTUNITES POUR L'EMPLOYABILITE AU TOGO ?

Laré Batouth PENN

Résumé

L'essor de l'économie bleue dans les débats publics semble amorcer un changement sociétal. Cette recherche aborde les questions de l'entrepreneuriat et de l'employabilité comme des leviers essentiels pour la promotion de l'économie bleue et le rôle fondamental qu'ils peuvent jouer dans l'insertion des jeunes dans le tissu économique du Togo. L'objectif est de montrer que l'économie bleue constitue une opportunité d'emplois, de création de valeur nouvelle, d'innovation et de catalyseur de croissance pour le Togo. À partir d'une démarche qualitative, basée principalement sur des entretiens individuels semi-directifs avec les acteurs clés de ce secteur, les résultats indiquent que des secteurs de l'économie bleue, tels que définis par l'Union africaine, offrent des opportunités pour l'entrepreneuriat au Togo. Dans ce contexte, la formation aux métiers de la mer et l'employabilité seraient des leviers de l'économie bleue et pourraient, ainsi, jouer un rôle non négligeable dans le développement de l'entrepreneuriat et la croissance bleue au Togo.

Mots-clés : Economie bleue, employabilité, entrepreneuriat, formation professionnelle, Togo.

ENTREPRENEURSHIP IN THE ERA OF THE BLUE ECONOMY: WHAT OPPORTUNITIES FOR EMPLOYABILITY IN TOGO?

Abstract

The rise of the blue economy in public debates seems to initiate a societal change. This research addresses the issues of entrepreneurship and employability as essential levers for the promotion of the blue economy and the fundamental role they can play in the integration of young people into the economic fabric of Togo. Its objective is to show that the blue economy constitutes an opportunity for jobs, creation of new value, innovation and a catalyst for growth for Togo. From a qualitative approach, based mainly on semi-directive interviews with key players in this sector, the results indicate that sectors of blue economy, as defined by the African Union, offer opportunities for entrepreneurship in Togo. In this context, training in maritime professions and employability would be levers of the blue economy and could, thus, play a significant role in the development of entrepreneurship and blue growth in Togo.

Keywords: Blue economy, employability, entrepreneurship, vocational training, Togo.

Introduction

Depuis le lancement du concept de l'économie bleue, suite aux travaux de G. Pauli (2010), la création d'entreprises dans les secteurs concernés par cette économie [1], comme première approximation de l'entrepreneuriat « bleu », est reconnue comme un moteur très important du développement économique et social à travers le monde (R. Y. Bouacida, 2024 ; R. Douyon, 2020 ; M. Carree et R. Thurik, 2005). En plus d'être encore la source de la majorité des nouveaux emplois et de stimuler la croissance bleue (Banque mondiale, 2024 ; L. B. Penn, 2023 ; FAO, 2023), les nouvelles entreprises dans le secteur de l'économie bleue peuvent permettre d'améliorer la compétitivité des économies des pays en développement et, ainsi de mieux adapter ces dernières aux changements économiques et aux mutations structurelles (COWI Belgium, 2021). Ces nouvelles entreprises peuvent favoriser aussi le développement local (Banque mondiale, 2024) et la restructuration de plusieurs régions (CEA, 2016). Enfin, elles devraient contribuer au renouvellement des économies modernes, selon l'idée de destruction créatrice avancée par J. Schumpeter (1934), contrairement à plusieurs grandes entreprises qui perdurent trop souvent à cause du support massif des gouvernements.

Au cours des dernières années, l'entrepreneuriat est l'une des pistes privilégiées par le gouvernement togolais pour promouvoir l'auto-emploi des jeunes et lutter contre le chômage (A. A. Lawani, 2023 ; L. B. Penn, 2021). Les défis en matière d'emploi sont accentués par une population jeune en pleine croissance. Selon l'Institut national de la statistique et des études économiques et démographiques (INSEED, 2023), 60 % des 8 millions d'habitants du pays sont âgés de moins de 25 ans. Or, les jeunes sont le meilleur atout du pays pour stimuler la

[1] Dans la littérature, on distingue les secteurs traditionnels comme la pêche, le transport maritime, la construction de ports, le tourisme. L'économie bleue leur propose de se développer économiquement grâce à la technologie, au capital financier et aux nouveaux marchés. Et puis il y a les nouveaux secteurs comme les énergies renouvelables, le pétrole et le gaz, l'exploitation minière en eaux profondes, la biotechnologie, la conservation de la biodiversité, les câbles sous-marins et la mariculture (l'élevage d'animaux marins).

croissance et réduire la pauvreté, à condition d'être employés de manière plus productive (R. Karlen et *al.,* 2023). Ainsi, des mécanismes, notamment le Fonds d'appui aux initiatives économiques des jeunes (FAIEJ), le projet d'appui à l'employabilité et à l'insertion des jeunes dans les secteurs porteurs (PAEIJ-SP) et le Programme d'accès des jeunes aux services financiers (AJSEF) ont été initiés dans les années 2010 pour faire face aux problèmes de l'emploi et de l'entrepreneuriat. L'apparition d'entreprises dans les filières de l'économie bleue serait donc un moyen de lutter contre le chômage et le sous-emploi. L'économie bleue pourrait même permettre à un plus grand nombre de citoyens de s'épanouir personnellement et professionnellement.
L'importance de l'entrepreneuriat explique l'intérêt grandissant de la part des chercheurs et des preneurs de décisions en ce qui concerne la compréhension, le soutien, et la promotion de cette activité pour soutenir le développement économique (D. Yarbonme, 2023 ; K. Kawedia Yakoubou et K. Affo, 2021). L'entrepreneuriat constitue un point d'entrée idéal pour relever les défis de l'emploi au Togo. Les données de la Banque mondiale (2024) indiquent que le développement de l'entrepreneuriat dans la filière de l'économie bleue peut générer de nouvelles opportunités d'emploi, améliorer la productivité et les conditions de travail, et faciliter l'accès à l'emploi. La pêche et l'aquaculture, les activités portuaires, le tourisme maritime et côtier, la construction et la réparation navales, la défense et la sécurité maritime, l'exploitation des ressources extraterritoriales, la gestion des déchets, entre autres, sont identifiés comme des domaines de l'économie bleue et globalement comme source d'emplois et de croissance économique (Banque mondiale, 2023). Cependant, son potentiel de contribution aux objectifs d'emploi n'a pas encore été pleinement réalisé.
Le Togo, en tant qu'État côtier, dispose d'un territoire maritime, des lacs, des lagunes et des cours d'eau dont le fleuve Mono et la rivière Oti, riches en ressources naturelles. Ces caractéristiques géographiques, relevant de l'économie bleue, sont souvent perçues comme des atouts pour le développement économique et social du pays. Ainsi l'innovation entrepreneuriale dans ces espaces constitue-t-elle une force cruciale pouvant servir de catalyseur à la capacitation des jeunes à l'essor de l'économie bleue au Togo. La problématique du développement de la filière de l'économie bleue est une préoccupation relativement récente pour les théories de l'action publique de développement. Il ne s'agit plus désormais d'une problématique

marginale, mais une question centrale dont les enjeux politiques, économiques et scientifiques gagnent constamment en audience. Le Togo se profile comme un acteur dynamique de l'économie bleue, positionnant l'entrepreneuriat comme catalyseur essentiel de création d'emplois et de croissance économique. Le pays, dans sa vision de la promotion de l'emploi des jeunes, a mis en place des programmes pour soutenir ceux-ci dans leur insertion socio-professionnelle par la création des entreprises.

Comment l'économie bleue peut-elle enclencher une dynamique entrepreneuriale au Togo ? L'employabilité peut-elle contribuer au développement de l'entrepreneuriat dans l'économie bleue au Togo ? Les réponses à ces questions dépassent largement les propos de cette recherche qui se veulent beaucoup plus limités.

L'objectif de cette contribution est d'identifier la profondeur stratégique de l'économie bleue et les opportunités d'employabilité qui peuvent s'offrir aux jeunes en termes d'entrepreneuriat dans la lutte contre le chômage et le sous-emploi. Il s'agit de montrer plus spécifiquement que le développement de l'économie bleue relève d'une approche complexe inhérente au rôle que les ressources naturelles marines, lagunaires, fluviales et autres plans d'eau peuvent jouer dans la transformation socio-économique du Togo. Celle-ci interroge de nombreux champs disciplinaires qui n'ont chacun qu'une vision limitée de cette problématique globalisante. Le travail s'est articulé autour de trois principaux points que sont la méthodologie de la recherche, les résultats de la recherche et la discussion de ces résultats.

1. Méthodologie de recherche

Ce travail est de type exploratoire. Il prend appui sur l'exploitation de diverses sources documentaires ainsi que sur les résultats d'entretiens. Les données brutes du secrétariat technique du Comité d'agrément et de validation (CAV) et de la direction de la pêche et de l'aquaculture, ainsi que les statistiques sur l'évolution des entreprises du secteur de l'économie bleue ont fait l'objet d'un traitement approprié.

Afin d'apprécier la relation entre l'entrepreneuriat dans la filière de l'économie bleue et l'employabilité, des entretiens individuels semi-directifs ont été conduits du 10 juin au 02 octobre 2024. Ces entretiens ont touché de façon aléatoire 26 individus relevant de plusieurs activités professionnelles et impliqués dans l'entrepreneuriat des secteurs de l'économie bleue au Togo. Ce choix est fait sur la base de l'importance du rôle exercé par chaque acteur dans les secteurs de l'économie bleue

et la connaissance qu'ils ont du domaine de l'entrepreneuriat bleu. Ainsi, les entretiens semi-directifs ont été réalisés avec les cadres du Haut conseil pour la mer (n=2), des ministères chargés de l'économie maritime (n=4), du tourisme (n=2), de la recherche scientifique (n=5), de l'environnement (n=2), du Port Autonome de Lomé (n=3), de Togo Terminal (n=2), de Lomé Container Terminal (n=2). L'étude a fait recours à d'autres acteurs-clés comme des ONG (n=3) et le Cluster maritime d'Afrique francophone (CMAF) (n=1), compte tenu de leur implication dans la promotion de l'économie bleue au Togo. La légitimité de l'ensemble des acteurs identifiés découle du fait qu'ils sont mobilisés dans les politiques de promotion de l'économie bleue et ont, chacun, une vision sur le développement de l'entrepreneuriat dans ce domaine au Togo. Les entretiens ont porté sur « *les stratégies du Togo en matière de promotion de l'entrepreneuriat dans la filière de l'économie bleue* ». La conduite semi-directive des entretiens a permis aux interviewés de s'exprimer longuement et en toute liberté sur les points suivants : « *la place de l'entrepreneuriat dans l'économie bleue au Togo* » et « *l'employabilité comme une nouvelle variable de l'entrepreneuriat dans l'économie bleue au Togo* ».
Les données recueillies sur le terrain ont été traitées selon la méthode de contenu thématique (L. Bardin, 1977) qui a permis de repérer les liens pouvant exister entre entrepreneuriat et économie bleue, entre employabilité et entrepreneuriat, entre employabilité et économie bleue.

2. Résultats

Les résultats de la présente recherche portent sur deux points que sont la place de l'entrepreneuriat dans l'économie bleue au Togo et l'employabilité comme une nouvelle variable de l'entrepreneuriat dans l'économie bleue au Togo.

2.1. La place de l'entrepreneuriat dans l'économie bleue au Togo

2.1.1. L'économie bleue au Togo

L'économie bleue au Togo s'applique à toutes les étendues d'eau et aux rivières, qu'il s'agisse de l'Océan Atlantique, de la zone côtière, des lacs, des cours d'eau et des zones humides. Le pays reconnaît clairement les avantages du développement d'une économie bleue et cherche, entre autres, à augmenter le rendement de ses ressources maritimes. Il a déjà identifié un éventail d'actions et d'interventions possibles pour développer les économies océaniques et côtières, à savoir : l'amélioration des ports, la promotion des partenariats public-privé, l'investissement dans la gestion durable des ressources marines, la rationalisation des pêches côtières et marines du pays et la création d'une main-d'œuvre fortement qualifiée grâce à une formation ciblée sur les secteurs de l'économie bleue. Le tableau 1 présente les activités associées à l'économie bleue au Togo.

Tableau 1 : Les activités associées à l'économie bleue au Togo

Activités	Activités significatives	Activités à développer	Potentiel à évaluer
Transport maritime de marchandises	x		
Transport maritime de passagers		x	
Activités portuaires	x		
Construction et réparation navales		x	
Pêche	x		
Aquaculture		x	
Transformation		x	
Activités touristiques		x	
Activités récréatives		x	
Extraction marine de pétrole, gaz et minerais			x
Exploitation minière des fonds marins			x
Energie éolienne en mer		x	
Energie marine		x	
Défense et action de l'État en mer	x		
Surveillance et sûreté maritimes	x		
Biotechnologies bleues		x	
Dessalement		x	
Formation		x	
Recherche et développement			
Banque		x	
Assurance		x	
Câbles sous-marins		x	

Source : D'après les résultats des travaux de recherche, 2024.

L'orientation des jeunes vers l'entrepreneuriat dont les activités respectent les grands piliers du développement durable[2] est une priorité pour l'État togolais. Un grand nombre d'instruments juridiques et d'initiatives qui appuient le développement de l'économie bleue ont été approuvés ou sont en préparation[3].

[2] Autrement dit, les activités des entreprises développent des solutions commerciales économiquement viables et socialement utiles pour répondre aux défis environnementaux.

[3] Le Togo compte notamment avec la loi-cadre sur l'environnement, la loi portant code des investissements, la loi sur les énergies renouvelables, le décret portant agrément d'exercice d'une activité professionnelle dans les ports, les installations portuaires et les espaces maritimes sous juridiction togolaise ainsi que le permis d'exploitation des engins flottants, le décret fixant les modalités de gestion des sachets et emballages plastiques au Togo.

Ainsi, l'entrepreneuriat bleu peut répondre efficacement au problème du chômage des jeunes et des jeunes diplômés, dans un pays où la moitié de la population a moins de 30 ans.
Des agences d'appui à l'entrepreneuriat existe au Togo. On peut citer le Fonds National de la Finance Inclusive (FNFI), le Fonds d'Appui aux Initiatives Economiques des Jeunes, l'Agence Nationale de Promotion et de Garantie de Financement des PME / PMI (ANPGF), etc. Ces divers financements sont créés pour accompagner le positionnement de l'entrepreneur.
En matière d'institutions académiques, de recherche et de formation, le Togo dispose des universités qui dispensent des formations générales et spécifiques aux métiers maritimes et portuaires. L'Université de Lomé a, en son sein, l'Institut des Métiers de la Mer (I2M) et l'Université de Kara a ouvert un parcours Licence en océanographie. D'autres centres privés d'enseignement et de formation existent au Togo. Ils forment en licence professionnelle dans les domaines de transports, des assurances maritimes, de la sécurité et de la sûreté maritimes, du transit-consignation-armement, de la manutention et du management logistiques.
L'écosystème est très diversifié et nécessite des organisations performantes qui présentent des spécificités et un degré de spécialisation importants. Il est attendu une gamme de structures d'appui qui offrent aux entrepreneurs des filières de l'économie bleue un éventail de services de soutien tels que le renforcement des compétences générales et la formation, l'assistance technique, le financement des projets, le soutien administratif, l'accompagnement de la part de chefs d'entreprises bénévoles, l'incubation, l'hébergement, l'appui pour l'accès au marché, le partage d'expériences, etc.

2.1.2. L'entrepreneuriat dans l'économie bleue au Togo

L'entrepreneuriat dans l'économie bleue est un choix d'engagement dans des activités économiques, des technologies, des produits et des services, dans les secteurs du transport maritime, de la pêche, du tourisme, de la formation professionnelle, de l'environnement.

2.1.2.1. De multiples bienfaits de l'entrepreneuriat dans l'économie bleue

Le Togo est déjà confronté à d'importants défis comme la pauvreté qui se situe à 42,4% (INSEED, 2023), l'inclusion sociale ou la sécurité liée

aux attentats terroristes dans la région septentrionale du pays, la crise énergétique, etc. Ces défis sont démultipliés en raison des effets du changement climatique et de la dégradation des ressources naturelles.
À l'échelle socio-économique, l'économie bleue permet de mobiliser le secteur privé, source de croissance transformatrice. Aujourd'hui, et plus que jamais, la croissance bleue est compatible avec les priorités du Togo. « *L'entrepreneuriat dans l'économie bleue est une réponse aux enjeux des jeunes d'aujourd'hui. Il permet de créer des opportunités d'emplois décents et d'améliorer la qualité de vie des jeunes* » (Extrait d'entretien avec un cadre du ministère chargé de l'économie maritime, le 22 octobre 2022, à Lomé). En effet, la main-d'œuvre du Togo est jeune et en pleine croissance, avec de larges cohortes de nouveaux entrants sur le marché du travail chaque année. Le pays abrite une population jeune et en pleine croissance. Selon l'INSEED (2023), 60% de ses 8 millions d'habitants sont âgés de moins de 25 ans. Ces jeunes sont le meilleur atout du pays pour stimuler la croissance et réduire la pauvreté, à condition d'être employés de manière plus productive.
L'accélération de la dynamique entrepreneuriale est motivée par la recherche d'opportunités. Selon R. Karlen et F. Rother (2023), l'économie togolaise doit continuer à croître et à générer un million d'emplois d'ici 2030 pour offrir tout au moins des opportunités aux nouveaux arrivants sur le marché du travail. Pour répondre aux aspirations de la jeunesse togolaise, de plus en plus instruite, il est impérieux de créer des emplois de meilleure qualité, susceptibles d'améliorer leurs conditions de vie.
La plupart des Togolais exercent des activités peu productives et doivent créer leurs propres emplois. Le Togo est le pays où sont enregistrées les attitudes les plus positives à l'égard de l'entrepreneuriat. Trois travailleurs sur cinq (soit 60%) sont en auto-emploi, perçoivent des revenus souvent faibles et aléatoires et subissent des conditions de travail précaires (R. Karlen et F. Rother, 2023). Mais en général, on enregistre une faible propension à l'entrepreneuriat dans l'économie bleue.

2.1.2.2. Les défis de l'entrepreneuriat dans l'économie bleue au Togo

Premièrement, les instruments d'appui à la filière de l'économie bleue sont limités. Les principales mesures prises en faveur de la promotion de l'économie bleue ont été l'élaboration et l'adoption récente d'une

Stratégie nationale pour la mer et le littoral (SNML) 2016-2020, le *Cadre stratégique pour le développement de l'économie maritime* (2017) et la mise en place d'un dispositif institutionnel pour l'action de l'État en mer par l'intermédiaire de l'Organisme national chargé de l'action de l'État en mer (ONAEM). La SNML fait partie intégrante des dispositions prises par l'État dans sa politique de mise en œuvre de l'ODD 14 consistant à « conserver et exploiter de manière durable les océans, les mers et les ressources marines aux fins du développement durable ». Les actions prioritaires définies dans la SNML pour l'économie bleue (axe 2) visent, entre autres, à valoriser le potentiel international du Port Autonome de Lomé (PAL), favoriser une gestion durable des ressources halieutiques, favoriser le tourisme maritime et balnéaire, former une main-d'œuvre qualifiée et renforcer le partenariat public-privé dans la gestion des activités maritimes et portuaires.
Ainsi, pour mieux exploiter leur potentiel entrepreneurial, le pays devra poursuivre l'amélioration de ses conditions institutionnelles pour l'entrepreneuriat dans l'économie bleue. Des pays comme le Maroc ou la Tunisie ont adopté des stratégies et des plans ou programmes nationaux de développement de l'entrepreneuriat dans l'économie bleue en vue de réduire le chômage des jeunes dont le taux reste élevé. D'autre pays, à l'instar de l'Île Maurice ou Les Seychelles, ont mis l'accent sur des politiques d'encouragement à l'économie bleue et d'incitation à l'entrepreneuriat dans la filière de l'économie bleue. En Afrique du Nord, par exemple, trois secteurs semblent émerger. Il s'agit du secteur de la dépollution/gestion des déchets marins, de la maîtrise des énergies marines renouvelables (stratégie du Maroc) et du secteur de l'écotourisme maritime. Cependant, les aspects politiques de l'entrepreneuriat dans l'économie bleue au Togo restent nouveaux car le travail d'institutionnalisation ne date véritablement que de 2014 avec la création de l'Organisme National chargé de l'Action de l'État en Mer (ONAEM). Le gouvernement togolais a pris des mesures pour mieux aider les entrepreneurs du secteur de l'économie bleue et centraliser le système d'information en vue de fournir des incitations à investir dans des startups. C'est dans ce sens que le décret relatif à l'agrément d'exercice d'une activité professionnelle dans les ports, les installations portuaires et les espaces maritimes sous juridiction togolaise ainsi qu'au permis d'exploitations des engins flottants a été adopté en 2016 avec la création du Comité d'agrément et de validation (CAV). Celui-ci est chargé d'examiner les dossiers de demande d'agrément soumis par les opérateurs économiques ayant des activités professionnelles dans un

port, dans une installation portuaire, sur le plan d'eau, en rade ou dans les eaux sous juridiction togolaise. Mais plusieurs entreprises continuent de s'installer dans la zone et fonctionnent dans l'informel, pour des raisons qu'il faudra rechercher dans une perspective de recherche future.

Deuxièmement, l'écosystème est en croissance mais fragmenté, posant ainsi un problème de coordination. En effet, de nombreuses parties prenantes nécessaires à la construction d'un écosystème d'entrepreneuriat vert existent, mais les rôles de tous les acteurs de l'écosystème et du gouvernement sont encore peu précisés. On constate qu'au sein de l'écosystème de l'économie bleue togolaise, il y a une déconnexion et une faible synergie, toutes exacerbées par un manque de communication entre les principaux intervenants, à savoir le gouvernement et le secteur privé. Cela entraîne un soutien insuffisant aux activités entrepreneuriales en général et à l'entrepreneuriat dans l'économie bleue en particulier.

Troisièmement, les entrepreneurs manquent d'accompagnement et de soutien à différents stades. Là où existent des opportunités d'accompagnement pour les entreprises enregistrées au CAV, dans les premières phases de leurs projets, il est constaté un manque de soutien lors de la phase de développement. Le manque d'informations concernant les marchés sur les filières de l'économie bleue conduit souvent les entrepreneurs à créer leurs entreprises avant même de voir s'il existe une demande pertinente sur ces marchés. De plus, la difficulté d'accès au marché fait que, souvent, les opportunités sont réservées aux grandes entreprises qui ont tendance à monopoliser toutes les activités de la filière de l'économie bleue.

Quatrièmement, le concept d'économie bleue est peu connu. C'est un défi socioculturel. La culture entrepreneuriale dans les secteurs de l'économie bleue reste peu répandue, bien qu'il existe des organisations qui contribuent fortement à sa vulgarisation, à l'instar de l'ONAEM. Les concepts de durabilité et d'économie bleue restent peu connus, voire totalement méconnus par la population togolaise. Lors d'un entretien le 13 novembre 2024, avec un enseignant-chercheur à l'Université de Lomé, des observations suivantes ont été retenues :

> *L'économie bleue, depuis une dizaine d'année, est devenue un slogan pour certains acteurs. Le gouvernement et certains journalistes en parlent beaucoup. Je me souviens encore qu'un sommet des Chefs d'États africains s'est tenu à Lomé en 2016*

sur le sujet. Mais concrètement, le contenu de l'économie bleue et ses dimensions sont méconnus. Des gens, comme moi, se posent moult questions, notamment : quels principes directeurs ? quels contours de l'économie bleue ? quels secteurs sont inclus, sous quelles conditions ? comment est-elle évaluée, et selon quels indicateurs de performance ? quels acteurs et/ou partenaires associés ? quelles priorités et/ou actions ? quelles régions ont été étudiées ? quels cas d'études ? avec quel type de déploiement ? comment ont été utilisés les résultats des cas d'études ?

Il existe aussi une contrainte culturelle qu'il faut relever dans la mesure où les principales barrières à l'entrepreneuriat dans l'économie bleue sont la perception sociale des entrepreneurs, l'absence et le manque de prise de conscience des bienfaits de l'économie bleue en termes de durabilité, ou la peur de l'échec.

Cinquièmement, la difficulté d'accès aux moyens de financement est une gageure. Indéniablement, le principal défi pour tout porteur de projet est de trouver les moyens financiers pour démarrer son entreprise dans la filière de l'économie bleue.

Même si certains entrepreneurs togolais reconnaissent l'intérêt d'investir dans la filière de l'économie bleue et ont des intentions d'entreprendre des démarches pour la développer, ils font face à un problème de financement. Il n'existe pas de banque dédiée au développement de l'économie bleue pour son financement (Propos d'un cadre du CAV, à Lomé, le 12 octobre 2024).

L'entrepreneuriat dans l'économie bleue est synonyme de prise de risques, et les sources classiques de financement ne prennent pas en compte les risques. Des opportunités existent, mais souvent elles ne concernent pas les projets en phase de conception, mais plutôt les projets avancés disposant de business plan. De façon générale, les premières phases des études de faisabilité sont financées par des fonds propres issus d'épargne personnelle et de contributions familiales. Ce type de financement est qualifié de capital-risque convivial car fourni par les proches.

2.1.3. Les opportunités de l'entrepreneuriat dans l'économie bleue au Togo

2.1.3.1. Le Port Autonome de Lomé : une mine d'opportunités pour l'entrepreneuriat

L'espace maritime du Togo offre de nombreuses opportunités, comme le Port Autonome de Lomé (PAL), véritable pôle d'éclatement sur la côte ouest-africaine, qui sert par ailleurs d'outil d'intégration sous-régionale. Le PAL représente l'élément moteur de l'activité économique du Togo. Les activités portuaires et le transport maritime apparaissent comme le secteur le plus performant du pays. Selon l'Observatoire National Des Transports (ONT, 2022), plus de 80% des échanges commerciaux y transitent. Les échanges maritimes du Togo ont atteint 4 737 867 tonnes de marchandises traitées (en entrée et en sortie), en lien avec l'augmentation de l'activité de transbordement, c'est-à-dire celle de transfert de cargaison d'un navire vers un autre bâtiment.

L'intérêt implicite du PAL vient de l'intensité variable des effets d'entraînement de l'activité portuaire. La diversité de ses activités, toutes créatrices de richesses et génératrices d'emplois, ainsi que les possibilités considérables de développement dont il dispose, permettent d'apprécier ses effets d'induction sur la création d'entreprises locales et son poids économique.

En outre, la diversité de ses activités, toutes créatrices de richesses et génératrices d'emplois, ainsi que les considérables possibilités de développement dont il dispose, permettent d'apprécier son positionnement dans son environnement et son poids économique.

Pour les pays sans littoral ou de l'hinterland, tels que le Burkina Faso, le Mali et le Niger, il est le port de transit par excellence, remplissant ainsi sa vocation d'outil d'intégration économique sous-régionale. De par sa position stratégique, il est le seul port de la côte ouest-africaine par lequel on peut atteindre plusieurs capitales en un seul jour de route. Il offre ainsi un avantage d'acheminement des marchandises dans des délais et à des coûts très compétitifs. Grâce au statut de port franc dont jouit le PAL, la manutention et le transfert des marchandises dans l'enceinte portuaire s'effectuent sans contraintes douanières, ce qui permet un gain de temps appréciable dans les opérations de traitement des navires et des marchandises.

L'activité du Port de Lomé compte de nombreuses entreprises, parmi lesquelles plusieurs entreprises étrangères intervenant dans la

consignation et le transit, telles que CMA-CGM, ERES, GETMA, MAESK, BOLUDA, etc. Des entreprises locales y sont majoritairement de très petite taille. Ce sont des fournisseurs et des sous-traitants qui interviennent dans la zone portuaire et pour les pays de l'hinterland. Selon les données du CAV (2024), 254 entreprises sont enregistrées dans ce secteur et les principales activités portent sur l'avitaillement, la consignation, le transit, l'exploitation des parcs de véhicules, les interventions sur les navires pour la collecte, le transport et la gestion des déchets, des ordures et des lubrifiants usagés, la sécurité privée dans les installations portuaires, les exploitations d'engins flottants, etc.
Les activités liées au transport maritime et au port sont très dynamiques. Le nombre de salariés y progresse depuis le processus de modernisation du port de Lomé dans les années 2010 et l'investissement des multinationales dans l'industrie maritime au Togo. Les emplois se concentrent au niveau des grandes entreprises intervenant dans les installations portuaires (PAL, AGL, LCT), qui utilisent environ 5 000 personnes au Togo en tant que salariées (CAV, 2024). Les petites et moyennes entreprises (PME) et les très petites et moyennes entreprises (TPME) se concentrent dans les services portuaires et les travaux publics maritimes. Toutefois, plusieurs domaines sont encore inexploités, faute de connaissances ou de compétences, mais restent des opportunités d'emplois, comme l'atteste le tableau 2 suivant.

Tableau 2 : Récapitulatif des entreprises opérant dans le transport maritime, portuaire et connexe

N°	Domaine d'intervention	Nombre d'entreprises
01	Les manutentionnaires et les installations portuaires	03
02	Les sous-traitants de la manutention, du transfert et du gardiennage des véhicules	00
03	Les sous-traitants des opérations de transbordement dans les espaces maritimes sous juridiction togolaise (fournitures de défenses en caoutchouc et autres équipements)	02
04	Les manutentionnaires spécialisés en transbordement dans la rade	00
05	Les consignataires de navires accostés et les consignataires mouillant dans la rade, y compris la relève d'équipage	41
06	Les consignataires de navires accostés, y compris la relève d'équipage	13
07	Les exploitants des unités mobiles de forage au large	00
08	Les sociétés de carénage des navires	00
09	Les sociétés de remorquage de navires	00
10	Les organismes d'assistance dans les installations portuaires : centres de formation ou de sensibilisation au Code international pour la sûreté des navires et des installations portuaires (Code ISPS), relève d'équipage, etc.	00
11	Les organismes d'assistance intervenant dans la rade pour la relève d'équipage	05
12	Les organismes d'assistance intervenant dans installations portuaires pour la collecte des documents de sûreté des navires	00
13	Les organismes d'assistance intervenant dans la rade pour la sécurité à bord des navires et sur les navires accostés	09
14	Les organismes d'assistance intervenant dans les installations portuaires pour l'assistance aux manutentionnaires lors des opérations de chargement et de déchargement	02
15	Les organismes d'assistances intervenant dans les installations portuaires pour la pose de balises	00
16	Les sociétés de magasinage et d'entreposage implantées dans le domaine du PAL	01
17	Les agents de sûreté de l'installation portuaire (PFSO)	05
18	Les organismes de sûreté reconnus (RSO)	01
19	Les organismes de sûreté reconnus (RSO), centres de formation dans le domaine maritime et de sensibilisation au Code international pour la sûreté des navires et des installations portuaires (Code ISPS)	00
20	Les cabinets d'expertises maritimes	02

21	Les cabinets d'expertise maritimes, de contrôles et d'inspections	11
22	Les cabinets de contrôles et d'inspections	04
23	Les sociétés des travaux immergés, de génie civil, de contrôle des travaux	09
24	Les exploitants d'engins flottants	21
25	Les exploitants des structures adjacentes aux installations portuaires	01
26	Les sociétés de sécurité privées exerçant dans les installations portuaires	04
27	Les intervenants sur les navires pour la collecte, le transport et la gestion des déchets et des ordures à l'exception des lubrifiants usagés	10
28	Les intervenants sur les navires pour la collecte, le transport et la gestion des déchets et des ordures et des lubrifiants usagés	09
29	Les intervenants sur les navires pour la collecte, le transport et la gestion des lubrifiants usagés	06
30	Les intervenants sur les navires pour la collecte, le transport et la gestion des ordures en dehors des quais et des navires	01
31	Les intervenants dans les ports pour le transport sous-palan des marchandises débarquées	03
32	Les intervenants dans les ports pour l'entretien des peintures et signalisations au sol dans les installations portuaires	00
33	Les intervenants dans les ports pour l'entretien des rails portiques et autres dans les installations portuaires	01
34	Les intervenants dans les ports pour la sécurisation à l'aide d' élingues des conteneurs	00
35	Les intervenants dans les ports pour la fumigation et autres traitements phytosanitaires	02
36	Les intervenants dans les ports pour l'étude, le contrôle et la surveillance des travaux de génie civil	01
37	Les exploitants des parcs de véhicules et les vendeurs de véhicules dans les parcs sous douane	04
38	Les sociétés de transit avec la livraison aux navires des marchandises en transit ou sous douane	09
39	Les sociétés de restauration ayant accès aux ports	00
40	Les avitailleurs pour la livraison des produits achetés sur le territoire à l'exception des marchandises en transit ou sous douane	76
41	Les cabinets d'avocats et d'huissiers ayant accès aux installations portuaires et à la ZEE	00
Total		254

Source : À partir des données du Comité d'Agrément et de validation, novembre 2024.

2.1.3.2. La pêche : un secteur dynamique, mais fragile

Bien qu'ayant un poids économique modéré, le secteur de la pêche, au Togo, bénéficie d'un espace de pêche non négligeable, grâce à la zone économique exclusive (ZEE) dans l'océan Atlantique et aux divers plans d'eau, notamment les plans d'eau maritimes avec un plateau continental couvrant une superficie de 1500 km² (K. Ahoedo et *al.*, 2022).

La pêche togolaise bénéficie aussi des plans d'eau lagunaires d'une superficie de 64 km² et des plans d'eau fluviaux constituant un réseau fluvial d'une longueur de 1 300 km environ. Sur ce réseau hydrographique, se trouvent plusieurs barrages, retenues d'eau et zones d'inondation dont le barrage hydroélectrique de Nangbéto d'une superficie de 180 km², le barrage de Karsome de plus de 3 km² et la zone d'inondation de la rivière Oti de plus de 600 km². Sur ces différents plans d'eau sont implantés de nombreux campements de pêche où habitent des pêcheurs qui pratiquent la pêche artisanale, des commerçantes et des transformatrices de poissons.

Le secteur de la pêche contribue à 4,5% du PIB du secteur primaire et fait vivre environ 22 000 personnes, dont 55% de femmes (mareyeuses pour la plupart) (FAO, 2015). Il est opéré par 3 000 pêcheurs piroguiers. Leurs captures sont de l'ordre de 25 000 tonnes par an, bien en deçà (environ un tiers) des besoins nationaux en protéines, ce qui rend le pays structurellement dépendant des importations pour ses approvisionnements en produits de pêche. Le potentiel en ressources halieutiques du Togo est énorme mais la production nationale ne couvre qu'en moyenne 17% de la demande nationale[4]. Pour un cadre de la direction de la pêche et de l'aquaculture :

> *Les produits halieutiques sont de plus en plus soumis à une forte demande locale. On estime la consommation entre 80 000 et 90 000 tonnes par an. Au même moment, la production reste faible, environ 35 000 tonnes. Cette production ne couvre donc pas la demande locale, entraînant les importations de poissons entre 30 000 et 50 000 tonnes par an (Extrait d'entretien, le 15 août 2024, à Lomé).*

[4] Voir https://agridigitale.net/article/dvelopper_la_production_locale_de_tilapia_

Depuis 2020, le Projet de Développement de l'Aquaculture au Togo (PDAT) est mis en œuvre. Il a pour objectif clé de développer le secteur et de satisfaire la demande locale en produits halieutiques. Il s'agit, à travers ce projet, de doter les principaux acteurs d'équipements appropriés afin de leur permettre de développer la production locale de tilapia dans le Lac Nangbéto. La filière s'organise autour du ministère chargé des ressources halieutiques, afin de faciliter la communication entre les différents métiers et d'améliorer les conditions de mise en marché des produits.
La situation économique de la filière reste préoccupante à cause de la surpêche et de la pêche illégale, non déclarée et non réglementée. Les conséquences de la surpêche au Togo, notamment des anchois, sardines, thons, coquillages, harengs, maquereaux, mérous, crevettes, crabes et autres crustacés et de la pêche illicite non déclarée et non réglementée (INN) sont alarmantes. Les acteurs du secteur de la pêche sont très inquiets. Un responsable du Groupement des pêcheurs de Gbétsogbé, lors d'un entretien, le 23 octobre 2024, s'alarmait ainsi :

> *Des bateaux sophistiqués viennent pêcher clandestinement dans nos eaux. Ces chalutiers cassent nos roches et les gorgones. Ce qui fait que, nous n'avons plus de zones de reproductions particulières qui devraient nous donner suffisamment de poissons. Ces navires bousculent la translation, détruisent les zones de reproduction, cassent tout puis les poissons s'éloignent. Par conséquent, nous travaillons mais nous vivons dans une grande précarité.*

Un autre responsable de la Fédération Nationale des Unions Coopératives de Pêche du Togo (FENUCOOPETO) déplore l'attitude des pêcheurs locaux qui continuent d'utiliser des matériels prohibés pour pêcher : « Certains des nôtres utilisent des lamparos fabriqués par voie artisanale, des filets non appropriés et des produits chimiques qui paralysent les poissons. Cet état de chose entraîne également une pénurie de poissons ». Les fumeuses de poissons regrettent la pénurie de poisson due à la surpêche et à la pêche INN. La présidente d'une organisation de fumeuses de poissons dénommée « Scoops Amen », dans la zone portuaire, à Lomé, affirme, lors de l'entretien du 23 octobre 2023 :

> *Quand il y a beaucoup de poissons, nous aussi nous les achetons moins cher et quand on les revend, on fait assez de bénéfices. Mais aujourd'hui où il y a pénurie, le prix du poisson revient très*

cher. Le panier que nous achetions il y a deux ans à 10 000 F CFA coûte aujourd'hui jusqu'à 33 000 F CFA par moment. Et donc, nous n'avons pas assez de bénéfices, parfois même nous perdons. Il est donc difficile pour nous, de trouver de quoi vivre et des moyens pour soigner nos enfants, en cas de maladies et payer leurs frais de scolarité.

Les acteurs de la pêche voient leurs activités ralentir de manière drastique, depuis que les pratiques de la pêche illicite se sont accentuées au large des côtes togolaises et de l'Afrique de l'Ouest. Figurant parmi les plus poissonneuses au monde, les côtes ouest africaines attirent visiblement. En effet, le think tank britannique Overseas Development Institute (ODI) et l'organisation espagnole de journalisme d'investigation ProCausa dressent un bilan de la situation de la pêche illicite en Afrique de l'Ouest, mettant en lumière les effets dévastateurs de cette pratique sur l'environnement et sur le développement économique de la région. Le rapport révèle ainsi que plus de la moitié des pêcheries du golfe de Guinée sont déjà surexploitées et que la pêche illicite coûterait 1,3 milliards de dollars en moyenne chaque année aux pays côtiers d'Afrique de l'Ouest (du Nigéria à la Mauritanie). Ils estiment aussi le coût des opportunités manquées : une meilleure limitation de la pêche illicite permettrait de créer 300 000 emplois dans la pêche et dans l'industrie halieutique. Curieusement, « l*es flottes de patrouilleurs des pays d'Afrique de l'Ouest sont généralement insuffisantes pour patrouiller efficacement dans les zones de pêche aux fins du suivi, du contrôle et de la surveillance, même si les capacités varient d'un État à l'autre* » (Affirmation d'un officier de la marine nationale, lors d'un entretien du 06 novembre 2024, à Lomé).

Les activités de pêche sont essentielles pour le Togo. Ces activités font l'objet d'une attention renforcée au moment où elles sont menées avec une intensité particulière menaçant le développement de l'entrepreneuriat dans l'économie bleue. Elles font l'objet d'une réglementation spécifique afin d'endiguer le fléau de la pêche illicite. Longtemps apathique à ces phénomènes dont il subissait les effets négatifs, le Togo a très récemment renversé la tendance grâce à une intense activité législative relative à la pêche illicite. Il convient de renforcer les dispositifs de contrôle de lutte contre la surpêche et la pêche INN pour une transition vers l'entrepreneuriat dans l'économie bleue au Togo.

2.1.4. L'entrepreneuriat dans l'économie bleue au Togo : un secteur sous-exploité

2.1.4.1. Le tourisme littoral et les activités nautiques à encourager

Le Togo dispose de nombreux atouts pour développer une offre d'infrastructures et de produits, dans le cadre d'un tourisme littoral et maritime de qualité, en dépit de son espace limité[5]. Son littoral, dont les plages aux sables fins, pouvait être un bon attrait pour tous les visiteurs. Le Lac Togo et les lagunes du littoral, la plaine alluviale de l'Oti, les Cascades de Kpimé, de Womé ou d'Akrowa, sont autant de sites qui offrent un visage touristique riche et varié et qui attirent les touristes. Cependant, le secteur reste, pour l'instant, embryonnaire. Il est même assez entravé par au moins deux grandes menaces très préoccupantes liées aux changements climatiques, à savoir le phénomène de l'érosion des côtes et la pollution du littoral togolais.

Le littoral togolais est caractérisé par une dynamique sédimentaire (mouvement des sables) très importante à cause des houles dominantes obliques auxquelles la côte est exposée. Chaque année, plus d'un million de mètres cubes de sédiments sont transportés (SDLAO, 2010). Le phénomène entraîne un recul moyen de 5 à 12 m/an du trait de côte (MERF, 2015), qui est accentué par l'élévation du niveau de la mer due aux changements climatiques. Il a des conséquences sur les activités touristiques. La disparition complète de certains villages littoraux, les inondations marines, les pertes considérables de terres sur la côte et la destruction des infrastructures touristiques (2 routes détruites, l'hôtel Miramar) menacent le tourisme de prospérer et augmentent la vulnérabilité et la pauvreté des populations riveraines.

Un autre problème qui entrave le secteur du tourisme dans la zone côtière est la pollution maritime. Pour un cadre du ministère chargé du tourisme, lors d'un entretien du 5 octobre 2024,

> *Notre littoral est très pollué et constitue un problème préoccupant pour le développement du tourisme. Une grande partie des eaux usées et des déchets d'origine industrielle, domestique et médicale est directement rejetée dans la mer. Il manque d'installations d'épuration de ces eaux usées et d'élimination des déchets. En mettant en place tout ce dispositif,*

[5] Le Togo dispose d'une bande côtière de plages aux sables fins, sur 55 km, baignée par l'océan Atlantique.

on crée des emplois et on attire les touristes. Je crois qu'un partenariat avec le privé peut résoudre le problème. Les ONG aussi ont leur place dans ce secteur.

Le secteur connaît également des difficultés structurelles. L'occupation fréquemment anarchique des espaces et l'exploitation désordonnée et excessive des ressources, souvent destructrices, pâtissent des effets multiplicateurs d'un tourisme incontrôlé, dont la pression grandissante est de nature à générer des effets perturbateurs peu réversibles. La réunion des acteurs sur l'occupation anarchique du domaine public maritime du 23 décembre 2024 à Lomé a déjà souligné le fait que les écosystèmes marins et côtiers préservés ainsi que le patrimoine culturel marin contribuent à l'attractivité des plages. Dans le même temps, les ministres ont reconnu que les politiques pertinentes, y compris la recherche et l'innovation, doivent prendre en compte les impacts des activités touristiques sur les zones côtières, lagunaires et fluviales, ainsi que la vulnérabilité et la complexité des écosystèmes côtiers et maritimes[6]. Ils soulignent que l'avenir des activités touristiques reste indissociable de la qualité et de la préservation des paysages et de l'environnement du littoral togolais.

Les voies de promotion sont nombreuses et peuvent inclure des développements tels que l'amélioration des capacités entrepreneuriales des acteurs du tourisme bleu pour la compétitivité du secteur, l'innovation dans les produits, les services et les modèles commerciaux pour des destinations touristiques entièrement durables, sûres et accessibles, la nécessité d'une plus grande capacité à planifier et à développer des infrastructures de tourisme vert et, enfin, la pleine utilisation des potentiels de numérisation vers la diversification des marchés, produits et services touristiques dans le pays.

Il s'avère donc indispensable d'envisager une harmonisation de l'exploitation de la mer comme un élément générateur de développement, de promouvoir le tourisme et le nautisme au Togo pour qu'ils s'inscrivent dans la perspective du développement durable des zones côtières. Les activités nautiques et de croisière sont encore à l'état embryonnaire, voire inexistantes au Togo et devront être encouragées et soutenues par l'essor du tourisme sur le littoral. Ces activités générant des emplois et mobilisant une masse critique de populations riveraines et de touristes, il importe que les systèmes lagunaires existant dans le

[6] Voir https://vert-togo.tg/agir-contre-loccupation-anarchique-du-littoral-et-sa-pollution/

domaine littoral, notamment ceux de Lomé, d'Agbodrafo et d'Aného soient aménagés à cet effet afin de renforcer le potentiel touristique.

2.1.4.2. Les énergies marines comme levier de la transition énergétique

Les différentes ressources disponibles en mer sont l'énergie du vent (éoliennes en mer), l'énergie des courants (hydroliennes), l'énergie des marées (énergie marémotrice), l'énergie de la houle (le houlomoteur), la différence de température entre les eaux de surface chaudes et les eaux froides en profondeur ou la différence de salinité entre l'eau douce et l'eau de mer (l'énergie osmotique). Le tableau 3 présente l'état de ces différentes énergies marines renouvelables et leur stade technologique.

Tableau 3 : Les différentes énergies marines renouvelables et leur stade technologique

Source	Forme	**État actuel de la technologie**
Vent	Électricité	Éolien posé : non évalué Éolien flottant : non évalué
Vague	Électricité	Houlomoteur : non évalué
Courants	Électricité	Hydrolien : non évalué
Marée	Électricité	Marémoteur : non évalué
Température	Électricité ou froid	Energie thermique des mers : non évaluée

Source : J. Guillaume, 2014, p. 2.

Les énergies marines ont un potentiel de développement significatif, notamment dans tous les pays côtiers. Au Togo, ces technologies ne sont ni explorées, ni exploitées, bien que pouvant avoir un potentiel de production qu'il faudra évaluer. Le pays dispose sur sa façade atlantique d'un potentiel de houle, de marée, du gradient de température qu'il est possible d'exploiter pour produire de l'énergie marine. La zone côtière présente, en effet, des courants particulièrement puissants, susceptibles d'abriter dans le futur des projets de développement des technologies des énergies marines renouvelables pour faire face au problème énergétique que traverse le pays. Cela suppose un soutien de la recherche et l'innovation en faveur des énergies marines renouvelables. Cette perspective peut être incluse dans la stratégie togolaise de la

planification spatiale marine. Les énergies marines renouvelables (EMR) pourraient presque suffire aux besoins électriques du pays, si de multiples contraintes géographiques, techniques, économiques, politiques, ne venaient pas s'interposer entre ce potentiel et les capacités de production.
Toutefois, l'installation des technologies de ces énergies renouvelables pose la question face au trafic maritime très important dans ces zones. L'emplacement des futures fermes devra donc être soigneusement étudié afin de limiter le risque de collision avec les bateaux.

2.1.4.3. Des autres potentialités encore inexploitées

Au-delà des énergies marines, différentes activités liées à l'économie bleue émergent mais restent faiblement exploitées. Il s'agit, notamment de la sécurité et de la sûreté maritimes, des déchets marins de la recherche et de l'innovation.
D'abord, *la sécurité et la sûreté maritimes* sont au cœur des enjeux de l'économie bleue. D'une part, le développement durable de certaines activités de l'économie bleue (par exemple les transports, le tourisme, les énergies renouvelables, l'aquaculture et la pêche) affecte négativement la sûreté et la sécurité de la région (pollution, propagation de maladies, détérioration des écosystèmes, pêche illégale et non déclarée, etc.). D'autre part, la pérennité future de ces activités (en termes d'emplois et de croissance à long terme) est menacée par un certain nombre de facteurs externes (changement climatique, manque d'aménagements efficaces de l'espace maritime et côtier, etc.). Des fonctions de garde-côtes efficaces sont essentielles pour assurer une région sûre et sécurisée. Pourtant, ces fonctions sont confrontées à des défis pertinents, notamment la nécessité de détecter les menaces marines et côtières le plus tôt possible.
Compte tenu des différents besoins en matière de sûreté et de sécurité maritimes, un certain nombre d'opportunités existent désormais pour le développement et l'innovation dans le secteur. Les exemples incluent le développement d'activités de formation, ainsi que l'échange d'informations, d'expertise, d'assistance technique et de meilleures pratiques pour aborder le partage des connaissances dans la région.
De nouveaux marchés pour les applications des technologies innovantes existent également et devraient être pleinement exploités à l'avenir, comme moyen de développer des approches communes pour s'attaquer à des problèmes complexes et durables tels que le changement climatique et le soutien de l'aménagement du territoire

(planification spatiale marine /gestion intégrée des zones côtières) pour parvenir à une économie bleue sûre et sécurisée.
Ensuite, la gestion des déchets marins qui nécessite des compétences spécifiques. Les connaissances scientifiques à ce sujet ne décrivent pas avec toujours plus de précision la quantité, la composition et la distribution des déchets marins dans les bassins de la mer, les lacs, les lagunes et les cours d'eau du Togo. De vrais efforts de recherche devront être effectués pour s'attaquer à ce problème critique. Le plus courant de ces déchets au Togo reste les plastiques qui constituent un défi majeur pour l'écosystème marin.
Les plastiques sont des matériaux utiles offrant des applications variées dans différents secteurs. Cependant, la production non durable de divers types de plastiques, en particulier les plastiques à usage unique, et leur faible valeur ont entraîné une quantité considérablement élevée de déchets plastiques. Ces déchets, jonchés sur tout le littoral, à la plage de Lomé au niveau du grand marché d'Adawlato ou drainés par les rivières Zio et Haho qui se jettent dans l'Océan Atlantique, ont des effets négatifs énormes sur l'environnement marin. Ils affectent à la fois la biodiversité marine (poisson et autres produits de la mer), ainsi que l'économie bleue et la société au sens large.
Des solutions urgentes s'imposent, car la réglementation de 2011, qui interdit la production et l'importation des plastiques non biodégradables, ainsi que la décentralisation avec les directions des services techniques de chaque commune, ne suffiront pas pour gérer les déchets liés aux plastiques au Togo. Elles passent par la création d'entreprises de recyclage et leur implication dans la gestion des déchets marins. Il est donc nécessaire de renforcer les capacités des méthodes et technologies existantes de traitement des déchets plastiques, telles que le recyclage et la transformation.
Des actions soutenant les systèmes de gestion des déchets qui peuvent collecter, trier, séparer et recycler efficacement les plastiques (telles que l'amélioration des pratiques de gestion des déchets) aideraient également à lutter contre les déchets marins. Ces déchets sont alors des opportunités de création d'entreprises pour la gestion de ces plastiques. Un certain nombre d'initiatives pourraient également déclencher à la fois une motivation du côté de l'offre pour des conceptions de produits circulaires et une préférence pour ces produits du côté de la demande. Par exemple, des mesures pour créer des marchés pour les plastiques recyclés et améliorer les marchés pour les plastiques biosourcés, des taxes différenciées sur les plastiques vierges et recyclés, l'introduction

de normes pour le contenu recyclé, l'amélioration de l'information sur le contenu recyclé dans les produits, le tout combiné à des campagnes d'éducation des consommateurs. À en juger par l'attrait des entreprises pour la circularité, les opportunités ne feront que s'étendre. En fin de compte, l'économie circulaire n'atteint son potentiel de changement mondial qu'une fois que les travaux liés à la circularité deviennent largement compris comme des évidences. La niche circulaire deviendra le courant dominant, et personne ne ressentira le besoin de l'expliquer dans le cadre d'une fonction professionnelle.
En tant qu'État côtier, les fonds marins, encore inexplorés, recèlent un trésor de ressources naturelles, notamment des minéraux, des biomolécules et des organismes vivants aux propriétés uniques. L'innovation technologique est indispensable pour explorer ces environnements extrêmes et y accéder de manière durable. Le développement de sous-marins autonomes, de robots sous-marins et de véhicules habités permet d'atteindre des profondeurs toujours plus grandes et de cartographier les fonds marins avec une précision insoupçonnée. Ces technologies ouvrent la voie à la découverte de nouvelles ressources et à la mise au point de produits innovants dans des domaines tels que la médecine, la cosmétique et l'industrie.
A cet égard, les priorités d'innovation et de recherche pour l'économie bleue au Togo fixées dans la *Stratégie nationale pour la mer et l'océan – Horizon 2030* devraient servir de guide. L'industrie maritime et portuaire devra contribuer davantage par un engagement plus ambitieux en faveur de l'innovation durable et de la recherche collaborative. Cela sera possible en offrant des opportunités d'emploi aux chercheurs et innovateurs jeunes et qualifiés, tout en participant à l'élaboration de programmes d'études pour ancrer ce poste de manière stable dans les entreprises de l'économie bleue togolaise du futur.

2.2. L'employabilité : une nouvelle variable de l'entrepreneuriat dans l'économie bleue

Comme on le voit, le sous-emploi et le chômage des jeunes ne sont pas simplement provoqué par un manque d'emplois au Togo. Des opportunités d'emploi existent dans différentes filières comme celle de l'économie bleue. Cependant, les mutations des métiers nécessitent une urgente adaptation, une nécessité d'anticiper sur l'évolution des métiers et de développer des compétences ainsi que la mobilisation de plusieurs acteurs dans des domaines transversaux.

2.2.1. Les mutations profondes des métiers de l'économie bleue

Les soudeurs, les chaudronniers, les chefs de programme, les marins, les dockers, les directeurs de port, les ingénieurs, les pécheurs, les chercheurs, les fonctions du génie civil, les laborantins ou encore les écailleurs comptent parmi les métiers historiques de l'économie bleue. Ces professionnels sont issus, pour la plupart, du secteur de la logistique maritime et portuaire ou travaillent, par exemple, dans un entrepôt et souhaitent changer de carrière ou avoir de meilleures opportunités d'emploi. L'évolution du trafic portuaire se traduit année après année par une augmentation de l'activité portuaire.

Aussi est-il que le temps de chargement et de déchargement des matériaux est un facteur très important dans la logistique maritime et portuaire, car les capacités de stockage des ports et quais sont limités et une grande efficacité des procédés est donc nécessaire. Le secteur portuaire est également un environnement où de plus en plus d'innovations sont intégrées pour améliorer l'efficacité des opérations de chargement et de déchargement. Il est donc capital de s'aligner sur la tendance du secteur portuaire en ce qui concerne la technification des procédés.

En parallèle, les mutations de société globalisée ont fait émerger de nouvelles professions autour de la robotique, du numérique, de la cybersécurité, de l'écologie et du bien-être au travail, entre autres. Cela se traduit en particulier par le déploiement d'objets connectés qui demain, requerront des savoir-faire et compétences spécifiques. Cette montée en puissance du numérique devrait nettement augmenter les créations d'emplois dans les années à venir.

Plusieurs métiers de l'économie bleue sont déjà en tension. Il s'agit entre autres des métiers, tels que le tourisme maritime, l'aquaculture, les activités portuaires, ceux de l'éolien en mer, des énergies marines renouvelables, du nautisme et de la gestion des déchets marins. La filière de l'économie bleue n'est pas suffisamment connue du grand public. Si le Togo souhaite pourvoir des emplois et atteindre ses objectifs en matière de développement de la filière de l'économie bleue, il devra la faire connaître auprès des jeunes talents, d'une part, et des moins jeunes, d'autre part, les postes étant pour la plupart ouverts aux profils en seconde partie de carrière. Pour un membre du Cluster Maritime d'Afrique Francophone (CMAF) interrogé, « La jeunesse doit prendre conscience que grâce à son caractère stratégique et vital, l'économie bleue est une filière d'avenir ».

L'Association des Femmes de l'Organisme National chargé de l'Action de l'État en Mer travaille dans ce sens, ayant adopté une démarche de vulgarisation des métiers de l'économie bleue auprès des élèves de certains lycées du Togo. Pour un membre de cette Association, lors de l'entretien du 16 octobre 2024,

> *Cette initiative prend différentes formes, comme l'harmonisation et la mise au goût du jour des différents bassins d'emplois, des supports de communication, en adéquation avec les attentes des jeunes filles élèves, notre cœur de cible, puisque nous travaillons également à l'identification exhaustive des postes à pourvoir dans les différents secteurs d'activités de l'économie bleue.*

Enfin, les journées mondiales et africaines des mers et des océans sont des occasions de mettre en lumière la filière de l'économie bleue et susciter l'engouement vers ses différents secteurs. « Si nous voulons attirer de nouveaux talents, nous devons nous mobiliser collectivement » (Précise un cadre du Haut Conseil pour la Mer, lors d'un entretien le 25 juillet 2025, à Lomé).

2.2.2. La nécessité d'anticiper l'évolution des métiers et de développer les compétences

Alors que l'économie bleue offre des opportunités professionnelles d'avenir dans ledit secteur, tout l'enjeu consiste à faire correspondre les qualifications et les compétences aux besoins d'une filière en évolution. Pour un membre du Cluster maritime d'Afrique francophone, lors de l'entretien du 16 novembre 2024 à Lomé,

> *Le secteur a besoin de travailleurs qualifiés. Quand on a commencé à travailler avec nos nouveaux partenaires, il y a une dizaine d'années, ils étaient quasiment désespérés, parce qu'ils manquaient de formations. Nous devons investir beaucoup dans les nouvelles compétences techniques, mais aussi non techniques qui sont peut-être moins tendance, mais qui restent très importantes. [...] On a aucune idée des besoins réels en termes de qualifications et de compétences qu'il y aura dans trois ou quatre ans, c'est incroyable !*

La logistique est un domaine où l'industrie portuaire et la formation professionnelle peuvent mieux collaborer. Les installations portuaires de Lomé sont à la base d'environ 10 000 emplois, mais de nombreux professionnels de ce secteur ont du mal à suivre l'évolution de leur

activité. Tous les ingénieurs, les directeurs logistiques et les cadres ne possèdent pas les compétences en informatique et en communication adaptées au marché actuel.
Au Port Autonome de Lomé, un cadre a livré son point de vue lors d'un entretien le 10 octobre 2024 à Lomé :

> *Aujourd'hui, les clients veulent savoir où se trouve leur cargaison. Si nous n'avons pas de système de suivi minute par minute, pour savoir que la cargaison entre dans le terminal, qu'elle est maintenant sur le navire, qu'elle arrive à destination, alors nous ne pouvons pas être présents sur ce marché : bien sûr, nous devons savoir comment faire cela, mais c'est quelque chose qui ne se trouve pas dans les livres !*

Si le Togo veut attirer de nouveaux talents, il devra être capable de valoriser les métiers auprès des jeunes, en faisant apparaître l'économie bleue dans les manuels scolaires dès les classes de 6ème. C'est ensemble avec le corps enseignant et l'État, les entreprises de la filière de l'économie bleue qu'il faut donner aux élèves les moyens de se nourrir de ce secteur et de comprendre qu'il regorge d'opportunités professionnelles. La jeunesse doit prendre conscience que, grâce à son caractère stratégique et vital, l'économie bleue est une filière d'avenir.

3. Discussion des résultats

L'objectif poursuivi dans cette recherche était d'identifier la profondeur stratégique de l'économie bleue et de montrer qu'elle peut constituer une opportunité de création d'entreprises dans la filière de l'économie. Il en ressort que le triptyque « économie bleue, entrepreneuriat et employabilité » peut permettre de relever les défis socio-économiques du pays. L'économie bleue offre un cadre pour une utilisation rationnelle et durable des ressources naturelles, renouvelables et non renouvelables (CEA, 2016). L'entrepreneuriat contribue à la création d'emplois et à la croissance (C. Ben-Hafaïedh et S. Boubaker, 2013). L'employabilité est indispensable pour assurer la performance et la pérennité des entreprises (S. Philémond, 2024). Les activités liées à ces ressources naturelles qui relèvent de l'économie bleue peuvent enclencher une dynamique de l'entrepreneuriat au Togo dans des activités diverses : plaisance et location de voilier, aquaculture, fabrication et réparation navales, transformation des déchets marins, construction d'équipements pour la surveillance maritime et portuaire, tourisme maritime et d'autres métiers connexes. On y voit ainsi une segmentation de diverses activités proposées par P. Cariou et *al.* (2003) en trois ensembles voire quatre (Figure 1) :

Figure 1 : Segmentation des effets induits par l'activité portuaire

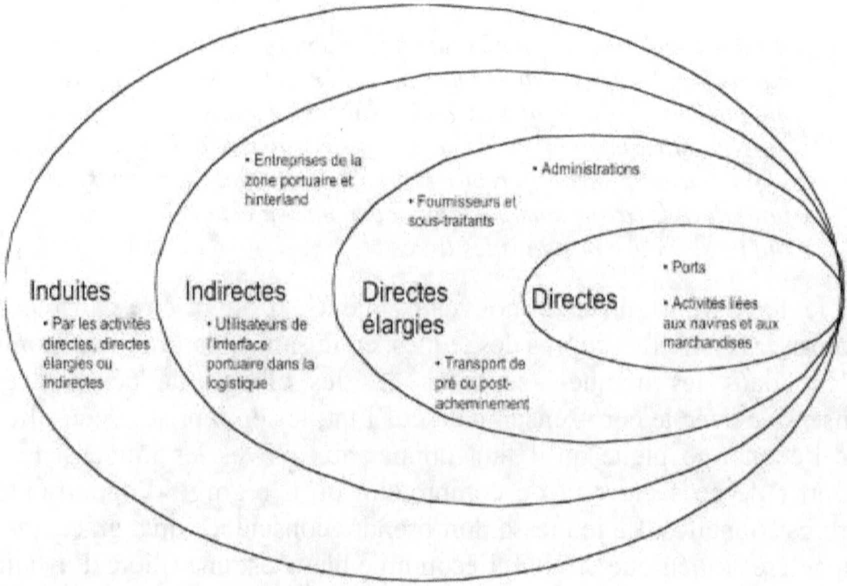

Source : P. Cariou et al., 2003 (cité par S. Abbes et J. Guillaume, 2008, p. 365).

À la lumière de la figure 1, les trois principales activités issues de cette segmentation sont :

- ***les fonctions portuaires*** qui comprennent tous les métiers du port. Ceux-ci prennent en compte les prestations à fournir au navire et à la marchandise, sous leurs aspects commerciaux, techniques et réglementaires. Les activités directes qui comprennent la gestion du port ainsi que les services auxiliaires du navire ou de la marchandise et les activités directes élargies concernant les établissements publics et privés concernés partiellement par le trafic portuaire, dans lesquelles peut intervenir la délicate évaluation des transports terrestres liés au port ;
- ***les activités indirectes***. Elles sont constituées des activités stimulées par la fonction portuaire, qu'elles soient implantées dans la zone portuaire ou près d'elle ou qu'elles fassent transiter

leurs marchandises par le port sans y être implantées. Il s'agit des industries utilisatrices ou expéditrices des matières premières ou des produits finis transitant par le port. Il y a également les utilisateurs des trafics qui peuvent être plus ou moins distants du port. La production indirecte comprend aussi les fournisseurs et sous-traitants de la fonction portuaire ou des établissements industriels de la zone, parmi lesquels divers services aux entreprises ;

- ***les activités induites***. Ce sont des activités qui sont sans lien avec le port, par leur nature même, mais dont l'emploi et le chiffre d'affaires sont stimulés par la présence des fonctions portuaires et des fonctions de production indirecte. On peut y voir l'expression d'un multiplicateur de revenu keynésien calculé à l'échelle locale.

Dans cette recherche, l'approche de développement de l'économie bleue diffère des études déjà répertoriées (C. Pedersen, 2021 ; T. Y. Gnongbo et P. Adjoussi, 2017 et K.-A. Fiagan, 2014). De même que les difficultés éprouvées par les jeunes, selon leurs compétences, sont plus importantes que celles relevées par la littérature.

Aussi les résultats obtenus indiquent-ils que le capital humain et les innovations technologiques sont importants pour assurer un entrepreneuriat compétitif dans l'économie bleue au Togo, notamment la compétitivité de l'industrie de construction et de réparation des navires. Par exemple, les milliers de pirogues[7] utilisées par les pêcheurs togolais sont fabriquées au Ghana et au Sénégal. Il en est de même pour le matériel et l'équipement qui sont acquis au Ghana. La plupart des réparateurs des engins sont originaires du Ghana (K. Ahoédo, 2021 ; K.-A. Fiagan, 2014). Ces résultats montrent que l'entrepreneuriat dans le secteur de l'économie bleue peut être une façon de s'extirper d'un sous-emploi et du chômage au Togo. La difficulté de créer des emplois durables pour les jeunes et les mesures susceptibles de développer les compétences et l'esprit d'entreprise autour des opportunités semblent donc bien se confirmer dans le cas de l'économie bleue. Même si le gouvernement est conscient de la situation et a initié de nombreux projets et programmes pour favoriser l'accès à l'emploi et lutter durablement contre la pauvreté, le problème du chômage et du sous-emploi reste encore aigu. L'économie bleue constitue donc une « nouvelle frontière », pour le développement socio-économique du

[7] Le coût moyen d'une pirogue est évalué à 3,5 millions de F CFA, soit 5 335 euros.

Togo, qui peut permettre la création d'emplois, notamment des jeunes, ce qui renforcerait en retour la sécurité et la paix (International Peace Institute, 2017).
Selon les personnes interrogées, les défis de compétences clés de l'économie bleue rejoignent ceux relevés dans les écrits de D. Loctier (2023). Quant aux formations, elles considèrent qu'il manque aux apprenants les dimensions pratiques pour être opérationnel et qu'une formation complémentaire s'avère importante. Ces résultats rappellent l'importance du rôle de la formation professionnelle pour l'entrepreneuriat et l'insertion des jeunes dans le tissu économique (R. El Bettioui, 2023). La question de l'employabilité représente une barrière de développement de l'économie bleue au Togo. Les jeunes ont tendance à ne pas avoir les connaissances et compétences adéquates pour en profiter. Les contraintes en termes de capital humain (éducation, formation et compétences) limitent l'employabilité des jeunes. Les motivations à l'entrepreneuriat semblent donc intimement liées à l'éducation et à la formation (J.-M. Mégret, 2022). En effet, il apparaît que les jeunes qui bénéficient, durant leur scolarité, d'une action de sensibilisation à l'entrepreneuriat ont plus de probabilité de créer, plus tard, leur société : quatre à cinq fois plus que le reste de la population (F. Minichiello, 2016).
Cette recherche apparaît comme une des rares à se pencher sur le lien entre les difficultés d'accroissement de l'entrepreneuriat et l'employabilité à l'ère de l'économie bleue. L'entrepreneuriat dans la filière de l'économie bleue amènerait les jeunes vers le chemin de la reconstruction de soi et serait un moyen de retrouver leur « empowerment » (N. F. Sarr et M. Fall, 2021). Ce dernier thème est cher pour de nombreux jeunes, leur autonomisation étant la motivation la plus largement citée pour la création de leur organisation (L. B. Penn, 2024 ; I. Danic et B. Valdes, 2016).
En outre, les résultats de la recherche ont fait apparaître une certaine difficulté de réseautage entre entrepreneurs, experts, banques, assurances, centres de recherche et chercheurs dans les secteurs de l'économie bleue au Togo. Ceci ne favorise pas l'investissement économique qui affecterait négativement la promotion de la filière de l'économie bleue. En outre, les entrepreneurs sont obligés de se tourner vers leurs propres ressources. Cela rappelle les travaux sur l'effectuation qui consiste à démarrer avec ce que l'on a sous la main, à tirer parti de l'imprévu (F. Catche, 2024 ; C. Schmitt et P.-A. Julien, 2020 ; S. Sarasvathy, 2014). Selon cette logique, l'entrepreneur

n'anticipe pas d'accumuler des ressources en vue de les utiliser le jour venu. Au contraire, il fait avec celles dont il dispose. Les difficultés de réseautage semblent être compensées par un fort sentiment d'auto-efficacité qui a été observé chez cette population. Cela peut s'expliquer par la « volonté de s'en sortir » que les entrepreneurs du secteur de l'économie bleue ont développée. Il s'agit là, d'un élément essentiel du processus de résilience entrepreneuriale au sens de B. Boubakary (2022) ou de M.-J. Bernard (2008).
Les résultats de cette recherche sont d'une portée sociologique. Ils s'inscrivent dans la perspective de l'analyse stratégique de l'entrepreneuriat (D. Chabaud et K. Messeghem, 2010). Une analyse stratégique menée efficacement permet à l'entrepreneur de prendre connaissance des facteurs clés de succès du marché sur lequel il souhaite s'implanter. Cependant, l'intérêt va bien au-delà du champ de l'entrepreneuriat, dans la mesure où l'analyse stratégique *va* influencer la capacité de l'entreprise à repérer, créer ou exploiter des opportunités. L'économie bleue constituant un « océan » d'opportunités, le rôle crucial des liens forts entre entrepreneuriat et employabilité devra être établi. Ce rôle, souvent minoré dans la littérature, apparaît central tant de manière directe que de manière indirecte, comme un moyen de mobiliser différents acteurs clés pour le développement des filières de l'économie bleue.
La portée pratique en regard de l'employabilité des jeunes pourrait mener à l'organisation de formations spécialisées dans la filière de l'économie bleue (aquaculture, tourisme maritime, réparation navale) et d'appoint pour les salariés déjà en place ainsi qu'à l'exigence de formations formelles en économie bleue dans les collèges et universités du Togo.
Ce faisant, ce travail conduit à souligner l'intérêt d'études plus approfondies sur les processus de construction des opportunités en économie bleue mais aussi les apports possibles en matière d'accompagnement des entrepreneurs.

Conclusion

L'intérêt de cette recherche a été de montrer qu'après avoir exploré les potentialités de l'économie bleue au Togo, il est maintenant temps pour le pays de passer du « quoi faire » au « comment faire ». Le premier apport de la recherche a été de présenter les opportunités de l'écosystème de l'économie bleue comme un acteur économique de premier ordre, promis, dans les prochaines décennies, à une forte croissance couplée à des transformations majeures. L'économie bleue propose de développer économiquement les secteurs traditionnels comme la pêche, le transport maritime, la construction ou la réparation nation, le tourisme, grâce à la formation, à la technologie, au capital financier et aux partenariats. Des opportunités existent, même dans d'autres secteurs émergents comme les énergies renouvelables et fossiles, la biotechnologie, la conservation de la biodiversité, les câbles sous-marins et l'aquaculture ou la mariculture. Cela devrait se traduire par la création d'entreprises durables dans ces différents secteurs et une intégration de compétences dans les référentiels et programmes de formation.

L'employabilité dans l'entrepreneuriat bleu nécessite de relever plusieurs défis en termes de compétences. Les mutations des activités dans les secteurs de l'économie bleue ont fait émerger de nouvelles professions autour de la robotique, du numérique, de la cybersécurité, de l'écologie et du bien-être au travail, entre autres, portant à des milliers le nombre de métiers variés et accessibles selon différents niveaux de qualification. À l'instar d'autres secteurs, les activités de la filière de l'économie bleue sont de plus en plus numérisées. De même, la filière est pleinement concernée par les enjeux de transition écoénergétique ; ce qui nécessite des qualifications spécifiques en ingénierie des énergies marines renouvelables. De nombreuses innovations devraient être désormais déployées pour réduire l'impact écologique du transport maritime.

Ces différentes préoccupations impactent les besoins de recrutement dans la filière de l'économie bleue. Plusieurs métiers sont d'ores et déjà en tension, tels que les métiers du nautisme et les activités portuaires, parce que la filière maritime n'est pas suffisamment connue du grand public. Aussi la jeunesse devra-t-elle prendre conscience que, grâce à son caractère stratégique et vital, l'économie bleue est une filière d'avenir. Cela nécessite un accompagnement dans une démarche de vulgarisation des métiers auprès de cette jeunesse. Il revient donc à l'État, en partenariat avec le corps enseignant, de donner aux élèves les moyens de se nourrir de la filière et de comprendre qu'elle regorge d'opportunités professionnelles. C'est dans ce sens que la jeunesse doit prendre conscience que grâce à son caractère stratégique et vital, l'entrepreneuriat dans l'économie bleue est une filière d'avenir.

Références bibliographiques

ABBES Souhir, GUILLAUME Jacques, 2008, « Chapitre 9. Ports de commerce et économie portuaire », *Mare economicum*, GUILLOTREAU Patrice, Presses universitaires de Rennes, p. 361-389.

AHOEDO Kossi, ALI Domtani, BEIGUE ALFA P'ham, FOLIKOUE Ekoué A., GUITTON Jérome, 2021, « Togo », Chavance, Pierre, et Pierre Morand, éditeurs. *Atlas des pêches et pêcheurs artisans d'Afrique de l'Ouest*. IRD Éditions, Union économique et monétaire Ouest africaine, p. 137-141.

BANQUE MONDIALE, 2024, Emplois bleus et alimentation bleue : un levier pour transformer des vies, [En ligne] URL : https://www.banquemondiale.org/fr/news/feature/2024/11/14/blue-food-and-blue-jobs-are-transforming-livelihoods

BANQUE MONDIALE, 2024, « L'économie bleue : un océan d'opportunités pour les pays insulaires vulnérables », [En ligne] URL : https://www.banquemondiale.org/fr/news/feature/2024/05/23/the-blue-economy-shoring-up-opportunities-for-island-nations

BARDIN Lawrence, 1977, *L'Analyse de contenu*, Paris, Presses Universitaires de France.

BEN-HAFAÏEDH Cyrine, BOUBAKER Sabri, 2013, *De l'entrepreneuriat à la gouvernance,* Paris, Hermès-Lavoisier.

BERNARD Marie – Josée, 2008, « L'entrepreneuriat comme un processus de résilience Les bases d'un dialogue entre deux concepts », *Revue internationale de psychosociologie*, Vol. XIV N° 32, p. 119-140.

BOUACIDA Rédha Younes, 2024, « Ecosystème entrepreneurial et développement de l'entrepreneuriat », (En ligne) URL : https://elwatan-dz.com/ecosysteme-entrepreneurial-et-developpement-de-lentrepreneuriat

BOUBAKARY Benn, 2022, « Résilience entrepreneuriale et performance des PME en Afrique : une analyse exploratoire dans le contexte camerounais », *Management & Avenir*, N°127, Vol. 1, p. 131-154.

CARIOU Pierre (ed.), 2003, « Étude d'impact socio-économique des ports du nord-ouest Atlantique, Lorient, Nantes », Compte rendu dans GUILLOTREAU Patrice, « La valeur ajoutée portuaire. Une méthode d'évaluation, des résultats et des limites », présenté aux *journées de l'Isemar* de novembre 2004, Saint-Nazaire.

CARREE Martin et THURIK Roy, 2005, « Understanding the Role of Entrepreneurship for
Economic Growth », *Centre for Advanced Small Business Economics*, Rotterdam School of Economics, Erasmus University.
CATCHE Fadila, 2024, « Effets de l'effectuation sur les choix de financement et la survie des TPE au Cameroun », *Revue Internationale du chercheur* Vol. 5, N° 1, p. 156-182.
CHABAUD Didier, MESSEGHEM Karim, 2010, « Stratégie et entrepreneuriat Les opportunités, ruptures et nouvelles perspectives », *Revue française de gestion*, n° 206, vol. 7, p. 87-92.
CEA – Commission économique des Nations Unies pour l'Afrique, 2016, *L'économie bleue en Afrique : Guide pratique*, Addis-Abeba, Éthiopie.
COWI Belgium, 2021, « Feuille de route pour l'économie bleue concrétiser le potentiel des pays et territoires d'outre-mer pour une croissance bleue durable (économie bleue) », [En ligne] URL : https://www.overseas-association.eu/content/uploads/2021/06/Final-report-Blue-Economy-Study-FR.pdf
DANIC Isabelle, VALDES Béatrice, 2016, « Processus d'autonomisation des jeunes : le cas des étudiants de Rennes », *Informations sociales*, n° 195, vol. 4, p. 27-37.
DOUYON Rosalie, 2020, « L'entrepreneuriat en marge des masses dans les industries créatives et culturelles », *Revue internationale P.M.E.*, Vol. 33, N° 3-4, p. 81-103.
EL BETTIOUI Rachid, 2023, « Le capital humain, l'employabilité et l'entrepreneuriat : Cas du Programme d'Insertion par les Activités Économiques », *[RMd] RevistaMultidisciplinar*, Vol. 5, N° 3, p. 225–258.
FAO, 2023, *Économie Bleue : La FAO lance un nouveau plan de financement pour le programme PROMEB II*, [En ligne] URL : https://www.fao.org/cabo-verde/actualites/detail-events/en/c/1676253/
FIAGAN Koku-Azonko, 2014, *La pêche artisanale maritime et sa contribution au développement socio-économique au Togo*, Thèse de Doctorat en Géographie, Université de Lomé, Lomé.
GNONGBO Tak Youssif, ADJOUSSI Pessièzoum, 2017, « La mer comme facteur de développement du littoral et son hinterland en Afrique : l'exemple du Togo », *Climat et Développement*, 22, pp. 17-29.
GUILLAUME Jacques, 2014, « Le potentiel d'énergie renouvelable de l'océan mondial entre contraintes d'exploitation et enjeux de

territorialisation », *Géoconfluences,* [En ligne] URL : https://geoconfluences.ens-lyon.fr/informations-scienfiques/dossiers-thematiques/oceans-et-mondialisation/articles-scientifiques/le-potentiel-energetique-de-locean-mondial
INSEED – Institut National de la Statistique et des Études Économiques et Démographiques, 2023, 5e Recensement Général de la Population et de l'Habitat (RGPH-5).
IPI - International Peace Institute, 2017, *L'entrepreneuriat pour pérenniser la paix*, Note thématique, [En ligne] URL : https://www.ipinst.org/wp-content/uploads/2017/06/1706_Entrepreneurship-for-Sustaining-PeaceFrench.pdf
KARLEN Raphaela, ROTHER Friederike, 2023, *Diagnostic de la situation de l'emploi au Togo - Relever les Défis et Créer des opportunités pour plus d'Emplois de Qualité pour Tous,* Banque mondiale, Washington, DC.
KARLEN Yves, HIRT Carmen, JUD Johannes, ROSENTHAL Amina, EBERLI Tabea Daria, 2023, « Les enseignants en tant qu'apprenants et agents de l'auto-apprentissage apprentissage régulé : l'importance des différents aspects de compétence des enseignants pour promouvoir les métacognitions », *Enseignement et formation des enseignants,* 125, *104055* [En ligne] URL : https://doi.org/10.1016/j.tate.2023.104055
KAWEDIA YAKOUBOU Kossi et AFFO Kossi, 2021, « Entrepreneuriat dans le secteur informel au Togo : les facteurs de succès des jeunes entrepreneurs », *Revue Internationale des Sciences de Gestion*, Volume 4, Numéro 4, p. 68 – 96.
LAWANI Ayemi Akessime, 2023, *L'entrepreneuriat au Togo. Opter pour des politiques audacieuses,* L'Harmattan, Paris.
LOCTIER Denis, 2023, « De l'école à la mer : le défi des compétences clés de l'économie bleue », [En ligne] URL : https://fr.euronews.com/green/2023/04/25/de-l-ecole-a-la-mer-le-defi-des-competences-cles-de-l-economie-bleue
MÉGRET Jean-Michel, 2022, « Éduquer à l'esprit d'entreprendre : entre enjeux éducatifs et politique éducative, regard sur la recherche », *Proyéctica / Projectics / Projectique*, N° 32, p. 37-58.
MINICHIELLO Federica, 2016, « Favoriser l'entrepreneuriat par l'éducation : une priorité internationale », *Revue internationale d'éducation de Sèvres* [En ligne], URL : http://journals.openedition.org/ries/5429

PAULI Gunter, 2010, *L'économie bleue - 10 ans, 100 innovations, 100 millions d'emplois*, NEC.
PENN Laré Batouth, 2023, « Transition vers une économie bleue au Togo : apport de la recherche maritime et des infrastructures de recherche », *VertigO - la revue électronique en sciences de l'environnement, Numéro 23-3* [En ligne], URL : http://journals.openedition.org/vertigo/42525
PENN Laré Batouth, 2024, « Stratégie d'empowerment et lutte contre l'extrémisme violent dans la Région des Savanes au Togo », *Revue LES TISONS*, N° 0001, p. 167-202.
PENN Laré Batouth, 2021, « Analyse sociologique des trajectoires d'insertion socio-économique au Togo : cas du Fonds d'Appui aux Initiatives Economiques des Jeunes (FAIEJ) », *Dezan*, Vol. 9 N° 1, p. 281-288.
SARASVATHY Saras D., YORK Jeffrey G., BHAGAVATULA Suresh, 2014, « An effectual approach to international entrepreneurship : overlaps, challenges, and provocative possibilities », *Entrepreneurship Theory and Practice*, Vol. *38, N°* 1, p. 71-93.
SARR Ndèye Faty, FALL Marie (2021). « La promotion de l'empowerment et de l'entrepreneuriat féminin auprès des femmes exclues des politiques sociales et économiques au Sénégal », *Revue Organisations & territoires*, Vol. 30 N° 2, p. 31–37.
SCHMITT Christophe et JULIEN Pierre-André (2020), « Causation, effectuation, improvisation et agir entrepreneurial. Pour une approche renouvelée et intégrative de l'entrepreneuriat ». P*rojectics / Proyéctica / Projectique*, N° 25, Vol. 1, p. 131-153.
SCHUMPETER Joseph A., 1934, *The theory of economic development*. Cambridge, MA: Harvard University Press.
YARBONME Dabekoa, 2023, « Les facteurs déterminants du succès entrepreneurial des femmes au Togo », *Revue internationale de la comptabilité, finance, audit, management et économie*, Volume 4, p. 835-554.

L'ENTREPRENEURIAT AQUACOLE FACE AUX DEFIS DU DEVELOPPEMENT DURABLE AU TOGO

Magnim POGBO PALI

Résumé

L'entrepreneuriat aquacole au Togo joue un rôle clé dans la diversification de l'économie et la sécurité alimentaire, tout en contribuant à l'économie bleue. Toutefois, il est confronté à des défis majeurs pour s'inscrire dans une dynamique de développement durable. Parmi ces défis, figurent la gestion durable des ressources en eau, la protection de la biodiversité, l'impact écologique des mauvaises pratiques aquacoles et la limitation des infrastructures adéquates. Le présent travail vise à analyser les initiatives privées entrepreneuriales locales d'aquaculture et leurs effets sur l'économie bleue. Cette recherche repose sur la recherche documentaire, l'observation directe et les entretiens individuels semi structurés auprès des acteurs du secteur de l'aquaculture. Les résultats révèlent l'existence des contraintes liées à l'exercice des activités entrepreneuriales aquacoles et à l'émergence des déviances aquacoles qui fragilisent l'économie bleue. Bien que les entreprises privées s'intéressent de plus en plus à la production des ressources halieutiques, elles sont également confrontées aux défis environnementaux, techniques et économiques qui compromettent la gestion durable des ressources halieutiques, la conservation des écosystèmes aquatiques et le développement durable de l'économie bleue.

Mots-clés : développement durable, économie bleue, entrepreneuriat aquacole, sécurité alimentaire

AQUACULTURE ENTREPRENEURSHIP AND SUSTAINABLE DEVELOPMENT CHALLENGES IN TOGO

Abstract

Aquaculture entrepreneurship in Togo is instrumental in economic diversification and food security, and also contributes to the blue economy. However, it is facing serious challenges to achieve sustainable development. These include the sustainable management of water resources, the protection of biodiversity, the environmental impact of poor aquaculture practices and the limited availability of appropriate infrastructure. The aim of this study is to analyse local public entrepreneurial initiatives in aquaculture and their effects on the blue economy. Although private enterprises are increasingly interested in the production of aquatic resources, they also face environmental, technical and economic challenges that affect the sustainable management of aquatic resources, the protection of aquatic ecosystems and the development of the blue economy.

Keywords: sustainable development, blue economy, aquaculture entrepreneurship, food security

Introduction

L'entrepreneuriat est devenu aujourd'hui un appoint aux problèmes de chômage et de sous-emploi pour la quasi-totalité des pays en voie de développement. Il offre aux jeunes une plateforme unique pour développer une multitude de compétences essentielles dans divers domaines. Par ailleurs, en plus de sa contribution à la création d'emplois, à l'innovation et au renouvellement du tissu économique, l'entrepreneuriat présente de l'intérêt pour les individus qui peuvent trouver dans des situations entrepreneuriales, et plus particulièrement dans la création d'entreprises, des sources de satisfaction (T. Yatribi et *al.* 2017).

De façon très courante, il importe d'associer l'entrepreneuriat à la création d'entreprises. Pour T. Verstraete et A. Fayole (2005, p. 37), « l'entrepreneuriat est un phénomène conduisant à la création d'une organisation impulsée par un ou plusieurs individus s'étant associés pour l'occasion ». La création d'une entreprise est devenue aujourd'hui la source de développement et de croissance économique. Elle se base sur deux dimensions : l'entrepreneur et le milieu.

Le Togo, cadre géographique de recherche, est situé en Afrique Subsaharienne. Il est bordé au Nord par le Burkina Faso, à l'Est par le Bénin, à l'Ouest par le Ghana et au Sud par le Golfe de Guinée. Il s'étend entre 6° et 11° de latitude Nord, soit sur une longueur d'environ 700 Km à vol d'oiseau. Il est compris entre 0°et 1°6' de longitude Est, soit entre 50 et 150 Km. Il dispose d'une panoplie de potentialités naturelles pour le développement des activités économiques au rang desquelles figure l'entrepreneuriat aquacole.

Au Nord des Monts Togo sont situés le bassin de la rivière Oti, l'affluent du fleuve Volta et la plaine du Nord-Ouest, une savane sèche qui s'étend jusqu'à la frontière burkinabè. Le Mono, qui prend sa source dans les Monts Alédjo, a une longueur de 560 km, un bassin versant de 21 300 km^2 de longueur. C'est un fleuve de plaine à pente très faible et à vastes zones de débordement. Ses principaux affluents sont : Anié, Ogou, Amou, Kra. Le Zio, avec une longueur de 176 km et un bassin

versant de 2800 km^2, est essentiellement caractérisé par l'importance relative de son débit et la permanence de son écoulement. Le Haho est d'une longueur de 140 km (E. Batchana, 2008).
Ce patrimoine naturel varié et diversifié qui prend en compte la mer est au sud du pays, le prédispose aux initiatives pour le développement. D'où l'importance du littoral togolais, qui est un mélange dynamique de beauté naturelle, d'activités économiques et de richesses naturelles. Il présente des opportunités diverses dans plusieurs domaines, entre autres, le développement des activités halieutiques, vecteur de l'économie togolaise. En effet, avec ses 50 km de côte le long de l'océan Atlantique, le littoral togolais favorise la pêche artisanale ou industrielle et l'aquaculture qui s'y pratiquent et constituent des activités majeures pour les communautés riveraines. Il importe donc que ce patrimoine naturel qui favorise l'entrepreneuriat aquacole soit géré de façon concertée et durable face aux défis auxquels il est confronté et qui compromettent l'équilibre environnemental, socio-économique et le développement durable.
Le développement durable des sociétés humaines est fondé sur le respect de trois (03) piliers indissociables : le progrès économique, la justice sociale et la préservation de l'environnement, (O. Nay, 2016 p. 168). C'est un processus de changement pour lequel l'exploitation des ressources, l'orientation des investissements, des changements techniques et institutionnelles se trouvent en harmonie et renforcent le potentiel actuel et futur de satisfaction des besoins des êtres humains. Si les populations togolaises, à l'instar de celles des autres pays d'Afrique subsaharienne ne vivent que de l'agriculture peu productive et souvent aléatoire, liée aux aléas climatiques, il y a une minorité qui ne vit que de l'élevage et une autre qui tire la plus importante partie de ses ressources de la pêche, (K. Nubukpo, 2000 p. 7). Le développement dans une zone locale quel qu'il soit produit par la transformation des structures économiques, sociales, matérielles, culturelles permet l'amélioration des conditions d'existence à travers l'accroissement des résultats d'activités humaines, A. Malou (2018, p. 26). Cependant, les structures courantes qui impliquent le développement et les changements sont celles du système local organisé autour de la tradition avec sa morphologie sociale, ses institutions sur lesquelles s'appuient les fonctions à satisfaire. Dans ce contexte, les activités entrepreneuriales liées à la production aquacole répondent à la satisfaction de ces fonctions.

L'aquaculture désigne toutes les activités de production animale ou végétale en milieu aquatique. Elle se pratique en mer, en rivière ou en étang. Ce secteur qui se présente à l'échelle familiale ou à l'échelle industrielle concerne les productions de poissons (pisciculture) de coquillages, (conchyliculture), de crustacés ou d'algues (algoculture). Elle joue un rôle de plus en plus important dans la sécurité alimentaire mondiale ou nationale, en complément de la pêche traditionnelle. En pleine expansion, les acteurs de l'aquaculture font face à des contraintes d'ordre économique, technique et environnemental malgré les initiatives des gouvernants pour soutenir le secteur qui est propice à l'entrepreneuriat.

Etymologiquement, l'entrepreneuriat désigne le fait de mener une activité dont on est soi-même l'initiateur. Il s'agit, à cet effet, d'un processus de création, de développement et de gestion d'une initiative entrepreneuriale qui implique l'identification d'opportunités, la mobilisation des ressources diverses, notamment financières, humaines et matérielles, et la prise des risques pour transformer une idée ou un projet en un produit ou un service viable. Il convient alors de relever que dans ce contexte de création d'entreprises individuelles ou d'entreprises établies, les entrepreneurs sont souvent perçus comme des agents de changement qui contribuent au dynamisme économique, à l'innovation et à la création d'emplois.

Que ce soit dans les pays du Nord comme dans ceux du Sud, l'entrepreneuriat suscite un intérêt très important auprès des acteurs sociaux politiques et économiques. Pour M. Dejardin (2000), c'est le nouveau moteur de l'économie du fait de sa capacité à créer de la richesse, des emplois supplémentaires ainsi qu'à réduire massivement le chômage, notamment dans les pays en voie de développement. Il est vu, au plan général comme l'action de créer de la richesse. Au plan strict, il est l'emploi par la création ou la reprise d'une entreprise. Cette action suppose la capacité de concrétiser une idée, de se mettre en projet en prenant en compte la capacité d'évoluer de façon autonome à l'intérieur du marché de l'emploi de façon à réaliser, de manière durable, le potentiel qu'on a en soi. Ainsi, la question de l'entrepreneuriat touche les initiatives de développement en lien avec le domaine de l'aquaculture. Il s'agit de l'élevage de la récolte, de la transformation et de la commercialisation des ressources halieutiques.

Le Togo faisant face à une demande croissante en produits halieutiques (86 905 tonnes en 2012 à 105 235 en 2022)[1] a élaboré son plan d'investissement quinquennal en cinq axes prioritaires. Il s'agit de l'amélioration des conditions de production, de transformation, de commercialisation, de la formation des acteurs et du financement de la recherche. L'Etat togolais, avec ses partenaires techniques et financiers (PTF) et le Conseil Interprofessionnel de la Filière Poissons CIFP) recherchent vingt milliards (20 milliards)[2] pour garantir une production nationale de 25% entre 2024 et 2028. Dans le cadre de la réforme du secteur aquacole au Togo, le gouvernement togolais a élaboré une loi comprenant cent trente-trois (133) articles repartis en sept (07) titres.
Ce texte élaboré définit les règles applicables à la pêche et à l'aquaculture dans les eaux continentales et les eaux maritimes sous la juridiction togolaise ainsi que les règles applicables aux navires de pêche togolais exerçant au-delà des eaux maritimes. Les ressources halieutiques des eaux continentales et les eaux maritimes constituent un patrimoine naturel national.
Le droit de pêche[3] dans les eaux continentales et les eaux maritimes sous la juridiction togolaise appartient à l'Etat qui peut autoriser l'exercice à des personnes physiques ou morales de nationalité togolaise ou étrangère. L'Etat est responsable de la gestion durable des ressources biologiques que ses eaux renferment, conformément aux principes et dispositions législatives en vigueur et dans le respect de ses engagements sous régionaux.
Pour assurer l'autosuffisance halieutique au Togo, le gouvernement a développé les infrastructures et promu les projets novateurs. On note la construction d'un nouveau port de pêche moderne au Port Autonome de Lomé (PAL), fruit de la coopération entre le Togo et l'Agence Japonaise de Coopération Internationale (AJCI). L'investissement de cent quarante-quatre milliards (144) a permis de redonner vie à la pêche maritime, une activité qui emploie 22 0000 acteurs et contribue à 45% au PIB du secteur agricole avec une production annuelle de 20 000 tonnes, soit 80% de la production nationale estimée à 25 000 tonnes. Le nouveau port de pêche qui a une capacité d'accueil de 300 pirogues est

---

[1] Rapport annuel du ministère de l'agriculture et de la pêche, (2020), Togo.
[2] Rapport annuel du ministère de l'agriculture et de la pêche, (2012), Togo.
[3] Référence de la loi n° 98/012 portant règlement de la pêche au Togo.

également un atout non seulement pour l'entrepreneuriat aquacole mais aussi pour l'économie pour bleue.[4]
Créé par décret le 30 mai 2018, l'Institut de Formation en Alternance pour le Développement (IFAD) d'Elavagnon dans la préfecture de l'Est-Mono a permis de diversifier l'entrepreneuriat des jeunes sans emplois. En plus, pour combler le déficit des ménages en matière de protéines animales et faciliter l'accès de la population à cette ressource, il a été mis en place la Zone de Libre Echange Continentale Africaine (ZLECAF).
En dépit d'énormes potentialités de l'économie bleue que regorge le Togo et les initiatives du gouvernement pour renforcer le rendement aquacole, notamment ses engagements depuis 2019 par l'inauguration d'une école de formation en élevage de poissons, des contraintes structurelles et conjoncturelles demeurent. Ce qui empêche d'avoir les débouchés sûrs et contribue à la mévente. De plus, la consommation des produits aquacoles reste faible. Par exemple, la consommation locale de poissons est de 4 kg par capita environ alors que la moyenne admise est de 13 kg par capita, soit un besoin de 80 000 tonnes (FAO, 2020).
L'objectif visé par le présent travail est d'analyser les initiatives publiques entrepreneuriales locales d'aquaculture et leurs effets sur la promotion de l'économie bleue. Il met l'accent sur les contraintes liées aux défis environnementaux, techniques et économiques qui compromettent le développement de l'économie bleue. Mais, il importe d'abord de présenter la méthodologie adoptée et les théories convoquées pour servir de substrat à l'analyse des données. Au-delà de ces aspects, l'article est structuré en deux points et s'intègre dans le champ de la sociologie de l'entrepreneuriat.

1. Démarche méthodologique et ancrage théorique de référence

1.1. Démarche méthodologique

Cette recherche est essentiellement qualitative. Elle repose sur l'analyse d'un corpus combinant la recherche documentaire, l'observation directe et des entretiens individuels semi structurés auprès des personnes ressources telles que les responsables de l'environnement, les experts de la direction des pêches et de l'aquaculture, les directeurs préfectoraux de l'environnement et de l'agriculture avec les

[4] https://agriculture.gouv.tg/ consulté le 11 décembre 2024.

responsables des coopératives de transformatrices de poissons à travers le territoire national togolais.
S'agissant de la recherche documentaire, divers documents d'archives, des rapports, des ouvrages, des mémoires, des documents sur internet en lien avec des thématiques portant sur l'entrepreneuriat, l'aquaculture, l'économie bleue et le développement durable ont été consultés. L'observation directe a permis d'apprécier les plans d'eau et les activités économiques qui s'y déroulent.
Au total, 63 acteurs, sur la base d'un choix aléatoire, sont soumis au guide d'entretien. Ainsi, les entretiens ont privilégié les entrepreneurs aquacoles (20), des décideurs (15) issus du ministère de l'agriculture, des représentants de la société civile (12), des pêcheurs sur les plans d'eau (14) et des chercheurs (2) dans les cinq régions du Togo. Les données issues des entretiens individuels ont été traitées par regroupement de fichiers selon les milieux d'investigation et selon les différentes catégories interviewées, puis présentées sous forme de verbatim dans les résultats. Elles ont été réalisées selon l'analyse sémiologique telle qu'elle est proposée par N. Everaert- Desmedt (1981) qui voudrait que la sémiologie du récit tienne compte du narratif, du figuratif et de la thématique. Ces données collectées ont été analysées à la lumière des principes de durabilité, d'inclusion sociale afin de mettre en évidence les convergences et les divergences de points de vue au sein de la communauté des acteurs impliqués dans le domaine conformément aux objectifs fixés par la recherche.

1.2. Ancrage théorique

Cette recherche s'inscrit dans l'analyse scientifique des dynamiques sociales et militent pour une perspective contextuelle de l'entrepreneuriat. Elle fait appel aux réflexions suscitées par la sociologie de l'entrepreneuriat et celle des organisations. A cet effet, deux théories ont été convoquées pour servir de substrat à l'analyse des données collectées.
Premièrement, il s'est agi de la théorie entrepreneuriale développée par R. Nkakleu (2018). Pour ce chercheur, l'entrepreneuriat exige de l'entrepreneur des compétences et des ressources indispensables pour produire et mettre sur les marchés des produits et services innovants. Le recours à cette théorie oriente vers les réflexions inhérentes à la formation des entrepreneurs non seulement sur les initiatives entrepreneuriales de façon générale, mais aussi, en matière aquacole.

Deuxièmement, il est question de la théorie entrepreneuriale introduite par A. Cochran (1965). Cette théorie explique les approches entrepreneuriales à partir du point de vue des individus axés sur les risques professionnels. Ici, il convient d'aborder la pratique aquacole en tant qu'initiative entrepreneuriale en analysant les actions des entrepreneurs et en prenant en compte les risques auxquels ils sont confrontés.

2. Résultats et discussion de la recherche

2.1 Résultats de la recherche

Le secteur aquacole couvre le territoire national. La densité des activités aquacoles est observable dans la région Maritime au Sud du Togo. Le paysage de l'entrepreneuriat aquacole recèle 49 sites de hautes potentielles des ressources en eau, (ATLAS, 2014). A cela, s'ajoutent des sites informels et des initiatives à caractère commercial propices au développement aquacole. Tout ceci fait face à des contraintes qui menacent l'économie bleue et le développement durable.

2.1.1. Contraintes liées à l'exercice des activités entrepreneuriales aquacoles

L'entrepreneuriat aquacole sous-tend une réponse innovante non seulement aux problèmes d'emplois, mais aussi de consommation en protéines animales. L'aquaculture est centrée sur la construction des étangs d'eaux douces à petites échelles et vise l'amélioration de la sécurité alimentaire des familles à faibles revenus. Le champ de l'entrepreneuriat embrasse l'innovation (J. Carland et al, 1984), la création de valeurs (C. Bruyat, 1993), l'émergence organisationnelle (T Verstratae et A. Fayolle, 2004) et l'opportunité. La démocratisation du secteur aquacole, à travers les initiatives de l'Etat togolais et le désir de certains citoyens à opérer de façon autonome en matière d'emploi, fait émerger de plus en plus des entreprises privées qui exercent tant dans le formel que dans l'informel. Voici un chef d'une entreprise d'élevage de poissons dans la périphérie nord de Lomé qui relate son expérience :

> *Je me suis lancé dans l'élevage de poissons par passion après une découverte d'un grand centre d'élevage à Lagos au Nigeria en 2018. J'ai découvert un centre où on élève le tilapia et les silures en grande quantité et cela m'a beaucoup intéressé. Une fois de retour au Togo, j'ai commencé par m'auto-former sur le*

net et Google. J'ai aussi visité certains amis qui s'étaient lancés dans ce business avant moi pour avoir de leurs expériences. Pour avoir plus de chance de réussir mon projet, j'ai approché un professeur d'université qui est dans le domaine de l'agro pour m'aider mais ce dernier après deux entretiens me demande de payer ses services bien que je lui paie du carburant et j'ai dû me séparer de lui à un moment donné pour non rendement. Mon frère, sans mentir, je n'ai eu aucun soutien du gouvernement ; pas même de conseils. Plusieurs sont venus voir ce que je faisais et ont promis approcher l'autorité pour m'aider, mais rien. J'ai investi beaucoup d'argent pensant avoir de bons rendements en deux ou trois ans, mais hélas ! Le vrai problème dans cette affaire d'élevage de poissons, c'est la mévente. On achète les provendes très chères pour nourrir les poissons avec beaucoup de soins. Après six mois, tu vends le poisson (tilapia ou silure) de 02 Kg à 2300 F ou à 2400 F sur le marché. Personne ne l'achète, car le même poisson, avec moins de poids venu du Nigeria ou du Benin voisin coûte entre 1700 et 2000 FCFA. Tu vois, après trois ans d'exercice, moi j'ai abandonné. Va te renseigner, la plupart de nos collègues ont tous abandonné parce qu'ils produisent mais ne vendent pas ». (Commerçant et éleveur résidant à Adéticopé).

Cette affirmation confirme que le domaine entrepreneurial, surtout celui piscicole, est en difficulté au Togo. En effet, le manque d'accompagnement de l'Etat, malgré la campagne médiatique (au sujet de l'IFAD Elavagnon en juin 2019), dédié exclusivement à la formation des éleveurs de poissons pour accompagner l'emploi des jeunes (comme le souligne l'enquêté) est une réalité. Le constat révèle que le problème reste encore réel sur le terrain et concerne de façon accentuée la logistique et la mévente des produits halieutiques comme le confie un autre enquêté :

Humm, mon frère qu'est-ce que je peux vraiment te dire. C'est un domaine porteur mais chez nous ici au Togo, le gouvernement n'aide pas vraiment ou n'apporte aucun soutien d'encouragement. En plus des volailles, je pratique l'élevage des silures depuis quelques années. Mais entre temps, j'ai éprouvé des difficultés liées au marché de l'offre et de la demande. Nous ne vendons pas ce que nous produisons. Nous sommes confrontés à la concurrence des produits importés des pays comme le Benin et le Nigeria et qui inondent notre marché local nous exposant à la crise de mévente. En dépit de beaucoup de dépenses que cette

> *initiative entrepreneuriale d'élevage de poissons occasionne, je continue mais dans un climat d'incertitude.* (Cadre administratif à la Caisse Nationale de Sécurité Sociale).

La production des ressources halieutiques fait face aux défis environnementaux. Les activités aquacoles reposent en général sur l'élevage des crabes, des mollusques, des poissons, des grenouilles. Ainsi, le contexte togolais prend en compte l'élevage classique des poissons tels que le tilapia, le silure, la carpe, etc. Cet élevage bien qu'il soit utile pour le renforcement de la chaine alimentaire, constitue une menace pour la faune sauvage. Les antifongiques, les pesticides et autres produits chimiques contaminent les eaux. Les animaux qui s'échappent des enclos propagent des maladies contractées dans les élevages à leurs congénères sauvages. Certains animaux comme les crocodiles constituent une source carnivore pour les poissons. Ils menacent également la survie des petits poissons comme l'indique un jeune entrepreneur (éleveur de poissons) résidant à Aklakou :

> *J'ai investi plus de quinze millions de francs CFA pour créer ma ferme piscicole ici à Tokpata (Aklakou, dans la préfecture des Lacs) à soixante kilomètres de Lomé. Pendant sept ans tout allait bien. On avait des tilapias, les clarias, les silures. On vendait en gros et en détail. En une seule nuit, mes rêves sont brisés. Les crocodiles, venus de la lagune d'Aného sont rentrés dans les étangs et ont dévoré des milliers de poissons et alevins qui s'y trouvaient.*

Ces propos évoquent un problème relatif à la maîtrise de la conception de projet dans le cadre de l'action publique. Ils traduisent le faible niveau de connaissance non seulement en matière de projet, mais également de sa réalisation, surtout dans le secteur des espèces halieutiques. Il s'agit dans ce cas de l'intention entrepreneuriale, du choix du lieu d'exécution de l'initiale qui semble inapproprié pour la réalisation du projet. Ceci constitue l'un des facteurs majeurs qui handicapent l'entrepreneuriat aquacole, plus récurrent au Sud-Togo, particulièrement en bordure lagunaire.

En installant son projet au bord de la lagune, cet entrepreneur a voulu bénéficier de l'eau. Mais il ignorait le risque lié à la présence de ravageurs tels que les caïmans et les crocodiles. Il ressort que l'entreprenariat aquacole fait face à d'énormes problèmes. Au-delà du choix approprié du site, le savoir-faire technologique pour qu'un étang devienne économiquement viable nécessite beaucoup plus d'expertise.

De même, promouvoir la pisciculture pour la consommation familiale est souvent l'approche erronée pour motiver les agriculteurs. Les intrants sont mal connus du jeune entrepreneur et coûtent très chers sur le marché.
Par ailleurs, l'entrepreneuriat aquacole est un secteur d'emploi dans lequel les entrepreneurs font face aux contraintes liées au voisinage en agglomération. Un aquaculteur évoque les fléaux socio-environnementaux de cette activité que voici :

> *Très souvent, lorsque vous faites l'élevage quel qu'il soit non loin des maisons d'habitation, vous courez plusieurs risques. On vous reproche de créer la pollution à travers des odeurs nauséabondes et des déchets aquatiques. Les voleurs sont prêts à vous visiter. La jalousie et l'envie naissent. Vers le Nord du Togo, la sècheresse surtout constitue aussi une menace au projet d'élevage des espèces aquacoles.*

Le secteur de l'entrepreneuriat aquacole peine à amorcer un réel développement fragilisant le développement de l'économie bleue au Togo. A titre illustratif, voici le témoignage d'un enquêté résidant dans les périphéries d'Adéticopé :

> *J'ai abandonné mon élevage de poissons que j'ai tant aimé, car le poisson chinois et nigérian inonde le marché togolais. Il est moins cher ; ce qui fait penser aux Togolais que la consommation du poisson est un luxe. Depuis sept ans, j'ai engagé deux jeunes qui sont rémunérés à la valeur du Salaire Minimum Inter Garanti (SMIG) pour m'assister dans l'exercice de cette activité de la pisciculture. Mais lorsque le poisson est mûr pour être vendu, nous sommes confrontés au problème de la mévente, et par ricochet aux faillites. Je ne suis pas seul, nous sommes nombreux dans le cas. Aucune loi pour protéger le secteur. Entre temps, nous avions un syndicat mais, comme rien n'évolue, les promoteurs se sont dispersés.*

Au regard de ces affirmations, il ressort sans ambages qu'une bonne réorganisation de ce secteur s'impose. Il est nécessaire que les responsables en charge du secteur restent beaucoup plus à l'écoute des aquaculteurs informels afin de leur permettre de répondre efficacement aux exigences du secteur.
Le constat sur le terrain révèle que les professionnels de la première promotion de l'IFAD- Elavagnon 2019-2022 sont laissés pour compte. Nombreux ont soumis leurs projets bancables qui attendent encore des

financements. Or, cette première promotion est l'une des prémices d'encouragement aux autres de la deuxième promotion bien outillée pour être opérationnelle sur le terrain. Malheureusement, « ces *étudiants sont déjà reversés dans le chômage* », d'après les termes d'un enquêté, alors que cette activité est supposée être une solution au problème d'emploi des jeunes.

Il est réel que l'Etat togolais a inscrit ce secteur dans les priorités de sa politique de production animale et halieutique. Mais les pratiquants des activités aquacoles sont confrontés encore à des difficultés liées à l'exercice de cette activité comme s'indigne un enquêté en ces termes :

> *Au début de nos travaux en septembre 2016, nous avions perdu beaucoup d'alevins, car nous ne maitrisions pas les techniques et les méthodes appropriées. Je pense vraiment que pour développer ce secteur, il est très important pour les éleveurs de se constituer en un syndicat national et demander aux gouvernants de taxer fortement le poisson importé, proposer un cadre juridique approprié au secteur aquacole. Le problème financier et de production de la nourriture des poissons constitue un écueil. Quand vous êtes dans le domaine aquacole, vous avez des difficultés à emprunter de l'argent. Les banques et micro finances ne connaissant pas vraiment le domaine refusent d'octroyer des crédits.*

Au-delà de ces propos, l'on note des contraintes liées aux changements climatiques, à la sècheresse, à l'insécurité et au terrorisme. Face à toutes ces difficultés, et pour maximiser le profit à tirer de leurs investissements, les entrepreneurs aquacoles se livrent à des pratiques qui tiennent lieux à des déviances.

2.1.2. Les déviances aquacoles et leurs effets sur l'économie bleue

La notion de déviance est étymologiquement issue du verbe « *dévier* ». Il prend en compte l'adjectif "déviant" qui qualifie ce qui s'écarte de ce qui est considéré comme conforme à des règles sociales. Un déviant est une personne ou un groupe social qui transgresse la norme établie. En sociologie, la déviance désigne une conduite, un comportement ou une attitude qui s'écarte des normes sociales en vigueur, qui les transgresse ou qui les conteste. Elle peut être individuelle ou collective. Le sociologue H. Becker (1983) montre que « la déviance n'est pas seulement le fait de celui qui en porte les stigmates, mais aussi de

l'instance qui en édicte les normes ». Pour E. Durkheim (2007), la déviance qui est un élément de la société peut contribuer à conduire à un changement social positif et à des défis pour les individus.
A travers cette définition, on comprend aisément que les incohérences constatées au Togo dans le secteur aquacole ne sont pas seulement issues de l'incompétence des éleveurs eux-mêmes mais aussi du mépris des gouvernants. L'anarchie relève de l'Etat qui non seulement n'a pas un cadre juridique conséquent et inhérent au secteur, mais aussi n'a pas aussi une police aquacole pour discipliner les déviants. Considérée comme une menace pesant sur l'intégrité de la société, la déviance fait l'objet d'une réprobation sociale, voire d'une stigmatisation. Il en est de même dans le champ de la pratique aquacole où les activités reposent sur des pratiques déviantes.
Ces pratiques hors loi, en matière de pêche, constituent une illustration, comme l'affirme un enquêté à Lomé :

> *Dans la zone lagunaire du Lac Togo (Avépozo, Agbavi Agbodrafo), les populations autochtones vivent essentiellement de la pêche. Le phénomène de pêche traditionnelle intensif constitue un véritable danger à la survie des poissons, des crabes, etc. En effet, les pécheurs qui n'ont ni filets, ni pirogues, n'ont pour seul moyen que de recourir aux produits chimiques. Ces produits toxiques sont, des fois, versés le soir dans la lagune pour tuer les poissons qui remontent à la surface de l'eau le lendemain matin. Ces mêmes pêcheurs vendent ces poissons récoltés aux commerçants aux abords des routes.*

Il se pose aussi un véritable problème de santé par l'usage abusif et incontrôlé des intrants et des pesticides au sein de la population. Car, en plus de la contamination de l'eau des lacs et des étangs, les produits chimiques utilisés se retrouvent également dans les plats et verres consommés par les populations du fait qu'autrefois l'eau infectée par les jardiniers est réutilisée pour arroser leurs plants.
Il est vrai que cette activité lucrative qui sert de moyen incontournable de survie est nécessaire dans la vie de ces pratiquants. Toutefois, leurs pratiques irrégulières engendrent non seulement la pollution de l'eau avec d'énormes problèmes de santé, mais aussi et surtout la destruction massive des alevins ; ce qui compromet la reproduction des espèces halieutiques dans cette localité portant un coup dur au développement durable.

Les pratiques illicites liées aux récoltes des produits halieutiques sur les plans d'eau sont source de pollution du fait du déficit d'un cadre institutionnel et règlementaire efficace spécifique à l'économie bleue au Togo. Il se pose un réel problème d'insécurité fluviale et d'intoxications des sujets halieutiques. A l'évidence, ce sont des menaces liées à l'usage inapproprié des produits chimiques. C'est un facteur efficace de destructions des alevins qui pose un débat sur la durabilité en matière de développement. L'exemple de la pêche traditionnelle avec l'émergence de la pollution des eaux entraînant la disparition des espèces de poissons sur les lacs et les plans d'eau.
Ceci compromet dangereusement le développement durable de la reproduction des espèces halieutiques dans des localités qui abritent les activités de pêche. En dehors de ce comportement malsain, les femmes revendeuses de poissons fumés se livrent, elles aussi, à la recherche des bois de la mangrove qui est une ressource protectrice de poissons durant leur repos biologique. Ces comportements s'écartent de la norme comme l'indique G. Ferréol et *al.* (2012 p. 72), en créant des dysfonctionnements au sein de la société. Ces pratiques soulèvent des doutes auprès des investisseurs sur la cohérence, la transparence, l'efficacité, la prévisibilité et la stabilité des actions de la stratégie mise en place par certains acteurs du domaine pour la promotion dudit secteur.

2.2. Discussion

Les résultats de la présente recherche révèlent un malaise profond dans le secteur de l'entrepreneuriat et plus précisément celui aquacole. Les origines de ce malaise touchent d'une part, l'entrepreneur lui-même, et d'autre part, les réalités liées au secteur. Au-delà des contraintes liées à l'exercice des activités entrepreneuriales aquacoles, on assiste à des déviances aquacoles qui ont des effets néfastes sur l'économie bleue.
Pour ce qui concerne l'initiateur de l'activité aquacole qui fait face à d'énormes contraintes, l'éducation à l'entrepreneuriat pourrait dans ce sens, constituer un levier d'action intéressant pour sa participation active au développement durable (E. A Ramusen et R. Sorheim 2006). La diffusion de la culture propice à l'entrepreneuriat est nécessaire à l'ensemble de la population, plus précisément les jeunes (A. Azli et N. El Manzani, 2016). Il s'agit d'une culture qui valorise les caractéristiques personnelles associées à l'entrepreneuriat : l'individualisme, la marginalité, le besoin de réalisation personnelle, la

prise de risque, la confiance en soi et les habilités sociales qui valorisent également le succès personnel tout en pardonnant l'échec qui encourage la diversité et non l'uniformité et encourage le changement et non la stabilité (Johanissone, 1991 cité par A. Alfa et A. F. W Sawadogo, 2023). Plus concrètement, l'institution de la formation en entrepreneuriat aquacole par le biais des canaux plus ouverts que les IFAD, contribuerait efficacement et durablement à la bonne santé de l'économie bleue au Togo.

Parlant du secteur entrepreneurial aquacole togolais, outre des déviances et bien de contraintes évoquées dans les résultats, des aspects naturels, structurels et contextuels menacent le secteur ce qui met à l'épreuve l'économie bleue. Ainsi, les effets de changements climatiques, la sècheresse, l'insécurité due au terrorisme remet en cause la qualité de la stratégie mise en forme par les acteurs impliqués, le plus souvent parrainés par les organisations nationales, sous régionales, régionales et internationales en la matière. Également, le piratage halieutique, l'occupation anarchique des berges par les maraîchers, la contrebande et les viols des cordons douaniers constituent un risque majeur pour la production et la commercialisation des produits du secteur aquacole portant un coup à l'économie bleue.

Or, à la frontière de l'entrepreneuriat aquacole, émerge l'économie circulaire et collaborative qui constitue des parties intégrantes de l'économie bleue. Inspirée du fonctionnement des écosystèmes naturels, l'entrepreneuriat aquacole a pour objectif de promouvoir une économie en boucle misant sur un rallongement de la longévité des produits tout au long de leur cycle de vie grâce à la coopération des acteurs du territoire, (A. Barthelemy et R. Slitine, 2014). Pour ce faire, il faut impérativement limiter les importations et subventionner les intrants (provendes) et alevins, former et produire surtout les techniciens locaux, agir sur les coûts de production des crabes, les mollusques et les poisons pour alléger le pouvoir d'achat, par ricochet le pouvoir de consommation.

Par ailleurs, des facteurs structurels tels que la politique générale du développement, la faible productivité agricole et aquacole, l'accroissement démographique sont souvent contraignants en Afrique (Simmons et al, 1977 p. 22) et particulièrement dans le contexte togolais. L'analyse théorique du secteur aquacole en lien avec la question de développement durable soulève la question de la gouvernance socio-politique. L'aquaculture comme champ d'action fertile pour l'économie bleue doit être repensée dans le contexte togolais en le couplant avec l'entrepreneuriat en tant que politique publique.

Conclusion

Le présent travail s'est fixé comme objectif d'analyser les initiatives privées entrepreneuriales locales d'aquaculture et leurs effets sur l'économie bleue. De toute évidence, les activités entrepreneuriales au Togo sont plurielles, mais l'activité la plus exercée dans le cadre de l'entrepreneuriat aquacole prend en compte l'élevage et la commercialisation du poisson. Toutefois, l'accompagnement de l'Etat à la jeunesse togolaise dans la réduction substantielle du chômage à travers l'entrepreneuriat aquacole reste un échec ou demeure très mitigé.

De plus en plus, on note auprès des entreprises privées togolaises un intérêt à la production des ressources halieutiques. Elles sont également confrontées à d'énormes défis environnementaux, techniques et financiers qui compromettent la gestion saine et durable des sujets halieutiques. Les déviances érigées en pratique dans la récolte des sujets halieutiques posent de sérieux problèmes de conservation des écosystèmes aquatiques et de santé publique avec des effets néfastes sur le développement de l'économie bleue.

Les projets des jeunes (étudiants) professionnels et même des amateurs ne sont pas financés. Par ailleurs, ceux qui contractent des prêts dans les micros finances pour s'y attelés sont confrontés non seulement à la concurrence extérieure (béninoise, nigériane, chinoise), à la corruption mais aussi et surtout à la mévente et à la cherté des provendes. Il faut noter également le manque de suivi et d'évaluation des activités sur toute l'étendue du territoire, inquiétude relevée par les bénéficiaires. L'évolution du secteur aquacole au Togo implique la maitrise de la gestion des plans d'eau en tenant compte des enjeux et défis de la mondialisation. Ceci est un facteur favorable à la production du poisson local en toute saison. La production des intrants et des outils inhérents au secteur, la sensibilisation de la population togolaise sur les avantages de la consommation des produits halieutiques, la formation et l'appui financier des acteurs sont des voies de recours très utiles non seulement pour améliorer le visage de l'aquaculture, mais également sa contribution à l'économie pour le développement durable au Togo.

Références bibliographiques

ALFA Akila, et SAWADOGO Arthur Felix, 2023, *Les modèles des intentions entrepreneuriales. Le système éducatif, orientation et insertion professionnelle en Afrique francophone : quelle articulation à l'ère de la promotion de l'entrepreneuriat et du travail décent* ? sous la direction de MOUMOULA Issa Abdou ATTISOGBO Abdoulaye et PARI Paboussam et KOBIANE Jean -François, Burkina Faso, L'Harmattan.

AZLI Amina et EL MANZANI Noureddine, 2016, « Le rôle de l'éducation à l'entrepreneuriat dans le développement de la culture entrepreneuriale des étudiants universitaire : proposition d'un modèle théorique ». *Revue de l'entrepreneur* et l'innovation, I (2), p. 1-18.

BARTHELEMY Amandine et SLITINE Romain, 2014, *Entrepreneuriat social, innover au service de l'intérêt général*, Paris, Vuibert.

BATCHANA Essohanam, 2008, *Liberté de presse et pouvoirs publics au Togo : 1946-2004,* Thèse de Doctorat unique d'Histoire, Université de Lomé.

BECKER Howard, 1983, *Outsiders*, New York, Free Press of Glencoe.

BRUYAT Christian, 1993, « créer ou pas créer ? une modélisation dans le processus d'engagement dans un projet de création d'entreprise », *Revue de l'entrepreneuriat*, vol1, p. 25 -42.

CARLAND Hoy, 1984, Différencier les entrepreneurs des propriétaires de petites entreprises, *Academy of management,* n°9, p. 354-359.

COHEN Albert, 1966, « Déviance et contrôle social », *Bulletin de psychologie tome 34,* n°349, p. 279-285.

DEJARDIN Marcus, 2000, « Entrepreneuriat et croissance, une conjonction évidemment favorable ? » *Reflets et perspectives de la vie économiques,* 39(4), p.19-32.

DURKHEIM Emile, 2007, *Le suicide,* collection Quadrige, Paris, PUF, 1ère édition 1897.

EVERAERT-DESMEDT Nicole, 1981, *Sémiologie du récit ; méthodes et applications*, Bruxelles, De Boeck Université.

FERREOL Gilles, et CAUCHE Philippe, DUPREZ Jean -Marie, GAEDREY Nicole, et SIMON Michel, 2012, *Dictionnaire de sociologie*, 4em édition revue et augmentée, Paris, Armand Colin.

MALOU Akawilou, 2018, *Production agricole et processus sociétal de développement à la base dans la région de la Kara au Togo,* Thèse de doctorat en Sociologie, Université de Lomé (Togo).
NAY Olivier, 2016, *Histoire des idées politiques,* Paris, Armand Colin.
NKAKLEU Raphael, 2018, « Les petites entreprises et leur accompagnement performant : une approche par les compétences, accompagnement des petites entreprises au Cameroun et au Sénégal », *Edition EMS; collection : Question de société,* p.119-134.
NUBUKPO Kako, 2000, *L'insécurité alimentaire en Afrique subsaharienne : le rôle des incertitude,* Paris, L'Harmattan.
RAMUSEN Eihnar et SORHEIM Roger, 2006, « Action –based entrepreneurship education. Technovation », https://doi.org/10.1016/technovation. 2005.06.012.
VERSTRATAE Thiery et FAYOLLE Alain, 2005, « Quatre paradigmes pour cerner le domaine de recherche en entrepreneuriat », *Revue de l'Entrepreneuriat*, vol 4 n°1, p.12-35.
YATRIBI Taoufik, BALHADJ Said et GIRAUD Laurent, 2017, « L'influence de l'environnement de travail sur la satisfaction et l'intention entrepreneuriale des ingénieurs », *Revue de l'Entrepreneuriat / Review of Entrepreneurship*, Vol. 16, N° 3, p. 45-82.

LE WOURI, SOURCE D'UNE ÉCONOMIE SOUTERRAINE AU CAMEROUN : QUAND LE POISSON FUMÉ RÉANIME L'EXISTENCE DES OUBLIÉS

Karim Claudin NANA et Valentin NGOUYAMSA

Résumé

Au Cameroun, le fleuve Wouri sur lequel est construit le port autonome de Douala offre de nombreuses opportunités économiques aux riverains. Pour la plupart en proie à la précarité économique, ces populations développent des activités informelles, au rang desquels le commerce du poisson fumé, pour garantir leur insertion sociale. Cette contribution met en lumière la participation de l'économie du poisson fumé dérivé du Wouri à la régulation des interactions sociales. La méthodologie, essentiellement qualitative, combine l'exploitation documentaire à l'observation des pratiques et la réalisation des entretiens individuels semi-structurés auprès de 30 acteurs (pêcheurs, commerçants, consommateurs). Par ailleurs, les paradigmes de l'action de A. Touraine (1965) et des réseaux de M. Granovetter (2008) constituent les principales théories d'analyse. La réflexion débouche sur trois principaux résultats. D'abord, la pêche et le commerce informels du poisson fumé constituent prioritairement un patrimoine pour les populations riveraines au fleuve Wouri. Ensuite, cette économie participe quotidiennement à reconstruire les identités des acteurs et leurs statuts sociaux. Enfin, elle contribue à réguler les rapports de pouvoirs dans les espaces sociaux d'en bas.

Mots clés : Wouri, action, poisson fumé, marché informel, réseau.

THE WOURI, SOURCE OF AN UNDERGROUND ECONOMY IN CAMEROON: WHEN SMOKED FISH REVIVES THE LIVES OF THE FORGOTTEN

Abstract

In Cameroon, the Wouri river, on which the autonomous port of Douala is built, offers many economic opportunities to local residents. Most of these people are living in precarious economic conditions, and are developing informal activities, including the smoked fish trade, to ensure their social integration. This contribution sheds light on the role of the smoked fish economy derived from the Wouri in regulating social interactions. The essentially qualitative methodology combines documentary analysis with observation of practices and semi-structured individual interviews with 30 stakeholders (fishermen, traders, consumers). In addition, the action paradigms of A. Touraine's action paradigm (1965) and M. Granovetter's network paradigm (2008) were used as the main theories of analysis. Three main results emerge from this analysis. Firstly, informal fishing and the informal trade in smoked fish are a heritage for the people living along the Wouri river. Secondly, this economy plays a daily role in reconstructing the identities and social statuses of those involved. Finally, it helps to regulate power relationships in the social spaces below.

Key words: Wouri, action, smoked fish, informal market, network.

Introduction

C'est par le travail que les individus et les groupes d'individus se produisent, produisent la société et son histoire. Dans son processus d'adaptation à son environnement, l'eau offre à l'homme plusieurs opportunités de satisfaire ses besoins qui sont aussi nombreux que variés. Entre le besoin de se nourrir, de se distinguer et de s'assimiler aux autres, l'exploitation de l'eau offre aussi aux hommes la possibilité de se créer et de s'affranchir des déterminismes. Au Cameroun, alors que la demande annuelle de poisson est estimée à 500 000 tonnes, le pays importe plus de 200 000 tonnes de poisson par an et la production locale oscille elle aussi autour de 200 000 tonnes (MINEPIA, 2021). Une partie de la production locale est assurée par la distribution informelle des produits issus de la pêche artisanale. D'après l'INS (2019, p.364), en quatre année, c'est-à-dire entre 2014 et 2018, « les quantités de poisson sont passées de 8930,1 à 13 653 tonnes, soit une augmentation de 52,9% ». À Douala précisément qui est la capitale de la région, l'activité de pêche organisée aux berges du fleuve Wouri, constitue la base d'un marché souterrain (J.-M. Ela, 2006) du poisson dont la dérivée la plus expressive est le commerce du poisson fumé.

Dans un contexte marqué par la persistance du chômage des strates vivant dans la précarité sociale, la pêche et les activités économiques qu'elle induit offrent de nombreuses possibilités d'émancipation pour les populations riveraines qui s'épanouissent autour du Wouri (O. Njifonjou, 1995 ; A.-M. Mabouloum et *al.*, 2023). Alors qu'elles sont très souvent l'objet de curiosité et d'étiquetage du fait de leur éloignement du centre urbain et de leur mode de vie qui traduit leur dépendance à l'économie halieutique, ces populations parviennent cependant à surmonter leur marginalité pour se produire socialement, à transcender les stéréotypes sociaux et transformer la structure des rapports sociaux avec les populations urbaines. Parmi les possibilités que leur offre le Wouri, le commerce du poisson fumé est l'une des activités grâce auxquelles les riverains du fleuve organisent leur quotidienneté et leur résilience sociale. Pour E. Ngok et *al.* (2005), la transformation du poisson est dominée entre 70 et 80% par le fumage du poisson. Une activité pourtant jugée par de nombreux critiques comme étant une activé à risque du fait de la vulnérabilité sanitaire à laquelle les fumeuses sont exposées et exposent ceux qui consomment leurs produits (M. Belland et A. Bonnassieux, 2022 ; H. Angoni et *al.*, 2015 ; MINEPIA, 2016 ; S. Akmel Meless, 2017).

À partir de l'observation de leurs expériences historiques, l'article poursuit l'ambition de reconstruire les mécanismes grâce auxquels les populations organisées autour du commerce informel du poisson fumé se produisent et se réinventent quotidiennement en déconstruisant les systèmes de valeurs clivant qui tendent à faire d'elles les catégories sociales stigmatisées. Pour ce faire, la dialectique repose sur trois grandes déclinaisons. Dans un premier temps, la réflexion consiste à présenter l'importance de l'activité de pêche dans la construction de l'identité des populations riveraines du fleuve Wouri ; ensuite l'analyse s'attellera à reconstruire les mécanismes grâce auxquels en construisant une chaîne de valeur économique du poisson fumé, ces populations créent parallèlement une chaîne de valeur sociale qui favorise leur positionnement dans la vitalité de l'économie urbaine. Enfin, la réflexion aboutira sur la manière par laquelle le commerce informel du poisson fumé transforme, reconfigure les positions sociales et les relations de pouvoir en ville.

1. Cadre méthodologique et théories de la recherche

L'étude repose sur la collecte des données subjectives et une analyse théorique orientée vers l'interprétation des sens que les acteurs donnent à leurs logiques et pratiques sociales.

1.1. Méthodologie de la recherche

La méthodologie est essentiellement qualitative. Elle repose sur une approche qui combine l'exploitation documentaire, l'observation et l'entretien semi-structuré. L'exploitation documentaire a servi de cadre d'orientation et de construction de la pertinence du sujet. À cet effet les travaux existants ont été mobilisés pour évaluer l'état des connaissances. Les observations et les entretiens ont été réalisés principalement dans les localités MANOKA, BONABÉRI et BONAMOUSSADI auprès de 30 acteurs (pêcheurs, commerçants et consommateurs). Ces localités ont été choisies en raison du fait qu'elles forment trois espaces de mise en scène aux enjeux différents. Alors que Manoka est le lieu de pêche où le poisson frais est produit, Bonaberi est un espace intermédiaire, aussi considéré comme un espace de transit où une bonne quantité du poisson frais est fumée avant d'être acheminée dans les marchés des quartiers huppés comme Bonamoussadi. Le marché de Bonamoussadi quant à lui est l'espace de rencontre où s'observe l'interaction entre les catégories sociales réputées avoir un statut économique confortable et les entrepreneurs dont l'économie dépend du poisson fumé. La synchronisation de ces trois espaces se justifie par la volonté de mettre en évidence la dialectique de la contribution de l'économie du poisson fumé à l'ajustement des rapports de pouvoir entre les espaces sociaux apparemment distincts. Par ailleurs les données collectées ont été exploitées à partir d'une approche lexico-sémantique, dans l'intention de donner un sens aux pratiques et logiques des acteurs qui animent l'économie du poisson fumé.

1.2.Théories de la recherche

Deux théories sont mobilisées pour analyser la réalité observée : la théorie de l'action développée par A. Touraine (1965) et la théorie des réseaux développée par M. Granovetter (2008).
En filigrane, la théorie de l'action stipule que le travail est la condition historique de l'homme. Pour A. Touraine, le mouvement social « est le produit de l'action des acteurs de classe visant à l'historicité » (T. Gay, 2010, p. 55) et faisant référence à la capacité pour un groupe social de se produire par le travail. Il s'agit donc d'analyser la manière dont les acteurs qui participent aux mouvements sociaux se positionnent dans les conflits de classes (principe de l'identité) ; le procédé par lequel ils identifient leurs adversaires (principe d'opposition) et l'enjeu qui justifie le conflit (principe de totalité). La théorie de l'action permet alors d'analyser comment les acteurs engagés dans des relations sociales animées par des tensions se représentent leurs identités et ajustent leurs pratiques sociales pour résister et exister. Comme le relève A. Touraine (1965, p. 514), « l'analyse scientifique s'applique plus aisément aux structures de la communication ou de la personnalité qu'au fonctionnement des systèmes sociaux et surtout aux orientations de l'action.

La théorie des réseaux pour sa part se déploie autour du concept central de lien social. D'après M. Granovetter (2008), « on ne peut analyser le comportement et les institutions, sans prendre en compte les relations sociales courantes qui exercent sur eux de très fortes contraintes ». En d'autres termes, « les relations marchandes sont davantage encastrées dans le social et il est difficile de cerner les rationalités sans faire recours à l'analyse des réseaux de relation personnels (directs et indirects) et durables qui instituent la confiance et lubrifient l'échange marchand ». La notion d'encastrement social contenu dans la théorie des réseaux permet de rendre compte de ce que l'activité économique, qu'elle soit individuelle ou collective, n'est pas déconnectée de la sociabilité des acteurs ; elle en est même une modalité. Partager ce point de vue, c'est reconnaitre que les acteurs sociaux ajustent leurs relations et leurs positions sociales à partir des interactions économiques.

2. Résultats

Les résultats de la recherche sont regroupés autour de trois principales thématiques. La pratique de la pêche est d'abord abordée à partir d'une approche diachronique. Ensuite, la manière dont le poisson fumé contribue à produire les statuts sociaux est mise en exergue ; enfin, l'économie du poisson fumé comme institution de régulation des rapports sociaux est envisagée.

2.1. Le Wouri : d'un potentiel naturel au symbole d'un mode de vie

La pêche tout comme le commerce du poisson ont une histoire qui, en contexte camerounais, oscille entre culture et économie.

2.1.1. La promotion de l'aquaculture au Cameroun pendant la période coloniale.

S'il est vrai que les activités de subsistance dépendent fortement du milieu naturel dans lequel on se trouve et des opportunités qu'il offre, l'homme dans sa volonté de conquérir son milieu pour satisfaire ses besoins économiques insatiables tente en permanence de transformer la nature. Ce faisant, il connait des fortunes diverses. Au Cameroun où la pêche est une activité historiquement propre à certaines communautés du fait de leurs proximités aux eaux fluviales, l'exploitation des ressources halieutiques a aussi fait l'objet d'initiatives à connotation industrielle pendant la période coloniale. Comme le rapporte J.-A.

Atangana Kenfack et al. (2019, p. 1142), « entre 1948 et 1954, l'administration française coloniale a tenté de développer les activités aquacoles dans les régions du Centre-Sud et Ouest. À cet effet, cinq stations ont été créées, à savoir Yaoundé, Foumban, Ngaoundéré, Mbouda, et Bertoua ». Cependant, ces initiatives ne connaitront pas le succès espéré à cause du faible intérêt des paysans loin desquels le projet a été conçu et qui en plus n'avaient aucune maitrise des technologies de pêche.

L'échec qu'a connu cette tentative a conduit à développer une approche davantage participative qui consistait à former des apiculteurs dans les stations apicoles initialement créées. Cependant en raison de la non prise en compte de la capacité d'autofinancement des apiculteurs formés, le projet aura duré juste le temps de son financement (S. Tangou, 2009). Entre la période de conjoncture économique et de l'ajustement structurel jusqu'au début des années 2003, l'état va continuellement enregistrer des échecs dans les projets initiés dans ce domaine d'activité. Son retrait progressif de l'aquaculture va laisser plus de place à l'investissement privé dans ce domaine d'activité, sans que cette nouvelle philosophie ne produise jusque-là les effets escomptés (J.-A. Tangana Kenfack et *al.* 2019). À partir de 2009, l'accent sera particulièrement mis sur le secteur de commercialisation des produits issus de l'aquaculture, dans le but de diminuer le taux de chômage et parallèlement la proportion de personnes vivant dans la précarité économique (MINEPIA, 2009).

Cependant, parce que développées dans une philosophie de politique publique ayant pour but d'atténuer les effets de la conjoncture économique qui dure depuis la fin des années 1980, les initiatives impulsées jusque-là ont eu des connotations essentiellement capitalistes et régulatrices. Toute chose qui tend à assigner aux activités aquacoles telles qu'elles se pratiquent aujourd'hui, un caractère élitiste, ce qui obstrue de plus en plus ses implications culturelles et précisément identitaires. Pourtant la pratique artisanale de la pêche autour du Wouri et le commerce qui s'y est développé au cours des décennies attestent de ce que ces activités constituent un patrimoine culturel pour les peuples qui tirent leurs origines du fleuve.

2.1.2. La pêche et le commerce du poisson pour construire l'identité des communautés riveraines au Wouri.

Douala, capitale économique du Cameroun, se caractérise par la densité des activités économiques qui animent la ville. Une animation qui est en grande partie imputable à la présence du port qui fait de la ville l'une des principales portes d'entrées des biens manufacturés au pays. Si les activités que cette infrastructure draine créent une forte dépendance de la ville au fleuve Wouri, la pêche développée aux berges du Wouri et le commerce du poisson, précisément le poisson fumé, sont des activités à fort potentiel économique (E. Ngok et *al.*, 2005 ; I. G. Nyebe Mvogo et *al.*, 2014) qui, en plus de nourrir la ville, justifient l'existence des catégories sociales parfois ignorées ou disqualifiées et pourtant indispensables pour faire vivre la ville.

La pêche et les activités qui lui sont dérivées emploient plus de 200 000 personnes par an depuis 2005 (Ngok et *al.*, 2005). La pêche artisanale quant à elle est une activité ancienne (A. M. Maboulоum et *al.*, 2023) qui occupe de nombreuses communautés depuis plusieurs décennies, constituant ainsi un capital historique perpétuellement transmis des anciennes générations aux plus jeunes. À Youpwé, zone située sur l'estuaire du Wouri, et dans d'autres îles comme Manoka, plus de 36000 personnes vivent de l'exploitation aquatique (MINEPIA, 2016). Aujourd'hui, les personnes qui vivent du poisson ne sont plus seulement les individus originaires des localités riveraines. Avec l'attractivité de la ville de Douala (G. Mainet, 1989), de nombreuses personnes venant de différents horizons du pays et même hors du pays s'investissent dans l'exploitation du poisson afin de survivre et, pour certains, d'y faire fortune.

En 2020, ces populations ont produit 214,75 tonnes de poisson fumé (MINEPIA, 2021). La plupart d'entre elles sont issues des familles de pêcheurs pour qui l'existence a toujours été organisée autour de l'économie bleue, comme le confie cette informatrice : « Depuis que je suis toute petite, je suis dans le poisson, je suis née dans le poisson, j'ai grandi dans le poisson et aujourd'hui je vis du poisson [...] Avant moi, mes parents m'ont aussi expliqué qu'ils ont grandi et ils ont vécu grâce au poisson » [1] . Comme elle, de nombreux autres informateurs reconnaissent la centralité de l'activité halieutique dans leur existence quotidienne. C'est le cas de ce jeune pêcheur qui avoue : « Depuis que je suis né, je ne connais que la pêche. Étant tout petit, j'accompagnais déjà mon père faire la pêche. C'est pourquoi quand il était déjà fatigué, j'ai laissé l'école pour prendre le relai. Maintenant je m'occupe de la famille »[2]. Un autre explique : « Quand vous me demandez, je ne sais

[1] Entretien réalisé le 07-09-2024 avec une fumeuse de poisson

[2] Entretien réalisé le 07-09-2024 avec un jeune pêcheur

même pas ce que je dois vous dire. En tout cas, on peut dire que la pêche c'est tout pour nous ici. Je ne vois pas quelqu'un ici qui peut vous dire qu'il vit sans le poisson. Tout ce que nous faisons ici c'est avec le poisson, c'est ce que je peux vous dire vraiment »[3].

Les propos relevés ci-dessus attestent de l'importance que revêt l'activité de la pêche pour les riverains du fleuve Wouri. Ceux-ci se définissent par les activités halieutiques à partir desquelles ils structurent leur quotidienneté. Le fleuve n'est donc plus seulement un atout naturel qui offre de nombreuses possibilités de subsistance aux riverains. Bien plus, il devient une ressource grâce à laquelle les individus et les groupes que ceux-ci constituent se produisent en donnant un sens à leurs pratiques sociales. C'est cette complexité qui compose les identités des femmes et des hommes qui vivent des ressources halieutiques issues du Wouri.

2.2.La production du poisson fumé : entre économie informelle et valorisation du statut social

Plusieurs acteurs interviennent dans la chaine de production du poisson fumé. Du pêcheur à la revendeuse passant par la transformatrice, chacun joue un rôle essentiel pour assurer l'approvisionnement du poisson fumé dans les marchés urbains. Parce que ces activités échappent très souvent au contrôle des instances agrées qui sont chargées de règlementer ce secteur d'activité, elles sont perçues comme étant clandestines. Pourtant, en développant le marché du poisson et plus spécifiquement le marché du poisson fumé, les riverains du Wouri transcendent les stéréotypes qui leurs sont assignés pour les muer en de nouveaux référents.

2.2.1. Le réseau de production : acteurs et animation du circuit

Plusieurs acteurs participent au processus de production du poisson fumé.

2.2.1.1.Les marins

Les marins (pêcheurs) constituent la première catégorie d'acteurs dans la chaine de production. Dotés de pirogues à pagaies ou de pirogues à moteurs, selon leurs capacités d'investissement, ils vont quotidiennement à la quête du poisson. Plusieurs espèces de poissons

[3] Entretien réalisé le 08-09-2024 avec un pêcheur

font l'objet de leurs quêtes. En ce qui concerne les espèces qui sont les plus prisées pour le fumage, on peut citer la morue, la ceinture, l'équerre, la dorade, la sole, le silure, le machoiron ou l'ethmalose communément appelé « Bonga » (O. Njifonjou, 1995, p.9) qui est l'un des poissons les plus usités et les plus consommés sous la forme fumée. L'activité de pêche requiert des qualités précises. Le marin en plus d'être un bon nageur doit être habile et avoir des compétences en manutention, pour celui qui utilise des pirogues à moteur. En général, la pêche se fait en deux moments majeurs. Dans un premier temps, les marins vont dresser les filets au niveau de l'océan où les poissons sont plus accessibles. Dans le second moment, ils iront retirer les filets à une heure de la journée pour collecter les poissons.
Il est aussi important de relever que, selon la saison, l'activité de pêche peut être plus difficile ou plus risquée. L'un des pêcheurs explique : « Pendant la saison sèche, quand l'eau baisse, le poisson aussi fuit le rivage et va au milieu de l'eau, donc on est obligé de partir loin au milieu du fleuve pour pêcher. En ce temps-là, le poisson est un peu rare. Pendant la saison pluvieuse, quand l'eau monte, les poissons reviennent sur le rivage, on est plus obligé de partir loin sauf s'il y'a certains poissons qu'on cherche »[4]. Ainsi, selon qu'on soit pendant la période d'étiage ou la période de crue, la pêche est relativement difficile à réaliser. Ces variations expliquent très souvent la variation des prix du poisson au débarquement, avec des pics pouvant dépasser 5 000 fcfa pour 1 kg selon la capacité des acteurs à négocier les prix.
Après les marins, les transformatrices constituent un maillon important de la chaine de valeur économique du poisson fumé.

2.2.1.2. Les transformatrices

Le plus souvent, l'activité de transformation, c'est-à-dire le fumage du poisson est assuré par les femmes. On y retrouve parfois des jeunes déscolarisés se reconvertir dans l'économie halieutique. Deux catégories de femmes assurent la transformation du poisson. La première catégorie est celle des femmes de pêcheurs et la seconde celle des revendeuses. Alors que dans le premier cas la transformation est considérée comme un prolongement de l'activité de pêche parce que participant directement à l'économie domestique, dans le second cas, la transformation constitue un secteur d'activité à part entière. Cette configuration correspond encore à ce que O. Njifonjou (1995, p. 11)

[4] Entretien réalisé le 15-09-2024 à Manoka avec un pêcheur

décrivait en ces mots : « Il s'agit essentiellement des femmes et, plus précisément, les femmes de pêcheurs […] D'autres femmes, camerounaises pour la plupart, ont plutôt leurs ateliers dans leurs quartiers d'habitation et y transportent le poisson pour le fumer ». Il est aussi intéressant de remarquer que la pêche artisanale n'offre pas l'exclusivité du poisson utilisé pour le fumage. Une importante quantité de ce poisson provient des poissonneries où le prix du kilo est plus abordable.

Comme pour la pêche, la transformation du poisson exige certaines compétences et assez d'habileté. Le fumage est un processus délicat au bout duquel la transformatrice peut perdre toute sa production. Ici, le niveau de cuisson du poisson, sa texture et l'hygiène sont des facteurs déterminants pour garantir une bonne production, celle-ci étant régulièrement soumise à des contrôles sur le marché par le service d'hygiène. C'est ce que confirme d'ailleurs l'une des transformatrices qui vend aussi au marché de Bonamoussadi : « Quand tu fumes le poisson, tu dois bien couvrir pour que la poussière n'entre pas sur ça. […] ici au marché on a le service d'hygiène qui vient contrôler la qualité du poisson qu'on vend »[5]. Le rôle de transformatrice est très souvent combiné à celui de revendeuses, surtout pour celles des femmes qui se déplacent vers les zones de pêche pour acheter le poisson fraichement débarqué. C'est ce que confirme l'une des transformatrices qui opère aussi dans l'activité de revente : « Quand tu achètes pour fumer toi-même avant de revendre, ça te revient moins cher, mais en revendant il faut tenir compte du transport et du bois que tu as utilisés »[6]. Il s'agit donc de minimiser le coût d'achat pour optimiser les bénéfices. Les transformatrices assurent donc la disponibilité du poisson fumé pour approvisionner les revendeuses.

2.2.1.3. Les revendeuses ou bayam-sellam

Comme le qualificatif l'indique, les revendeuses achètent le poisson fumé dans les ateliers de production pour les revendre aux ménages. Selon le capital qu'elles possèdent, les revendeuses achètent des quantités de poisson relativement importantes et des espèces plus ou moins variées. Le plus souvent, elles s'approvisionnent prioritairement avec les variétés de poisson qui sont plus accessibles sur le marché (morue, Mbouga) pour les catégories les plus pauvres. Elles sont le

[5] Entretien réalisé le 15-09-2024 avec une transformatrice-vendeuse de poisson fumé

[6] Entretien réalisé le 10-09-2024 avec une revendeuse de poisson fumé

dernier relais entre l'océan et les citadins. Ce sont aussi elles les actrices qui sont plus vulnérables aux tensions consécutives aux variations des prix du poisson fumé sur le marché. À petite échelle, les revendeuses contribuent à la viabilité des économies domestiques. Lorsqu'elles sont regroupées en organisations (tontine), elles peuvent constituer des groupes d'influence qui permettent de réguler la fluidité de la circulation du poisson fumé dans les marchés urbains.

Photos 1et 2 Les variétés de poissons fumés commercialisés au marché de Bonamoussadi à Douala

Source : données de terrain. Photo réalisée le 10-09-2024 au marché de Bonamoussadi à Doulala

Sur ces clichés, on peut identifier entre autres la morue, la silure et bien d'autres variétés. L'achat du poisson pour la revente se fait selon la clientelle visée et aussi, parfois, selon le marché dans lequel le poisson sera revendu. Selon qu'elles achètent pour revendre dans les marchés réputés être upés comme les marchés de Bonamoussadi, Bonandjo ou Akwa elles achèteront des variétés comme la ceinture, l'équerre, la dorade. Par contre, si elles achètent pour revendre dans les machés de Bonabéri, New-Bell ou Ndokoti, qui sont des marchés à forte affluence où on trouve des catégories d'acheteur plus variées, l'approvisionnement en poisson sera influencé par la volonté de satifaire les besoins des moins nantis. En effet, certaines espèces sont prisées par les ménages ayant des revenus élevés, alors que d'autres comme la morue ou le Mbouga sont plus prisées par les catégories

sociales moyennes et celles vivant dans la précarité économique. La revente du poisson fumé dans les marchés, en plus d'être sujette à des taxes communales, donne aussi lieu au paiement des frais liés au service d'hygiène.
À côté de ces catégories d'acteurs qui sont les principaux animateurs de la chaine de valeur du poisson fumé, il existe une autre catégorie d'acteurs dont le statut est trop souvent négligé, pourtant ceux-ci jouent un rôle tout aussi important dans le fonctionnement de la chaine de valeur. Il s'agit de ceux qui sont communément appelés appacheurs. Ils facilitent la circulation du poisson d'une catégorie à une autre jusqu'au ménage. Ils sont le plus souvent associés à l'activité de transport qui est une activité à part entière, indispensable à la viabilité de ce secteur d'activité. Ils servent donc de pont entre les différents maillons du circuit.

Schéma 1 : Circuit de comercialisation du poisson fumé

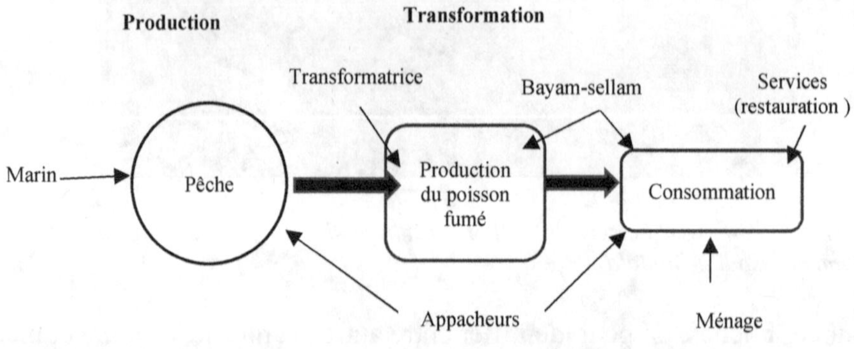

***Source** : Auteurs.*

Au total, les différentes activités qui constituent le circuit de production et de commercialisation du poisson fumé sont encastrées les unes aux autres, autant que les acteurs de ce domaine d'activité ont des stauts et des compétences interchangeables et dynamiques. Les aptitudes à pêcher, à transformer, à transporter et à commercialiser le poisson n'étant pas des compétences qui requièrent des dispositions intellectuelles et/ou culturelles particulières, elles sont transmissibles par les cannaux élémentaires de socialisation, ce qui renforce à la fois la force des liens sociaux et la perennisation de ce domaine d'activité.

2.3. La dynamique des statuts : l'émergence de nouveaux référents sociaux

L'activité artisanale de pêche tout comme le commerce du poisson fumé sont très souvent associés aux profils sociaux caractérisés par la précarité. Pourtant, si l'on s'en tient au nombre d'emplois dérivés de l'exploitation halieutique et des revenus qu'ils génèrent, on se rend vite compte que la pêche ne fait que nourrir l'homme, elle le crée, elle le transforme, autant qu'elle transforme sa position sociale. Cette observation induit une double curiosité. La première est relative au processus de constitution du capital qui contraste avec la précarité économique que l'on connait aux riverains du fleuve.

2.3.1. La construction du capital de départ

Comme c'est le cas pour toute entreprise, la pêche et le commerce du poisson fumé sont des activités qui nécessitent la mobilisation du capital. Pour les populations riveraines du fleuve Wouri comme pour de nombreux micro entrepreneurs investis dans d'autres domaines d'activités, la mobilisation du capital correspond à un processus social. Dans de nombreux cas, les ressources mobilisées pour le démarrage de l'activité de pêche résultent des formes d'accumulations multiformes. Alors que chez certains le capital de démarrage résulte de l'accumulation des revenus obtenus grâce aux petits métiers comme celui d'appacheur ou de porteur, chez d'autres, ce capital résulte d'une collecte familiale couramment appelée soutient familial. C'est ce que nous explique l'un des pêcheurs rencontrés qui a une longue expérience dans ce domaine d'activité. Il dit :

> *Les gens pensent que c'est facile, mais pour faire la pêche il faut avoir les moyens, il te faut acheter une pirogue et pour ceux qui ont les moyens acheter une pirogue à moteur pour aller loin quand les eaux montent ; il te faut aussi payer les filets et tes gars avec qui tu pars enlever le filet. [...] pour commencer l'activité ça dépend il y a certains comme moi qui ont été élevés dans ça et ceux qui ont hérité après. Il y a ceux qui ont cotisé l'argent pour acheter le matériel et la famille a complété. Pour d'autres, c'est la famille qui cotise l'argent et ils commencent l'activité. Donc ça dépend*[7].

[7] Entretien réalisé le 11-09-2024 avec un pêcheur à Manoka

Ainsi, les stratégies individuelles et les logiques collectives rendent compte du processus de formation du capital. Pour se procurer par exemple une pirogue qui coûte entre 400 000 francs et 1500 000 selon qu'il s'agit d'une pirogue simple ou d'une pirogue à moteur ou encore un atelier complet de fumage dont le coût peut être estimé à 900 000 francs, ces acteurs utilisent des procédés différents. D'une part les petits métiers développés autour de l'économie halieutique ou dans les marchés urbains permettent de réunir les fonds nécessaires au démarrage d'une activité ; d'autre part le soutien familial constitue le levier à partir duquel les acteurs se lancent dans l'économie du poisson fumé.

2.3.2. L'adaptation aux innovations et les dynamiques dans l'économie du poisson fumé

Le commerce de poisson fumé est une activité ancienne qui n'a cessé de se transmettre d'une génération à une autre. Comme précisé précédemment, il s'agit d'un marqueur identitaire qui permet de distinguer les populations riveraines au Wouri. Cependant, le commerce du poisson fumé n'est pas une activité figée, circonscrite dans les logiques et les pratiques primitives. Il s'agit d'une pratique dynamique qui s'ajuste aux innovations qui ont cours dans le contexte où elle se déploie. « Par rapport à ce qu'on faisait avant, beaucoup de choses ont changé aujourd'hui ».[8]

Les nouveaux référents sont une allusion aux adaptations au changement qui se manifestent par de nouvelles manières de penser et de faire le commerce du poisson fumé. Avec le vent de la globalisation et le développement technologique, les acteurs qui animent le marché du poisson fumé développent parallèlement des manières innovantes de viabiliser leurs activités. C'est ce qui ressort des propos de certains informateurs. L'un d'entre eux explique : « Comme je vous ai dit tantôt, on ne fait plus la pêche comme avant. Aujourd'hui, parfois avec le téléphone, quand tu pêches tu sais déjà que tu vas vendre et à qui tu vas vendre, donc le poisson ne traine pas beaucoup ». Un autre, responsable d'un groupe de pêcheur, affirme : « Nous voulons passer d'une pêche artisanale à une pêche vraiment industrielle. Pour cela nous avons besoin d'utiliser le matériel plus sophistiqué »[9]. Ces propos attestent de l'importance de l'utilisation des Nouvelles Technologies de l'Information et de la Communication (NTIC) dans l'économie bleue, ainsi que la nécessité de moderniser la manière de faire la pêche.

---

[8] Entretien réalisé le 11-09-2024 avec un pêcheur à Manoka

[9] Entretien réalisé le 07-09-2024 avec le responsable d'un groupe de pêcheur

De la pêche à la commercialisation sans oublier l'activité de transformation, les acteurs qui les animent réinventent en permanence leurs activités grâce à l'appropriation de nouvelles technologies. Aujourd'hui, nombreux sont les commerçants qui utilisent les opportunités qu'offrent les médias sociaux pour assurer leurs approvisionnements ainsi que l'écoulement de leurs marchandises. Comme l'indique cette commerçante, « il y a des groupes WhatsApp, j'ai aussi mes clients, quand j'ai le poisson comme ça, je filme, je leur envoie et chacun passe sa commande ».[10] Cette appropriation des Techniques de l'Information et la Communication aux fins de mieux asseoir la gestion managériale de leurs activités est soutenue par des dynamiques à la fois internes et externes, notamment par des formations à l'échelle nationale et à l'échelle internationale[11] qui ont pour but de promouvoir l'émancipation de la vendeuse de poisson en garantissant la performance de son activité.

Le plus souvent, le commerce du poisson fumé est une activité familiale. Cet atout permet d'assurer la flexibilité des services proposés parmi lesquels la livraison à domicile constitue une innovation relativement récente. L'ensemble de ces innovations permet de penser des manières innovantes de commercer. Autrement dit, de nouvelles stratégies de commercialisation qui, en augmentant leurs marges de manœuvres, permettent aux commerçants de s'émanciper des contraintes auxquelles ils font face dans la pratique de leurs activités, car leurs activités échappent très souvent au contrôle des institutions fiscales et de la règlementation de l'économie halieutique, d'où le qualificatif « d'économie souterraine ».

2.4. Le commerce du poisson fumé et la régulation des équilibres sociaux

Le commerce du poisson fumé dans les localités riveraines du Wouri comme au centre urbain de Douala est porteur de nombreuses dynamiques qui contribuent à reconfigurer de manière permanente les rapports de pouvoir en ville. Son apport dans le processus de résilience des catégories sociales pauvres et l'économie urbaine font de cette activité un facteur de régulation sociale.

---

[10] Entretien réalisé le 12-09-2024 avec une revendeuse de poisson au marché de Bonamoussadi

[11] Voir le rapport de la formation sur les nouvelles technologies de l'information et la communication (NTIC) au profit des femmes africaines du secteur de la pêche du 24-25 avril 2018

2.4.1. La dépendance de la ville au poisson fumé

Le commerce de poisson fumé nourrit la ville de Douala et ses environs quotidiennement. Son apport nutritionnel en fait une ressource très prisée, même dans le contexte actuel de la flambée des prix des produits halieutiques sur le marché des denrées alimentaires (J.-A. Atangana Kenfack et *al.*, 2020). Que ce soit pour la consommation domestique ou pour des usages entrepreneuriaux, le poisson fumé est densément consommé en ville. De plus, le caractère symbolique du poisson pour la culture autochtone accentue le niveau de consommation de cette ressource puisque le poisson est fortement sollicité pour la réalisation des mets traditionnels comme l'explique l'une des informatrices : « Comme vous savez, chez nous ici au littoral, la nourriture culturelle c'est le poisson. On ne peut pas faire une cérémonie ici sans poisson ; que ce soit pour un mariage ou un deuil. […] Aujourd'hui ce n'est même plus seulement une affaire des sawas tous les gens qui vivent à Douala mangent le poisson »[12]. Le poisson en général et le poisson fumé en particulier devient alors indispensable pour la ville et ses extensions. Une réalité soutenue par l'idée que « tu ne peux pas entrer dans un restaurant ici à Douala sans voir le poisson au menu »[13]. Ainsi, l'équilibre nutritionnel dans de nombreux ménages et les prestations de nombreux opérateurs économiques (revendeurs) dépendent de la capacité des acteurs de ce domaine d'activité à assurer l'approvisionnement des marchés.

2.4.2. Participation du commerce de poisson fumé à la construction de l'économie urbaine

Le commerce du poisson fumé est le moteur d'une importante économie à Douala. En plus des investissements qu'il mobilise, ce commerce offre des emplois à plusieurs personnes en proie au chômage et à la précarité économique. Les observations réalisées dans les marchés de Bonamoussadi et Bonabéri permettent de rendre compte de ce que les petits métiers de transport et de commerce ambulant du poisson fumé permettent à de nombreux jeunes de s'émanciper de la pauvreté ambiante. C'est ce que témoigne cet étudiant rencontré au marché de Bonabéri : « c'est grâce au poisson fumé que j'ai fréquenté jusqu'à l'université. […] donc pendant mes congés ou mon temps libre, je viens aider ma mère ; ou bien si j'ai un peu d'argent, j'achète et je revends moi-même ».[14]

---

[12] Entretien réalisé le 09-09-2024 à Bonabéri avec une revendeuse

[13] Entretien réalisé le 11-09-2024 à Bonabéri avec un consommateur de poisson

[14] Entretien réalisé le 10-09-2024 au marché de Bonabéri avec un jeune revendeur

Le commerce du poisson fumé a aussi entrainé le développement de nombreuses infrastructures urbaines marchandes, notamment la construction des comptoirs réservés à la vente du poisson fumé. Ces infrastructures constituent d'importantes sources de revenu pour les municipalités et les entrepreneurs de ce domaine d'activité. Les vendeurs de poisson fumé deviennent alors des acteurs de transformations urbaines, des transformations qu'ils soutiennent grâce à leurs dynamismes et leur volonté de développer la ville par leurs actions historiques. C'est ce que A. Touraine (1965) appelle la conscience ouvrière, qui est avant tout une conscience propre à un groupe d'acteurs qui se définissent par le travail, l'exploitation de l'eau.

2.4.3. Les effets pervers : le paradoxe de l'économie solidaire

Les développements précédents ont permis de montrer que l'émancipation des différents acteurs qui animent le commerce du poisson fumé tire ses origines des mécanismes d'entraide qui permettent à ces entrepreneurs de développer et de viabiliser leurs activités commerciales. Pourtant, parce que les coûts de productions de cette ressource sont de plus en plus importants, le poisson fumé est désormais un bien rare qui est de moins en moins à la portée des populations économiquement pauvres, comme l'attestent les propos de cette commerçante : « Le poison est maintenant cher, ma clientèle ce sont surtout les gens de la classe moyenne »[15]. Dans le même sens, une consommatrice interrogée pense que « le poisson est devenu de l'or maintenant, même le poisson fumé est cher. Le Mbounga qu'on vendait 3 à 200 avant, maintenant même avec 150 tu n'as pas un Mbounga dans certains marchés ici à Douala. C'est maintenant pour les riches, ne mange pas qui veut, mais qui peut » [16] . Il se dégage de ses propos une sorte d'embourgeoisement du poisson fumé qui fait de cet aliment un bien élitiste; une réalité qui traduit un paradoxe. Ce paradoxe tient de ce que, alors que ce sont les catégories sociales exposées à la pauvreté qui assurent l'approvisionnement en poisson fumé et la pérennité de ce domaine d'activité, d'autres catégories marquées par la pauvreté urbaine semblent elles aussi être disqualifiées de l'accès à cette ressource.

[15] Entretien réalisé le 14-09-2024 au marché de Bonamoussadi avec une revendeuse
[16] Entretien réalisé le 09-09-2024 au maché de Banabéri avec une revendeuse

3. Discussion

3.1. La pêche entre économie et identité

Comme les autres composantes écologiques, l'eau en tant que ressource offre de nombreuses possibilités à chaque groupe humain de s'adapter à son environnement et de se distinguer des autres groupes. La pêche développée aux berges du Wouri est une opportunité pour de nombreux individus issus d'horizons divers, parmi lesquels des ressortissants d'autres régions du pays et des expatriés qui sont investis dans l'économie du poisson (MINPAT, 2023, p.21). La convergence vers le Wouri, au-delà de traduire l'attraction de l'économie aquatique, fait aussi du fleuve un pôle de convergence des cultures, un espace où elles s'expriment, se confrontent et s'entremêlent. Ce qui apparait alors comme une composition sociale atteste de la complexité de l'identité des groupes qui vivent du poisson et particulièrement du poisson fumé.

Cependant, que l'on considère les opportunités qu'offre le Wouri comme des activités professionnelles, des activités alternatives ou des activités de passage, le principal référent permettant de construire l'identité de cette communauté d'acteurs est l'exploitation du fleuve ; puisque leur existence s'organise en partie ou totalement autour des pratiques aquatiques. En conséquence, « l'importance culturelle de la pêche est davantage basée sur l'activité en elle-même, au travers de ses aspects socioculturels » (S. Gallois et R. Duda, 2016, p. 26), une activité grâce à laquelle ces communautés donnent sens à leur vie et organisent leur existence commune. Cette disposition justifie la position de A. Touraine (1965, p. 18) selon laquelle « l'action ne peut se définir seulement comme réponse à une situation sociale, elle est avant tout création, innovation, attribution de sens ». Ainsi, la pêche et consécutivement le commerce du poisson fumé créent et consolident en permanence les liens sociaux ; des liens qui animent l'instinct grégaire grâce auquel les populations vivant de l'économie bleue constituent une communauté dynamique, à la fois introvertie et extravertie, qui se crée et se recrée en permanence et qui est continuellement confrontée à l'exigence de se réinventer face aux défis que lui impose le travail informel, pour exister. Il s'agit donc d'une identité faite à la fois de continuité et de rupture, de vulnérabilité et de résilience et qui tient de la solidité des connexions interpersonnelles par lesquelles ces riverains résistent à l'usure que tend à leur imposer le rapport aux autres.

3.2. Le poisson fumé produit de nouveaux référents sociaux

Par nouveaux référents sociaux, l'allusion est faite à l'émergence de nouvelles formes d'institutions sociales autour desquelles se structurent et se restructures les configurations sociales plus issues de l'action sociale. L'économie du poisson fumé qui met en scène les acteurs aux statuts et rôles divers est aussi un vecteur de l'émergence de nouveaux catalyseurs sociaux, comme le notaient déjà F. Tallec et M. Kébé (2006, p. 18) :

> *Les pêcheurs ou mareyeurs ou transformateurs n'agissent pas de manière isolée. Il existe d'une part une coordination verticale entre ces différents acteurs, qui se traduit souvent par une organisation hiérarchique des rapports, et d'autre part, une coordination horizontale entre les acteurs ayant la même fonction dans la filière. Cette dernière forme de coordination s'observe à travers les mouvements associatifs, les coopératives, les groupements... et se mesure parfois en termes de capital social.*

Les activités de pêche et de commerce du poisson fumé sont des projets rationnels, des constructions adossées à la fois sur l'historicité des expériences individuelles et sur la force des liens qui unissent les individus les uns aux autres, au sein d'une même communauté (V. Meli Meli et C. K. Nana, 2021 ; E. Kamdem, 2011 ; R. Tagne Tefe, 2016). Dans cet ordre d'idées, la tontine à laquelle il faut combiner les autres formes d'organisations des riveraines et l'effet des médias sociaux constituent les référents émergents qui contribuent à définir de nouveaux codes de conduites et de représentations sociales. Ainsi appréhendé, le capital compris comme l'outil de production est un construit social ; une valeur chargée d'émotion et d'imbrication des relations interpersonnelles qui font en sorte que l'économie est fortement encastrée dans le social. (M. Granovetter, 2008). C'est dans cet encastrement que réside la clé de l'émergence permanent de nouveaux référents sociaux. Car confrontée aux conditions d'existence difficiles, la résilience par l'entraide est le mécanisme par lequel l'action collective contribue à transformer les statuts individuels et à réguler les équilibres sociaux.

3.3. De l'économie informelle à la construction d'une autre façade de régulation sociale

La dépendance de la ville à l'économie informelle du poisson fumé est une évidence. Une illustration parfaite de cette dépendance se vérifie par la situation de crise qui survient lorsqu'à cause des crues et du prolongement des pluies dû à la variabilité climatique, les quantités produites diminuent considérablement, entrainant des tensions sur les marchés urbains. Pour reprendre la formule de J.-M. Ela (1982), le poisson fumé détermine de nouveaux types de rapports humains en ville, car, au-delà de la logique mercantile en ville comme aux berges du Wouri, les logiques économiques restent encastrées dans les logiques sociales (I. Guerin et *al.*, 1998). Il y a là comme une sorte d'empathie sociale qui atténue les effets de la crise et qui participe à maintenir la routine sociale. C'est là l'expression du « lien parasocial » par lequel, de manière inconsciente, le pêcheur manifeste sa solidarité à l'endroit du citadin qu'il fait vivre sans le connaitre et vice versa. On est alors en présence d'une situation de don et contre-don (M. Mauss, 2002) qui a pour implicite le besoin d'affirmer son appartenance à un système de pratique. De fait, en tenant compte du « lien parasocial économique », il apparait que les hiérarchies sociales construites sur les facteurs économiques s'effondrent pour laisser la place à une nouvelle configuration dont le fondement est l'appartenance à une même historicité régulatrice des rapports sociaux.

Conclusion

La consommation du poisson au Cameroun est importante. Jusque-là, les quantités produites sont très justes pour satisfaire amplement la demande de poisson qui n'est pas homogène. Le poisson fumé est le dérivé de l'activité halieutique la plus sollicitée. À Douala, la production du poisson fumé dépend fortement de l'activité de pêche réalisée par les communautés qui s'épanouissent aux berges du Wouri. Cette denrée est produite par les communautés riveraines et urbaines dont la principale caractéristique est la précarité économique et sociale. Ces populations, trop souvent victimes des caricatures sociales, sont pourtant porteuses des dynamiques qui animent la ville et ceux qui y vivent. Cette étude poursuivait l'objectif de mettre en exergue la contribution du commerce du poisson fumé à la configuration des équilibres sociaux dans la ville de Douala. Il se dégage de l'analyse que, de par leurs caractères historiques et culturels, les activités de pêche et du commerce du poisson fumé constituent les marqueurs identitaires des communautés qui exploitent les produits dérivés du fleuve. Aussi, le commerce du poisson fumé participe à la transformation des statuts sociaux des mareyeurs et des autres acteurs qui interviennent dans cette chaîne de valeur. Enfin, grâce à son importance pour la production de l'urbanité, le commerce du poisson fumé se mue en une institution de régulation sociale des rapports de pouvoir entre les strates urbaines en ville.

Au total, le commerce du poisson fumé est une activité grâce à laquelle les catégories sociales qui vivent dans la précarité et qui s'épanouissent autour du Wouri se produisent socialement et ajustent les relations de pouvoir face aux autres catégories d'acteurs urbains. Au-delà de sa fonction de pourvoyeur des ressources alimentaires pour les marchés urbains et leurs périphéries, le fleuve Wouri, de par les opportunités qu'il offre aux communautés qui lui sont riveraines, devient par effet d'encastrement de l'économique dans le social une institution qui favorise la valorisation des statuts des catégories sociales économiquement vulnérables et la restauration des équilibres sociaux en ville.

Références bibliographiques

AKMEL MELESS Siméon, 2017, « Impacts socioéconomiques et risques sanitaires liés au fumage du poisson à Bouaké (Côte d'Ivoire) », *International Journal of Multidisciplinary Reasarch and Development*, 9, p. 105-112, [en ligne] URL : https://www.allsubjectjournal.com/assets/archives/2017/vol4issue9/4-7-63-564

ANGONI, H., A. P. TATCHIM, B. A. NKONMENECK et E. NGUEKAM, 2015, « Utilisation du bois dans les pêcheries côtières du Cameroun », *Revue d'ethnoecologie*, 7, p. 38-50, [en ligne] URL : http://journals.openedition.org/ethnoecologie/2166

ATANGANA KENFACK Jean Albine, TCHAWA Paul et MICHA Jean-Claude, 2020, « tendance au non-respect de la règlementation sur l'aquaculture au Cameroun », *Geo-Eco-Trop*, 44, p. 303-312.

ATNGANA KENFACK Junie Albine, DUCARME Christian et MICHA Jean-Claude, 2019, « La pisciculture au Cameroun, bilan et perspective », *International Journal of Biological and Chemical Sciences*, 2, p. 1140-1161.

BELLAND Marie et BONNASSIEUX Alain, 2022, « Face aux pollutions : hiérarchies et solidarités entre fumeuses de poisson à Abidjan », *Vertigo*, 2, p.1-18, [en ligne] URL: https://id.erudit.org/iderudit/1100947aradresse copiéeune er.

ELA Jean-Marc, 2006 *Travail et entreprise en Afrique, les fondements sociaux de la réussite économique,* Paris, Karthala.

ELA Jean-Marc, 1982, *L'Afrique des villages*, Paris, Karthala.

GALLOIS Sandrine et DUDA Romain, 2016, « Au-delà de la productivité : rôle socioculturel de la pêche chez les Baka du Sud-Est du Cameroun », *revue d'ethnologie*, 10, p.1-27 [En ligne] URL : https://doi.org/10.4000/ethnoecologie.2818

GAY Thomas, 2010, *L'indispensable de la sociologie*, Quercy, Studyrama.

GRANOVETER, Mark, 2008, *Sociologie économique,* Paris, seuil.

GUERIN Isabelle et al., 1998, « Quand l'économie devient lien social », *pratiques de la dissidence économique*, Graduate Institute Publication, p.53-70, [en ligne] URL : https://doi.org/10.4000/books.iheid.2730

INS, 2019, *Annuaire statistique du Littoral*.

KAMDEM Emmanuel, 2011, *Pratique d'accompagnement et performance de très petites et petites entreprises camerounaises en phase de démarrage,* Dakar, CODESRIA.

MABOULOUM Anne-Marie et al., 2023, « La pêche maritime, une activité génératrice de revenus pour les populations de Kribi 1er et 2ème dans le département de l'océan au Cameroun », *Djiboul*, n°6, p. 333-350.

MAINET Guy,1989, « Douala : flux ethnique, création urbaine et dynamisme régional », ANTHEAUME Bénoît et *al.*, *Tropiques : lieux et liens : florilège offert à Paul Pelissier et Gilles Sautter*, Paris, ORSTOM, p. 335-340 [En ligne] URL : https://www.documentation.ird.fr/hor/fdi:30691

MAUSS Marcel, 2021, *Essaie sur le don. Formes et raisons de l'échange dans les sociétés archaïques,* Paris, PUF.

MELI MELI Vivien et NANA Claudin Karim, 2021, « Construction du capital entrepreneurial chez les jeunes quincaillers de rue dans les villes de Bafoussam, Douala et Mbouda au Cameroun », *Cahiers de l'URPHISSA*, 2, p. 263-287.

MINEPIA, 2009, *Plan de développement de l'aquaculture durable au Cameroun.*

MINEPIA, 2016, *Rapport de l'étude préparatoire pour le projet d'amélioration du débarcadère et du marché de poisson à YOUPWE dans la ville de Douala en république du Cameroun*, Fisheries Engineering Co.

MINEPIA, 2021, *Annuaire statistique du sous-secteur de l'élevage, des pêches et de l'industrie animale*. Document projet.

MINPAT, 2023, *Plan intégré d'import-substitution agropastoral et halieutique (PLISAH).*

NGOCK Emmanuel, DJAMEN Denis, et DONGMO JIONGO Valéry, 2005, *Contribution économique et sociale de la pêche artisanale aux moyens d'existence durables et à la réduction de la pauvreté*, Yaoundé, PMEDP, FAO.

NJIFONJOU OUMAROU,1995, *Transformation et distribution des produits de la pêche artisanale : le rôle des femmes ''fumeuses de poisson'' à Limbé*, Les cahiers d'Osisca.

NYEBE MVOGO Idriss Gabriel, MEUTCHIEYE Felix, FON Dorothy ENGWALI, 2014, « Expérience de la fumaison et de la commercialisation du poisson dans l'environnement urbain de Douala », *Agridape*, 2, p. 25-26.

TAGNE TEFE Robert, 2015, « Socio-anthropologie économique des marchés alternatifs urbains : encastrement social des logiques marchandes », *Cahiers de sociologie économique et culturelle*, 58, p.41-57.

TALLEC Fabien et KEBE Moustapha, 2006, *Évaluation de la contribution du secteur des pêches à l'économie nationale en Afrique de l'Ouest et du Centre*, PMEDP, FAO

TANGOU Samuel, 2009, *Évaluation des règlementations et des programmes aquacoles au Cameroun*, Projet SARNISSA.

TOURAINE Alain, 1965, *Sociologie de l'action*, Paris, Seuil.

ECONOMIE BLEUE ET DROIT

DETERMINANTS DE LA PECHE HAUTURIERE ILLICITE, NON REGLEMENTEE ET NON DECLAREE DANS LA ZONE ÉCONOMIQUE EXCLUSIVE DU BENIN

Associé Delphin LOKO

Résumé

La pêche illicite, non déclarée et non réglementée (INN) constitue une menace majeure pour la durabilité des ressources halieutiques et la sécurité alimentaire, en particulier dans les pays côtiers en développement. Cette étude analyse les facteurs socio-économiques influençant la persistance de la pêche INN dans la Zone Économique Exclusive (ZEE) du Bénin. Pour ce faire, une enquête a été menée auprès d'un échantillon de 126 pêcheurs, et les données collectées ont été traitées à l'aide d'un modèle Probit afin d'évaluer l'impact de diverses variables explicatives sur la probabilité de participation à la pêche INN. Les résultats mettent en évidence le rôle prépondérant de la faiblesse du système de contrôle et de surveillance qui apparaît comme le principal facteur favorisant la persistance de la pêche INN dans toutes les localités étudiées. Par ailleurs, le niveau d'instruction, la lenteur administrative et l'âge des pêcheurs émergent également comme des déterminants significatifs. Ces résultats soulignent la nécessité de renforcer les dispositifs de contrôle et de surveillance, tout en promouvant des politiques éducatives et des réformes administratives visant à limiter les incitations à l'illégalité. En particulier, la simplification des procédures administratives et l'amélioration de la gouvernance du secteur halieutique pourraient contribuer à une gestion plus durable des ressources marines au Bénin.

Mots clés : Pêche INN, Facteurs socio-économiques, Zone Economique Exclusive

DETERMINANTS OF ILLEGAL, UNREGULATED AND UNDECLARED DEEP-SEA FISHING IN BENIN'S EXCLUSIVE ECONOMIC ZONE

Abstract

Illegal, unreported and unregulated (IUU) fishing is a major threat to the sustainability of fishery resources and food security, particularly in developing coastal countries. This study analyzes the socio-economic factors influencing the persistence of IUU fishing in Benin's Exclusive Economic Zone (EEZ). To this end, a survey was carried out among a sample of 126 fishermen, and the data collected were processed using a Probit model to assess the impact of various explanatory variables on the probability of participation in IUU fishing. The results highlight the preponderant role of the weakness of the control and surveillance system, which appears to be the main factor favoring the persistence of IUU fishing in all the localities studied. In addition, the level of education, administrative slowness and age of fishermen also emerge as significant determinants. These results underline the need to strengthen control and surveillance systems, while promoting educational policies and administrative reforms aimed at limiting incentives for illegality. In particular, simplification of administrative procedures and improved governance of the fisheries sector could contribute to more sustainable management of marine resources in Benin.

Keywords: IUU fishing; Socio-economic factors; Exclusive Economic Zone

Introduction

L'exploitation durable des ressources marines est un enjeu crucial pour la sécurité alimentaire mondiale et la préservation de l'écosystème océanique, étant donné le rôle vital que jouent les océans dans la régulation du climat et la fourniture de protéines essentielles à des millions de personnes (Organisation des Nations Unies pour l'Alimentation et l'Agriculture (FAO), 2020). Cependant, malgré les efforts déployés pour réglementer la pêche, la pêche illicite, non déclarée et non réglementée (INN) persiste comme une menace majeure pour cet équilibre fragile, représentant jusqu'à 26 millions de tonnes de poissons capturés chaque année, soit environ 20 % de la pêche mondiale totale (U. R. Sumaila et *al.*, 2019).

Au Bénin, pays côtier d'Afrique de l'Ouest, la persistance de la pêche INN dans la Zone Économique Exclusive (ZEE) représente un défi socio-économique et environnemental de grande ampleur, avec des implications graves pour les moyens de subsistance des communautés côtières et la durabilité des ressources marines. Comprendre les facteurs qui contribuent à cette pratique clandestine est essentiel pour élaborer des politiques efficaces de gestion des pêches et de conservation des ressources marines, afin de promouvoir une exploitation durable des océans et de lutter contre la pauvreté dans les régions côtières.

Cette problématique s'inscrit dans le cadre théorique de la "tragédie des biens communs" développée par G. Hardin (1968) qui met en lumière la surexploitation des ressources communes en l'absence de régulation efficace. Toutefois, E. Ostrom (1990) nuance cette approche en démontrant que des communautés peuvent gérer durablement des ressources communes à travers des institutions locales appropriées.

Cette divergence théorique soulève des questions pertinentes sur la gouvernance des ressources halieutiques, particulièrement dans le contexte béninois.
Sur le plan empirique, des études ont souligné l'importance des facteurs socio-économiques dans le comportement des pêcheurs et leur propension à participer à la pêche INN, mettant en évidence les incitations économiques, les contraintes institutionnelles et les dynamiques sociales qui sous-tendent cette activité illégale. D. J. Agnew et *al.*, (2009) ont mis en évidence l'impact des incitations économiques sur l'engagement des pêcheurs dans la pêche illicite à l'échelle mondiale, soulignant l'influence des prix des produits de la pêche, des coûts de production et des bénéfices potentiels sur les décisions des acteurs impliqués dans la pêche INN. De même, U. R. Sumaila et *al.*, (2019) ont souligné le rôle des subventions dans le maintien de pratiques de pêche non durables, en offrant des incitations économiques perverses qui encouragent la surpêche et la pêche illicite. M. Kébé et *al.,* (2008) mettent en avant l'adoption de politiques publiques telles que l'utilisation d'outils économiques dans la gestion des pêcheries sénégalaises, comme la détaxe du carburant sur les engins de pêche. Ces politiques visent à faciliter l'introduction de changements technologiques dans les différents segments de la pêche artisanale, avec pour objectif d'assurer une offre abondante à un prix abordable sur les marchés intérieurs. Cependant, selon l'auteur, cette approche a eu des effets pervers, notamment l'augmentation de l'effort de pêche pour l'exportation, entraînant la surexploitation de nombreux stocks, notamment les démersaux côtiers à forte valeur marchande, et perturbant l'approvisionnement des marchés locaux.
S. D. Nadje (2012) affirme que les institutions nationales responsables du secteur de la pêche manquent de ressources humaines, matérielles et financières pour mener des interventions de manière efficace et efficiente. La question de la gouvernance soulève donc des problèmes de nature socio-économique, écologique et humaine. Il est nécessaire de privilégier une coopération entre les États en vue d'échanger des connaissances et des informations pour une meilleure gestion du secteur.
De son côté, C. D. Emmanuel (2008) identifie plusieurs sources de pression sur le milieu littoral ouest-africain. Parmi celles-ci figurent l'urbanisation de la bande côtière, la transformation et l'aménagement des espaces tels que les ports, les digues et la bétonisation des dunes et des plages. D'autres facteurs de pression comprennent l'accroissement

de la population, la surexploitation croissante des ressources halieutiques, les pratiques agricoles inappropriées et l'expansion incontrôlée des sites touristiques. Emmanuel souligne également que la libéralisation du commerce international a perturbé l'équilibre du secteur de la pêche en créant des incitations à l'accroissement de la production d'exportation.

Les travaux de S. M. Garcia et R. J. R. Grainger (2005) mettent en évidence la nécessité de renforcer la coopération internationale et d'instaurer des mécanismes juridiques plus robustes, notamment par l'introduction de sanctions dissuasives. Celles-ci doivent être suffisamment sévères pour décourager les pratiques de pêche INN, comprenant des sanctions financières substantielles, des confiscations d'équipement et des conséquences juridiques graves pour les contrevenants. R. Chuenpagdee et *al.*, (2006) soulignent les défis liés à la gouvernance des ressources marines, notamment la nécessité de renforcer les systèmes de surveillance, de contrôle et de suivi, ainsi que d'améliorer la coordination entre les parties prenantes nationales et internationales.

La FAO (2012), dans l'un de ses rapports, relate que les faibles capacités de surveillance et de contrôle de la pêche artisanale en Afrique sont à la base de la surexploitation des ressources. La pêche illicite qui en résulte et les activités qui s'y rapportent compromettent le succès des efforts menés à l'échelle nationale, régionale et internationale pour promouvoir la pêche durable et améliorer l'état et la capacité d'adaptation des écosystèmes. Cette situation est aggravée par les capacités techniques limitées et par les pratiques de corruption au sein des institutions responsables du secteur de la pêche.

Malgré ces avancées dans la compréhension des déterminants socio-économiques de la pêche INN, peu d'études se sont spécifiquement penchées sur cette question dans la ZEE béninoise, laissant ainsi une lacune de connaissance importante à combler.

Ainsi, cette étude vise à répondre à la question suivante : quels sont les facteurs déterminants des pratiques de pêche INN dans le secteur maritime béninois ? Dans cette logique, l'objectif général de cette recherche est de déterminer les principaux facteurs socio-économiques influençant la propension des pêcheurs à participer à la pêche INN dans la ZEE béninoise, en mettant particulièrement l'accent sur les aspects liés aux incitations économiques, aux contraintes institutionnelles et aux dynamiques sociales.

Le choix de cette étude repose sur trois raisons majeures : la position stratégique du Bénin dans le Golfe de Guinée en fait un cas d'étude particulièrement pertinent. Malgré l'ampleur du phénomène, peu d'études scientifiques ont spécifiquement analysé les déterminants de la pêche INN dans le contexte béninois. Une compréhension approfondie de cette problématique est essentielle pour l'élaboration de politiques efficaces visant à assurer la gestion durable des ressources halieutiques.
Le reste de cet article est structuré comme suit : la première section présente le matériel et les méthodes utilisés. La deuxième section expose les résultats obtenus. La troisième section propose une discussion des résultats. Enfin, la quatrième section conclut et formule quelques recommandations.

1.Matériel et méthodes

Cette section est consacrée à la présentation de la méthodologie utilisée pour atteindre cet objectif. Elle inclut la description du milieu d'étude ainsi que les techniques de collecte et d'analyse des données

1.1. Milieu d'étude

La notion de zone économique exclusive (ZEE), qui a émergé lors de la 3e conférence des Nations Unies sur le droit de la mer, a évolué au fil du temps en réponse à la volonté des États de renforcer leur contrôle sur les eaux adjacentes à leur territoire. Initialement, elle était parfois confondue avec la mer territoriale, souvent délimitée à 200 milles marins. Certains pays l'utilisaient comme réserve de pêche pour leurs nationaux (B. K. Muholongu, 2006).
Dans les années 1960, de nombreux pays en développement ont adopté la ZEE pour protéger leurs ressources halieutiques des activités de surpêche menées par des navires-usines près de leurs côtes. Cette pratique s'est généralisée, et la Convention de 1982 a officiellement reconnu la ZEE en régissant les droits et la juridiction de l'État côtier ainsi que les droits et libertés des autres États. La ZEE, située au-delà de la mer territoriale, est soumise à un régime juridique spécifique défini par la Partie V de la Convention de 1982. Ce régime régit les droits et la juridiction de l'État côtier, ainsi que les droits et libertés des autres États, conformément aux dispositions pertinentes de la convention. La ZEE a ainsi évolué pour devenir un instrument clé dans la gestion et la préservation des ressources marines.

Dans cette recherche, la ZEE est considérée sur la base de la définition des Nations Unies dans le cadre de la Convention des Nations Unies sur le droit de la mer (CNUDM) adoptée en 1982. Selon les dispositions de cette convention, la ZEE est une zone maritime délimitée qui s'étend au-delà de la mer territoriale d'un État côtier. La CNUDM établit des règles spécifiques régissant les droits et les responsabilités des États côtiers dans leur ZEE.

1.2. Collecte des données et échantillonnage

La collecte des données a combiné deux méthodes : quantitative et qualitative. Des entretiens semi-structurés, tels que des focus groups, ont été menés avec des acteurs institutionnels de la gestion de la pêche au Bénin. Les méthodes qualitatives comprenaient des discussions de groupe, des rencontres informelles et des observations directes. L'application KoboCollect a été utilisée pour la collecte des données.

Un échantillon de 126 pêcheurs des communes de Cotonou, Ouidah et Grand-Popo a été constitué de manière aléatoire, mais en tenant compte de la typologie établie lors de la phase exploratoire, ce qui garantit une représentativité des acteurs impliqués. L'échantillonnage des 126 pêcheurs a été réalisé selon une méthode rigoureuse combinant un échantillonnage stratifié à plusieurs degrés et un échantillonnage aléatoire simple au sein de chaque strate.

La première étape a consisté en une stratification géographique, divisant la zone d'étude en trois strates correspondant aux communes de Cotonou (45 pêcheurs), Grand-Popo (42 pêcheurs) et Ouidah (39 pêcheurs), avec une proportion basée sur l'importance relative des activités de pêche dans chaque commune selon les données de la Direction des Pêches. La deuxième étape a impliqué une sous-stratification par type de pêche dans chaque commune, avec une répartition entre pêche artisanale (70 %) et pêche semi-industrielle (30 %), reflétant la structure actuelle du secteur halieutique béninois. Pour garantir la qualité et la pertinence de l'échantillon, des critères d'inclusion stricts ont été établis : les participants devaient être des pêcheurs actifs avec au moins trois ans d'expérience dans le secteur, être âgés d'au moins 18 ans, pratiquer la pêche comme activité principale (au moins 70 % du revenu), résider de manière permanente dans l'une des trois communes d'étude et avoir une connaissance approfondie des pratiques locales de pêche.

En parallèle, ont été exclus de l'étude les pêcheurs occasionnels ou saisonniers, ceux ayant moins de trois ans d'expérience, les personnes impliquées uniquement dans la transformation ou la commercialisation, les pêcheurs ne parlant pas les langues locales utilisées pour l'enquête et les individus refusant de participer à l'enquête. Cette méthodologie d'échantillonnage rigoureuse a permis d'assurer la représentativité de l'échantillon et de minimiser les biais de sélection potentiels, garantissant ainsi la validité des résultats de l'étude.

1.3. Analyse des données

Il s'agit ici de présenter, dans un premier temps, le modèle économétrique à estimer, puis, dans un second temps, la justification du choix de ce modèle

1.3.1. Présentation du modèle d'analyse

Afin d'identifier les déterminants de la pêche INN, un modèle économétrique a été spécifié. Selon la littérature, l'identification des facteurs influençant un phénomène passe couramment par les modèles Probit, Logit et Tobit (M. Makokha et *al.*, 2003). Les modèles Probit et Logit sont utilisés lorsque la variable dépendante est dichotomique, tandis que le modèle Tobit a été employé pour la modélisation de la décision d'adoption. Par souci de commodité, le modèle Probit est fréquemment utilisé dans la modélisation des décisions de choix d'une option (CIMMYT, 1993). Dans notre recherche, nous avons retenu le modèle Probit qui est adapté à la pratique de la pêche INN. Ce modèle a été choisi en raison de sa capacité à déterminer les facteurs influençant la pratique de la pêche INN et à faciliter l'interprétation des paramètres associés aux variables explicatives (T. Amemiya, 1981).
La densité de Bernoulli s'écrit : $f(yi) = p^{y_i}(1 - y_i)^{1-y_i}$, où : y_i représente la variable dépendante et P la probabilité. Ainsi, $y_i \sim B(1, P)$. Si $y_i = 1$, le pêcheur pratique l'INN. Si $y_i = 0$, Sinon $y_i = F(\beta' X_i) + \epsilon_i$. L'espérance mathématique $E(y_i) = \sum_{i=0}^{1} p_i y_i$. Alors $E(y_i) = F(\beta' X_i)$ car l'espérance des erreurs est nulle. $\epsilon_i = y_i - F(\beta' X_i)$. Ainsi, $E(\epsilon_i) = \sum_{i=0}^{1} p_i [y_i - F(\beta' X_i)] = 0 \leftrightarrow = F(\beta' X_i)$. Lorsque nous considérons une variable qui puisse prendre en compte les informations privées détenues par le producteur, une telle variable est qualifiée de variable latente ou discrète et est continue. Soit y* la variable latente ou discrète

représentant l'accès à la coopération et au conflit. Y* = $\beta' X_i + \epsilon_i$ avec β' = le vecteur des paramètres à estimer, X_i représente les variables explicatives, ϵ_i les termes d'erreurs.

On a les cas suivants : Si Y* > 0 si le pêcheur pratique l'INN, donc $y_i = 1$. Si Y* ≤ 0 alors si le pêcheur pratique l'INN $y_i = 0$. Considérons le cas où le pêcheur pratique l'INN ($y_i = 1$). Alors la probabilité p est donnée par : $p(y_i = 1)$ signifie p (Y* >0) = $p(\beta' X_i + \epsilon_i > 0)$ alors, $p(\epsilon_i > -\beta' X_i)$ = $F(\beta' X_i)$. On fait l'hypothèse que les erreurs ϵ_i sont indépendantes, identiquement distribuées et suivent la loi probiit. La modélisation de y en fonction de p variables explicatives $(X_1, X_2, \ldots, X_p)$ et de p+1 paramètres à estimer $(\beta_0, \beta_1, \beta_2, \ldots, \beta_p)$ est :

$$p(y = 1 \setminus X_1 = x_1, X_2 = x_2, \ldots, X_p = x_p) = \frac{e^{\beta_0 + \sum_{i=1}^{p} \beta_i x_i}}{1 + e^{\beta_0 + \sum_{i=1}^{p} \beta_i x_i}}.$$

La fonction de lien probit devient :

$logit(y = 1 \setminus X_i = x_i) = \beta_0 + \sum_{i=1}^{p} \beta_i x_i, i = \overline{1, n}$. En introduisant le terme d'erreur, on obtient le modèle économétrique suivant :

$$probit(y = 1 \setminus X_i = x_i, i = \overline{1, n}) = \beta_0 + \beta_1 x_1 + \beta_2 x_2 + \ldots + \beta_p x_p + \epsilon_i$$

$$\begin{aligned} PINN_i = {} & \beta_0 + \beta_1 \mathrm{SURV\_CONTRO}_i + \beta_2 \mathrm{LOURD\_PROC}_i + \beta_3 \mathrm{NIVINST}_i + \beta_4 \mathrm{BES\_REV}_i + \beta_5 \mathrm{SYST\_PECH}_i \\ & + \beta_6 \mathrm{SITUMA}_i + \beta_7 \mathrm{MANQ\_OPP}_i + \beta_8 \mathrm{APPART}_i + \beta_9 \mathrm{EXPER}_i + \beta_{10} \mathrm{lnTAIMEN}_i \\ & + \beta_{11} \mathrm{lnAGE}_i + \beta_{12} \mathrm{lnPROD}_i + \varepsilon_i \end{aligned}$$

avec : βi (i= 0……12), les coefficients rattachés aux déterminants à estimer ε est le terme d'erreur.

Dans cette étude, la sélection des variables pour notre modèle Probit repose sur une approche méthodique et rigoureuse qui combine des considérations théoriques avec des preuves empiriques provenant de recherches antérieures. Ainsi, nous présentons ci-dessous la justification de notre choix pour chaque variable :

La variable système de contrôles et de surveillance (SURV_CONTRO) a été intégrée pour évaluer leur impact sur la probabilité de pratiquer la pêche INN. Bien que moins fréquemment étudié, l'effet de ces contrôles sur les résultats économiques a été examiné dans des travaux tels que ceux de B. S. Halpern et *al.*, (2018), fournissant ainsi une justification pour son inclusion dans notre modèle.

La variable lourdeur administrative (LOURD_PRODT), quant à elle a été sélectionnée pour son potentiel à influencer la probabilité de l'événement. Bien que cette variable ne soit pas souvent examinée dans ce contexte, des travaux antérieurs comme ceux de L. C. Smith et *al.*, (2016) suggèrent son importance dans la compréhension des dynamiques économiques des communautés de pêcheurs.

De même, nous avons inclus la variable Niveau d'Instruction (NINSTR) en raison de son effet potentiel sur la probabilité de pratiquer la pêche INN. Cette variable s'est inspirée des travaux de R. Jenkins et *al.*, (2015).

La variable Système de pêche utilisé (SYST_PECH) a été choisie pour évaluer son influence sur la probabilité de l'événement. Les travaux de Halpern et *al.*, (2018) ont examiné les effets des différentes pratiques de pêche sur les rendements économiques des pêcheurs, offrant ainsi une justification empirique pour son inclusion dans notre modèle.

De plus, nous avons inclus les variables Expérience (lnEXPER) et Âge (lnAGE) pour évaluer leur effet sur la probabilité de l'événement. Bien que leur lien direct avec notre événement d'intérêt ne soit pas toujours évident, des recherches antérieures comme celles C. M. Rodriguez et *al.*, (2017) ont identifié des relations pertinentes entre ces variables et les résultats économiques.

Ces variables introduites dans le modèle de régression probit binaire sont présentées dans le tableau 1 suivant.

Tableau 1. Variables introduites dans le modèle de régression probit binaire

Variables	Description	Mesure	Nature	Signes attendus
Sélection	**Variable dépendante**			
PINN	Pratique de la pêche INN	1 = Oui ; 0 = Non	Qualitative	
	Variables indépendantes			
SURV_CONTRO	Existence d'un système de contrôles et de surveillance	0=Non, 1= Oui	Qualitative	+/-
LOURD_PROC	Existence d'une lourdeur administrative	0=Non, 1= Oui	Qualitative	+/-
NIVINST	Niveau d'éducation du pêcheur	1 = Non instruit ; 2 = Primaire ; 3 = Secondaire ; 4 = Universitaire	Qualitative	+/-
BES_REV	Besoin de revenu supplémentaire	0=Non, 1= Oui	Qualitative	+/-
SYST_PECH	Système de pêche	1 = Artisanale, 2 = Industrielle 3= Logistique	Qualitative	+/-
SITUMA	Situation matrimoniale	0 = Célibataire ; 1 = Marié(e) ; 2 = Veuf 3= Divorcé/Séparé	Qualitative	+/-
MANQ_OPP	Manque d'opportunités	0=Non, 1= Oui	Qualitative	+/-
APPART	Appartenance à un groupement	1 = Oui ; 0 = Non	Qualitative	+
EXPER	Expérience dans la pratique de pêche	Nombre d'année d'expériences	Quantitative	+/-
TAIME	Taille du ménage	Effectif des hommes et femmes du ménage	Quantitative	+/-
AGE	Age du pêcheur	Age en nombre d'année	Quantitative	+/-
PROD	Production moyenne de poisson de 2021 à 2023	En kilogramme	Quantitative	+

Source : Réalisé par l'auteur

1.2.3. Justification du choix du modèle

L'estimation des déterminants de la pratique de la pêche illicite, non déclarée et non réglementée (INN) au Bénin nécessite l'utilisation d'un modèle statistique adapté à la nature de la variable dépendante. Le choix du modèle probit pour cette estimation repose sur plusieurs considérations méthodologiques. En effet, la décision d'un acteur de s'engager ou non dans la pêche INN est une variable binaire, prenant la valeur 1 en cas de participation et 0 en cas de non-participation. Bien que les modèles probit et logit soient tous deux appropriés pour l'analyse de variables binaires, le modèle probit est préférable dans ce contexte, car il suppose une distribution normale des termes d'erreur, ce qui correspond mieux à la distribution observée dans les données sur la pêche INN. De ce fait, l'utilisation du modèle probit est particulièrement pertinente. Contrairement aux modèles de régression linéaire classique, ce modèle évite le problème des prédictions situées en dehors de l'intervalle [0,1], un problème qui pourrait survenir avec une approche linéaire inadaptée aux variables dichotomiques.

De plus, le modèle probit permet de saisir la nature probabiliste des décisions individuelles. La pratique de la pêche INN étant influencée par un ensemble de facteurs économiques, réglementaires et environnementaux, il est essentiel d'adopter une approche qui prenne en compte les effets marginaux des variables explicatives sur la probabilité de participation. En supposant une distribution normale des erreurs, le modèle probit permet d'obtenir une estimation plus robuste des coefficients et une meilleure interprétation des effets marginaux, tant pour les variables continues que pour les variables catégorielles. Cela permet d'analyser comment des facteurs tels que le niveau de contrôle exercé par les autorités, les incitations économiques ou encore les caractéristiques socio-économiques des pêcheurs influencent la probabilité d'adopter une pratique illégale.

Le choix du modèle probit par rapport au modèle logit repose également sur des considérations concernant la distribution des erreurs. Bien que les deux modèles fournissent des résultats similaires en termes d'interprétation, le modèle probit est généralement privilégié car il offre une interprétation plus intuitive des effets marginaux dans le contexte spécifique de cette étude dont l'objectif est d'estimer les probabilités de participation à la pêche INN en fonction des caractéristiques socio-économiques des pêcheurs béninois.

2.Résultats et discussion

2.1. Caractéristiques des variables introduites dans le modèle

Le tableau ci-dessous présente la statistique descriptive des variables de cette recherche.

Tableau 2. Analyse descriptive des variables introduites dans le modèle

Variable	Moyenne	Écart type	Minimum	Maximum
Revenu	80 833,33	23 567,24	40 000	150 000
Pêche INN	0,794	0,406	0	1
Système de contrôles et de surveillance	0,595	0,493	0	1
Lourdeur administrative	0,333	0,473	0	1
Niveau d'éducation du pêcheur	2,151	0,646	1	3
Besoin de revenu supplémentaire	0,476	0,501	0	1
Système de pêche	1,952	0,788	1	3
Situation matrimoniale	1,143	0,836	0	2
Manque d'opportunités	0,548	0,5	0	1
Appartenance à un groupement	0,714	0,454	0	1
Expérience dans la pratique de pêche	8,46	2,435	3	15
Taille du ménage	7,429	2,658	4	12
Age du pêcheur	39,421	8,668	27	54
Production moyenne de poisson de 2021 à 2023	562,413	112,613	200	766,667

Source : *Réalisé par l'auteur*

L'analyse de ce tableau révèle que les données comprennent un total de 126 observations pour chacune des variables utilisées. Tout d'abord, le revenu mensuel moyen des pêcheurs (REV) est de 80 833,33 FCFA, avec un écart type de 23 567,24 FCFA, indiquant une variation modérée des revenus au sein de l'échantillon. La variable P_INN montre que 79,4 % des pêcheurs déclarent pratiquer la pêche illicite, non déclarée et non réglementée (INN), ce qui suggère une prévalence élevée de cette activité parmi les répondants.
Concernant la perception de la surveillance et du contrôle (SURV_CONTRO), 59,5 % des pêcheurs estiment que ces mesures sont insuffisantes, ce qui pourrait faciliter la persistance des pratiques INN. En parallèle, 33,3 % des pêcheurs considèrent que les procédures administratives liées à la pêche sont lourdes (LOURD_PROC), ce qui pourrait être un facteur dissuasif pour le respect des réglementations.
En ce qui concerne le niveau d'instruction (NIVINST), la moyenne est de 2,151 sur une échelle de 1 à 3, ce qui indique que la majorité des pêcheurs possèdent un niveau d'éducation intermédiaire. De plus, près de 47,6 % des pêcheurs expriment un besoin de revenus supplémentaires (BES_REVEN_P), ce qui pourrait les inciter à s'engager dans des pratiques de pêche INN.
La variable SYST_PECH révèle que la moyenne des systèmes de pêche utilisés est de 1,952 sur une échelle de 1 à 3, suggérant que les pêcheurs ont principalement recours à des méthodes de pêche traditionnelles ou semi-modernes. La situation matrimoniale (SITUMA) montre que la plupart des pêcheurs sont mariés, avec une moyenne de 1,143 sur une échelle de 0 à 2, ce qui pourrait influencer leurs responsabilités financières et leurs choix professionnels.
De plus, 54,8 % des répondants estiment qu'il existe un manque d'opportunités alternatives à la pêche (MANQ_OPP), ce qui pourrait les contraindre à recourir à des pratiques INN. Par ailleurs, 71,4 % des pêcheurs sont membres d'une organisation professionnelle (APPART), ce qui peut jouer un rôle important dans la diffusion d'informations et le respect des réglementations.
En termes d'expérience, les pêcheurs ont en moyenne 8,46 années d'expérience (EXPER), avec un écart type de 2,435 ans, ce qui suggère une main-d'œuvre relativement expérimentée. La taille moyenne des ménages (TAIME) est de 7,429 personnes, ce qui peut influencer les besoins économiques des pêcheurs. L'âge moyen des pêcheurs (AGE) est de 39,421 ans, avec un écart type de 8,668 ans, indiquant une population active relativement jeune. Enfin, la production moyenne

mensuelle (PROD) est de 562,413 kg, avec un écart type de 112,613 kg, ce qui reflète une variation notable de la productivité parmi les pêcheurs.

2.2. Résultats d'estimation du modèle probit

Les résultats d'estimation du modèle probit sont présentés dans le tableau suivant :

Tableau 4. Résultats de la régression probit binaire

Variables	dF/dx	Ecart-type	Z	Prob (P>|z|)
Absence de contrôles et de surveillance	0,9332246	0,493692	1,89	0,059
Lourdeur administrative	2,043015	1,078341	1,89	0,058
Niveau d'éducation du pêcheur	-2,993025	1,285748	-2,33	0,020
Besoin de revenu supplémentaire	2,132719	0,5846553	3,65	0,000
Système de pêche	0,0257135	0,4679854	0,05	0,956
Situation matrimoniale	2,239316	0,9326023	2,4	0,016
Manque d'opportunités	-0,059529	0,4747163	-0,13	0,900
Appartenance à un groupement	0,6800567	1,354769	0,5	0,616
Expérience dans la pratique de pêche	2,494887	2,299926	1,08	0,278
Taille du ménage	12,93336	4,775019	2,71	0,007
Age du pêcheur	-10,39161	5,310468	-1,96	0,050
Production moyenne de poisson de 2021 à 2023	-16,08763	4,737204	-3,40	0,001
Constante	50,6271	14,68858	3,45	0,001
LR chi2 (12) = 70,16 Prob > chi2 = 0,0000 Pseudo R2 = 0,5469				

Source : Réalisé par les auteurs

L'analyse des résultats de la régression probit des variables du modèle met en évidence des résultats significatifs qui méritent une attention particulière dans le cadre de notre étude.

Le test du rapport de vraisemblance indique une statistique de khi-deux (chi²) de 70,16, avec une probabilité associée de 0,0000, ce qui confirme la significativité globale du modèle. De plus, le pseudo R^2 de 0,5469 suggère que le modèle explique une part importante de la variance observée dans les données.

En examinant les effets marginaux de chaque variable, nous observons des variations significatives. Une absence de mise en place efficace des systèmes de surveillance et de contrôle (SURV_CONTRO) est associée à une augmentation de la probabilité de participer à la pêche illicite (P_INN), avec une erreur standard de 0,49 et une p-value de 0,059. Par ailleurs, la lourdeur des procédures administratives accroît également la probabilité de participation à la pêche illicite, le coefficient associé à cette variable étant significatif au seuil critique de 10 % (p-value = 0,058). Les variables « besoin de revenu supplémentaire » et « taille du ménage » sont également corrélées positivement à la probabilité de participer à la pêche INN, avec des p-values respectives de 0,000 et 0,001, significatives à 1 %.

D'autre part, les pêcheurs ayant un niveau d'éducation plus élevé ont une probabilité plus faible de participer à la pêche illicite, ce qui est illustré par un coefficient négatif associé à cette variable, avec une p-value inférieure à 5 %. De plus, la probabilité de participation à la pêche INN est plus élevée chez les jeunes pêcheurs que chez les plus âgés. Ce résultat pourrait s'expliquer par le fait que les jeunes, cherchant à satisfaire leurs besoins quotidiens et d'autres nécessités, sont plus enclins à s'engager dans des pratiques illégales.

En revanche, certaines variables telles que la situation matrimoniale, le système de pêche (SYST_PECH), le manque d'opportunités alternatives, l'appartenance à un groupement et le nombre d'années d'expérience ne sont pas significativement associées à la probabilité de participation à la pêche illicite. Ces résultats suggèrent que ces facteurs n'ont peut-être pas un impact significatif sur la probabilité de participation à la pêche hauturière illicite dans le cadre de notre modèle.

Le tableau 5 ci-dessous présente les résultats détaillés de la qualité du modèle estimé.

Tableau 5. Qualité du modèle

Significativité	P =0,0000 **
Pseudo R^2	P = 0,5469
Pouvoir de prédiction	P = 0,68
Nombre d'observation	126

Source : Réalisé par l'auteur

Le modèle Probit a été utilisé pour examiner les facteurs influençant la persistance de la pêche Illicite, Non réglementée et Non déclarée (INN). Le coefficient de détermination Pseudo R^2 révèle que le modèle Probit explique 54,69 % des variations des variables étudiées. L'analyse des résultats montre un pourcentage élevé de prédiction correcte, atteignant 58 %. En ce qui concerne la significativité globale du modèle, la statistique du Chi-carré (χ^2) est significative ($p = 0{,}0000$), confirmant la validité globale du modèle au seuil de 5 %.

2.3. Discussion

Dans le domaine de la pêche et de la conservation marine, plusieurs chercheurs ont contribué à la compréhension des facteurs influençant la participation à la pêche illicite, non déclarée et non réglementée (INN). Les résultats obtenus dans cette étude montrent une influence significative de la faiblesse des systèmes de surveillance et de contrôle sur la probabilité de participation à la pêche INN. Ces résultats sont en accord avec ceux obtenus par Z. Sohou et *al*. (2020) dans leur étude sur les défis de la pêche artisanale au Bénin, soulignant ainsi l'insuffisance des politiques publiques actuelles en matière de surveillance maritime au Bénin.

La lourdeur administrative, également significative dans notre analyse, suggère que la complexité bureaucratique peut paradoxalement encourager les pratiques illégales, rejoignant ainsi les observations de C. H. Koffie-Bikpo (2021) sur l'impact des barrières administratives dans le secteur de la pêche en Afrique de l'Ouest. Ces résultats corroborent également les conclusions d'Agnew et al. (2009), qui mettent en évidence l'importance des mesures de contrôle et de surveillance pour réduire la pêche illicite. Leurs travaux soutiennent l'idée que des contrôles efficaces peuvent dissuader les activités de pêche illégale. De même, U. R. Sumaila et *al*., (2019) suggèrent que des

interventions réglementaires, telles que les contrôles de surveillance, peuvent avoir un effet significatif sur la réduction de la pêche INN, ce qui renforce les conclusions de notre étude. Cependant, R. Pomeroy et *al.*, (2013) soulignent les défis liés à la gouvernance des pêches, mettant en question l'efficacité des contrôles en raison de la corruption et de l'insuffisance des ressources.
La corrélation positive entre le besoin de revenus supplémentaires, la taille du ménage et la participation à la pêche INN met en évidence l'importance des facteurs socio-économiques dans la dynamique des pratiques de pêche illégale. Cette observation est en phase avec les conclusions de K. Metcalfe et *al.*, (2022) qui ont identifié les pressions économiques comme des moteurs majeurs de la pêche illégale. L'effet négatif significatif du niveau d'éducation sur la participation à la pêche INN suggère que des politiques d'éducation et de formation professionnelle pourraient constituer des leviers efficaces de prévention, corroborant les résultats de la Commission Sous-Régionale des Pêches (2022).
La propension plus élevée des jeunes à participer à la pêche INN soulève des questions cruciales sur l'efficacité des politiques d'emploi des jeunes dans le secteur maritime. Ce constat rejoint les travaux de D. Belhabib et *al.*, (2018) qui insistent sur la nécessité de proposer des alternatives économiques viables pour la jeunesse côtière. En revanche, l'absence de significativité de certaines variables, telles que l'appartenance à un groupement ou l'expérience, contraste avec les résultats antérieurs, suggérant des spécificités contextuelles propres au cas béninois.

Conclusion

Cet article présente une analyse approfondie des données concernant la persistance de la pêche illicite, non réglementée et non déclarée (INN) dans la Zone Économique Exclusive (ZEE) du Bénin. Les résultats obtenus mettent en lumière plusieurs facteurs clés contribuant à la persistance de cette problématique et offrent des pistes pour atténuer ses effets.
En premier lieu, l'existence d'un système de contrôle et de surveillance efficace est identifiée comme un facteur déterminant dans la réduction de la pêche INN. Les résultats suggèrent que des mécanismes robustes de surveillance jouent un rôle crucial dans la régulation des activités maritimes, ce qui souligne l'importance de renforcer ces dispositifs

pour garantir une gestion plus stricte et transparente des ressources marines.

Le niveau d'instruction des individus est également un facteur significatif. Les données révèlent que les personnes ayant un niveau d'éducation plus élevé sont moins enclines à participer à des activités de pêche illégale. Ainsi, l'éducation apparaît comme un levier majeur pour la prévention de la pêche INN.

Par ailleurs, la lenteur administrative se révèle comme un obstacle important. Les retards bureaucratiques, souvent liés à la complexité des procédures administratives, ralentissent l'implémentation des mesures de contrôle et des sanctions, créant ainsi un environnement propice à la persistance de la pêche illicite. Ce facteur souligne la nécessité des réformes dans les structures administratives pour faciliter une réponse plus rapide et plus efficace.

En ce qui concerne les caractéristiques démographiques, l'âge des pêcheurs est également corrélé à la participation à la pêche INN, avec une propension plus forte chez les jeunes. Ce constat appelle à une attention particulière pour des politiques ciblées envers la jeunesse, notamment en matière de formation et d'opportunités économiques.

En résumé, la prise en compte de ces facteurs déterminants est essentielle pour orienter les politiques de gestion des ressources marines dans la ZEE du Bénin. L'adoption de mesures ciblées, tenant compte de ces variables, pourrait jouer un rôle crucial dans la réduction de la pêche INN et la promotion d'une pêche durable et réglementée. Parmi les solutions proposées, le renforcement des systèmes de surveillance devrait être accompagné d'une simplification administrative afin de réduire les incitations à l'illégalité. Parallèlement, la mise en place de mécanismes d'incitation économique, tels que des subventions conditionnelles et des programmes de microfinance, pourrait alléger la pression économique incitant à la pêche illégale. Enfin, investir dans l'éducation et la formation professionnelle, en particulier pour les jeunes, constitue une stratégie prometteuse pour une prévention efficace et durable de la pêche INN.

Références bibliographiques

AGNEW Daniel J., PEARCE John, PRAMOD Ganapathiraju, PEATMAN Tom, WATSON Reg, BEDDINGTON John R. et PITCHER Tony J., 2009, « Estimating the Worldwide Extent of Illegal Fishing », *PLOS ONE*, vol. 4, n° 2, p. e4570.

AMEMIYA Takeshi, 1981, « Modèles de réponse qualitative : une enquête », *Journal of Economic Literature*, vol. 19, n° 4, p. 1483-1536.

BELHABIB Dyhia, SUMAILA Ussif Rashid et Le BILLON Philippe, 2018, « Les pêcheries d'Afrique : exploitation, politiques et tendances en matière de sécurité maritime », *Marine Policy*, vol. 101, p. 80-92.

CHUENPAGDEE Ratana et JENTOFT Svein, 2006, « Step zero for fisheries co-management : what precedes implementation? », *Marine Policy*, vol. 30, n° 6, p. 657-668.

CIMMYT, 1993, *L'adoption de la technologie agricole : un guide pour la conception d'enquêtes*, Mexico, Centre international d'amélioration du maïs et du blé.

COMMISSION SOUS-RÉGIONALE DES PÊCHES, 2022, *Rapport annuel sur l'état de la pêche illégale en Afrique de l'Ouest*, Dakar, CSRP.

EMMANUEL Cadei David, 2008, *Quelle connaissance pour quel développement des pêches artisanales ? Une base de connaissance (ontologie CRM CIDOC) pour l'Afrique de l'Ouest*, Versailles, Université de Versailles Saint-Quentin-en-Yvelines.

FAO, 2012, *La situation mondiale des pêches et de l'aquaculture*, Rome, FAO.

FAO, 2020, *Pour un monde libéré : la gouvernance des pêches et de l'aquaculture*, Rome, FAO.

FAO, 2023, *La situation mondiale des pêches et de l'aquaculture 2023*, Rome, Organisation des Nations Unies pour l'alimentation et l'agriculture.

GARCIA Serge M. et GRAINGER Richard J. R., 2005, « Social impact analysis in the policy process for managing fisheries: Investigating the experiences in Southeast Asia », *Marine Policy*, vol. 29, n° 6, p. 493-501.

HALPERN Benjamin S., LONGO Catherine, HARDY Darren, McLEOD Karen L., SAMHOURI Jameal F., KATONA Steven K. et LESLIE Heather M., 2012, « An index to assess the health and benefits of the global ocean », *Nature*, vol. 488, n° 7413, p. 615-620.

HARDIN Garrett, 1968, « La tragédie des biens communs », *Science*, vol. 162, n° 3859, p. 1243-1248.

JENKINS Richard, BHATTACHARYA Debapriya et LUT Thomas, 2015, « Education, equity, and economic development: A literature review », *Social Policy Report*, vol. 29, n° 4, p. 1-27.

KEBE Moustapha, SAMBA Alassane et TOURE Abdoulaye O., *L'ethmalose de l'Afrique du Nord-Ouest*.

KOFFIE-BIKPO Céline Yolande, 2021, « La pêche maritime illégale dans le Golfe de Guinée : enjeux et défis pour les États côtiers », *Revue de Géographie Tropicale et d'Environnement*, n° 1, p. 15-28.

MAKOKHA Mingala, ODERA Henry, MARITIM Henry K. et OKALEBO John R., 2003, « Perceptions des agriculteurs et adoption des technologies de gestion des sols dans l'ouest du Kenya », *African Journal of Agricultural Research*, vol. 1, n° 3, p. 143-150.

METCALFE Kristian, COLLINS Tim, ABERNETHY Katherine E., BOUMBA Roland, DENGUI Jean C., MIYALOU Richard et WITT Matthew J., 2022, « Les connaissances écologiques locales révèlent les tendances temporelles des invertébrés benthiques et indiquent les facteurs des changements observés en Afrique de l'Ouest », *Marine Ecology Progress Series*, vol. 684, p. 47-65.

MUHOLONGU Baraka K., 2006, « Analyse socio-économique des pêcheries artisanales dans la région des Grands Lacs africains », *Revue Africaine des Sciences Sociales*, vol. 4, n° 2, p. 67-89.

NADJE Serge David, 2012, *Évaluation régionale des questions liées à la pêche, défis et opportunités de la région de l'Afrique de l'Ouest : Vers la formulation du cadre de politique et de la stratégie de réforme de la pêche et de l'aquaculture en Afrique*, Union Africaine - Bureau Inter Africain pour les Ressources Animales.

OSTROM Elinor, 1990, *Gouverner les biens communs : l'évolution des institutions pour l'action collective*, Cambridge, Cambridge University Press.

POMEROY Robert, PARKS John, POLLNAC Richard, CAMPSON Tom, GENIO Elizabeth, MARLESSY Carlos, HOLLE Edward, PIDO Michael, NISSAPA Ayut, BOROMTHANARAT Somsak et THU HUE Nguyen, 2007, « Fish wars: Conflict and collaboration in fisheries management in Southeast Asia », *Marine Policy*, vol. 31, n° 6, p. 645-656.

RODRIGUEZ Carlos M., PAGÁN Ricardo et AMAYA Jorge, 2017, « Determinants of poverty dynamics among rural households in Colombia », *Journal of Development Studies*, vol. 53, n° 9, p. 1517-1534.

SMITH Lindsey C., KANESHIRO-PINEIRO Mahealani Y., FERREIRA Sarah et JOHNSON Andrew, 2016, « Social networks and economic opportunities: How social capital affects the livelihoods of small-scale fishers in coastal communities », *Fisheries Research*, vol. 174, p. 86-94.

SMITH Martin D., ROHEIM Cathy A., CROWDER Larry B., 2020, « Sustainability and global seafood », *Science*, vol. 327, n° 5967, p. 784-786.

SOHOU Zacharie, HOUNGUE Georges A. et AHORO Nestor R. A., 2020, « La pêche artisanale face aux défis de la pêche illégale au Bénin : état des lieux et perspectives », *International Journal of Biological and Chemical Sciences*, vol. 14, n° 2, p. 570-585.

SUMAILA Ussif R., EBRAHIM Naazia, SHUHBAUER Anna, 2019, « Updated estimates and analysis of global fisheries subsidies », *Marine Policy*, vol. 109, p. 103695.

WOOLDRIDGE Jeffrey M., 2015, *Introductory econometrics: A modern approach*, Boston, Nelson Education.

GOUVERNANCE DES OCEANS ET CROISSANCE BLEUE

AMENAGEMENT DES RETENUES D'EAU ET PRATIQUES DURABLES DE L'AQUACULTURE A TANTIGOU (TOGO)

Yentougle MOUTORE et Yambanbate LARE

Résumé

L'un des défis à relever en matière d'économie bleue en Afrique est d'accroître la production pour nourrir les populations actuelles et futures. Les pays africains se sont effectivement engagés à travers l'élaboration de la stratégie africaine intégrée pour les mers et les océans-horizon 2050. L'objectif inscrit est de favoriser la création d'une plus grande richesse des océans et des mers par le développement d'une économie bleue florissante et durable. Cependant, les potentialités de l'économie bleue semblent concentrer dans la zone littorale et limite l'approche intégrée. La présente recherche s'est appuyée sur une recherche documentaire, l'enquête par questionnaire et un guide d'entretien réalisé auprès 35 artisans producteurs et transformateurs des produits de pêches du barrage de Tantigou. Il est ressorti les fragilités des infrastructures qui ne permettent pas d'utiliser à leur plein potentiel et durablement les retenues d'eau pour la satisfaction des populations.

Mots clés : aquaculture, barrage de tantigou, économie bleue, pratiques durables, santé nutritionnelle.

DEVELOPMENT OF WATER RESERVOIRS AND SUSTAINABLE AQUACULTURE PRACTICES IN TANTIGOU (TOGO)

Abstract

One of the challenges facing the blue economy in Africa is to increase production to feed current and future populations. African countries have made a commitment to this through the development of the Integrated African Strategy for the Oceans and Seas - Horizon 2050. The stated objective is to promote the creation of greater wealth from the oceans and seas through the development of a flourishing and sustainable blue economy. However, the potential of the blue economy seems to be concentrated in the coastal zone and limits the integrated approach. This research was based on documentary research, a questionnaire survey and an interview guide conducted with 35 artisan producers and processors of fishery products from the Tantigou dam. The research revealed the fragility of the infrastructure, which prevents the reservoirs from being used to their full potential in the long term to the satisfaction of the local population.

Keywords: aquaculture, tantigou dam, blue economy, sustainable practices, nutritional health.

Introduction

Depuis 2016, le Togo s'est engagé dans la promotion des activités maritimes, engagement matérialisé par l'élaboration de sa Stratégie nationale pour la mer et le littoral 2016-2020 (SNML, 2016-2020) avec comme ambition d'inscrire et de conforter les actions de développement du pays dans le cadre d'une vision stratégique de gestion de la mer et du littoral togolais. Cette vision, fondée sur l'accélération des processus transformationnels socio-économiques de l'intégration de l'économie maritime dans l'économie nationale, s'est traduite par le développement d'un cadre institutionnel et organisationnel des activités maritimes entre autres, la création de l'Organisme National chargé de l'Action de l'Etat en Mer (ONAEM), et du Ministère de l'Economie Maritime et de la Protection Côtière (MEMPC). Ce cadre institutionnel et organisationnel riche évolue dans un environnement réglementaire, marqué par l'adoption de la loi de ratification de la charte de Lomé le 15 octobre 2016 dont l'une des lignes de conduite est la promotion d'une économie bleue florissante et durable (SNML, 2016 : 21). Actualisé en 2021, ce référentiel national comporte cinq (05) axes dont le deuxième est « le développement d'une économie bleue » (id : 36). L'un des résultats escomptés de cet axe est le renforcement de la gestion durable des ressources halieutiques par la promotion de l'aquaculture (extrant 6.6. de l'axe 2, op. cit. : 60).
La concrétisation de ce résultat passe inéluctablement par la mise en place d'un mécanisme incitatif pour l'aquaculture. Malheureusement, une analyse de la situation montre que ce cadre incitatif n'est favorable qu'à la zone côtière qui concentre toutes les ressources, infrastructures et potentialités. Pendant ce temps, les régions Nord du Golfe de Guinée en général dont la région des Savanes, font face aux nombreux défis de mobilisation des ressources et infrastructures pour le développement durable du potentiel de l'économie bleue (Nations-Unies, 2020). Dans cette région fortement agricole (65% de la population selon le rapport d'étude de faisabilité piscicole des sites aquacoles de Pansérie, Tantigou et Namoundjoga, 2023), plusieurs retenues d'eau ont été réalisées pendant et après l'époque coloniale grâce au partenariat avec la Banque de Développement pour la Promotion de l'Agriculture

(BDPA), la coopération chino-togolaise (Austin G., 2010). Autour de ces retenues d'eau, dont le but principal était de développer des activités agropastorales et la pêche ont été créées et se développent à travers la pêche artisanale.
Si la promotion de l'économie bleue constitue une priorité nationale, la diversification des activités des populations n'en demeure pas moins : c'est le cas des sites aquacoles de la région des Savanes en général et celui de Tantigou, où des populations riveraines se sont constituées en coopératives de production et de transformation des produits de pêche autour du barrage du Tantigou. Cependant, les populations semblent faire face à une crise permanente, non seulement d'accès à la ressource en eau, mais aussi et surtout aux infrastructures et équipements adéquats de pratique durable de la pisciculture pour répondre à leurs besoins croissants en poisson. Il apparaît que le poisson consommé par ces populations ne répond pas aux critères de la pêche durable. Non seulement les enseignes ne mettent en place aucune politique d'approvisionnement durable, mais aussi les étiquettes obligatoires manquent souvent de mentionner explicitement la dénomination commerciale, le nom scientifique, la méthode de production, la zone de pêche ou du pays d'élevage, la catégorie de l'engin de pêche et éventuellement l'indication « décongelé ». Comment donc promouvoir une aquaculture durable face aux crises d'accès aux facteurs et infrastructures de production afin de renforcer la santé nutritionnelle des populations ?
Pour répondre à cette question dans le cadre de la région des savanes et spécifiquement à Tantigou, nos analyses s'appuient essentiellement sur la théorie de la prévision en économie des ressources naturelles de G. Gaudet (1984) et celle de l'économie de l'environnement et des ressources naturelles de F. Gilles et al. (2016). La première attire notre attention sur le caractère épuisable et non renouvelable de certaines ressources en situation de surexploitation comme le cas des retenues d'eau pour aider à réfléchir aux mécanismes de conservation et de protection de l'infrastructure. La seconde théorie nous aide à aborder les risques sur les infrastructures, non en termes de surconsommation, mais des défis environnementaux contemporains qui pourraient impacter négativement la durabilité de l'infrastructure. Les changements climatiques ont sans doute des impacts considérables sur les espèces animales et végétales. L'analyse de leur impact sur les retenues d'eau de Tantigou et sur les pratiques aquacoles dans la localité offre des perspectives de réponses sur les bonnes pratiques durables

pour la préservation de l'infrastructure. Elle permet de combiner à l'analyse des facteurs explicatifs du changement climatique, les pratiques traditionnelles de protection environnementale, et surtout analyser les techniques traditionnelles de pratiques de l'aquaculture.

1. Cadres physiques et méthodologique

Tantigou-Barrage, zone péri-urbaine à l'ouest de la ville de Dapaong (région des Savanes) doit son nom à la retenue d'eau construite en 1963, au lendemain de l'indépendance du Togo. Au départ, c'est un bassin qui avait été aménagé par les "assistants" chinois à des fins agricoles, notamment pour la culture du riz (figure n°3). L'étendue du bassin situé en aval du barrage comme présenté sur la figure n°4 est estimée à environ cent hectares, et ouverte aux populations qui l'exploitent notamment pour les cultures maraichères (Karouwe M., 2018).

Figure 1 : Présentation générale du site   Figure 2 : périmètre aménageable

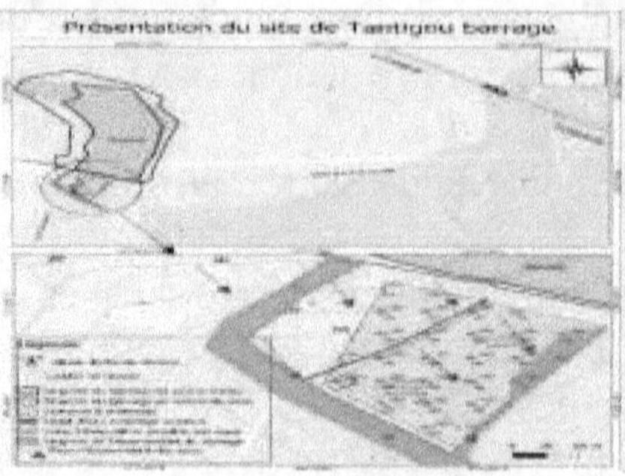

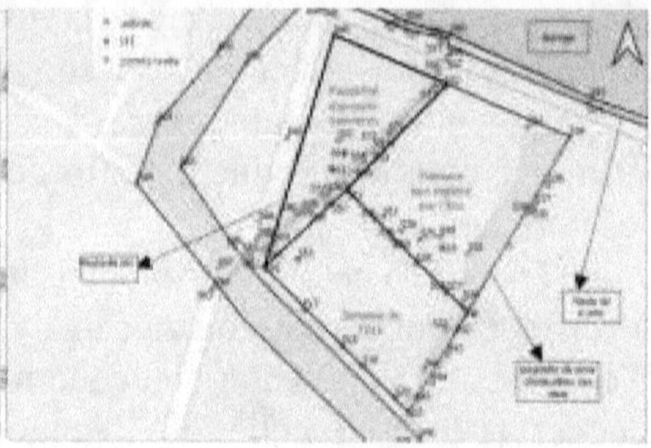

Source : SAMANE Y. Kanfitine, février 2023.

Son environnement est constitué du bassin versant, du barrage (la cuvette) et du périmètre aménageable. Le barrage de Tantigou est un plan d'eau permanent d'une superficie de 24 ha (photo n°2). Son bassin versant couvre une superficie de 1 673 ha (photo n°1). Autour du barrage, le sol est sablo-limoneux en surface et argileux en profondeur (FAO, 2014). La structure et la texture du sol ainsi décrites sont très favorables à l'aménagement (Photo n°3) de projets piscicoles en étangs. La superficie du barrage et la profondeur de l'eau (2 mètres) permet de faire une production piscicole en cages. Les clichés ci-dessous présentent, de la gauche vers la droite, le bassin versant, la cuvette et son périmètre aménageable.

Photo n°1 **Photo n°3** **Photo n°2**

Source : Samane Y. K., février 2023.

Tantigou est un quartier de la ville de Dapaong. Dapaong compte 144 711 habitants soit 68,34% de la population de la commune de Tône 1 (INSEED, 2022). De par sa position géographique et ses propriétés territoriales, la majorité de la population est agricole et il s'y développe très rapidement le commerce ces dernières années. La population de Dapaong est donc la première consommatrice des fruits de l'aquaculture dans le barrage de Tantigou. C'est ce qui justifie que pour appréhender le sujet dans sa pluralité, la recherche s'est appuyée tant sur la recherche documentaire que sur un questionnaire semi-structuré et un guide d'entretien. Le questionnaire semi-structuré a porté sur un échantillon non représentatif de 35 acteurs membres des coopératives de production et de transformation des produits de pêche sur le site du barrage de Tantigou.

Graphique 1 : répartition des enquêtés selon leur sexe et leur statut professionnel dans le secteur de la pêche

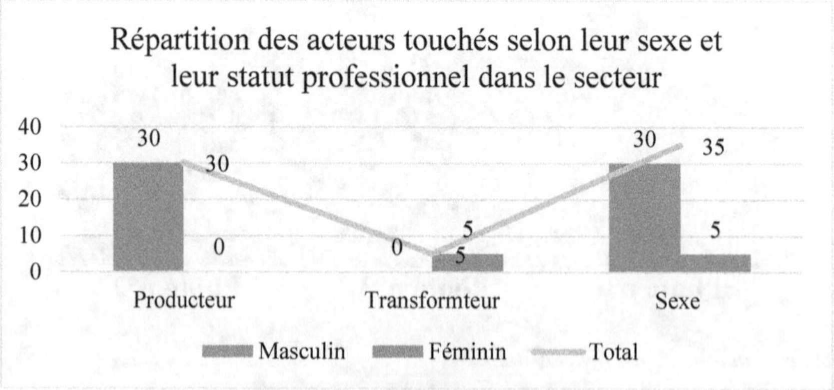

Khi deux=35 dd=1 p=0,00

Source : enquête de terrain, août 2024

Les données du graphique 1 mettent en évidence deux catégories d'acteurs engagés dans le secteur de la pêche dans la Commune de Tône 1 et particulièrement sur le site de la retenue d'eau de Tantigou, champ de notre recherche : il s'agit des producteurs et des transformateurs. Ces données indiquent que le statut de producteur est exclusivement réservé aux hommes (30 producteurs) tandis que le volet transformation et commercialisation est l'activité de prédilection des femmes (5 transformatrices). Le test khi deux avec le p= 0,00 met en exergue l'engagement des hommes dans le prélèvement au détriment des femmes qui s'offrent le rôle de transformateur et de commerçant des produits de pêche. Il en résulte une répartition sexuelle de travail dans le secteur aquacole en général et au niveau du site de Tantigou en particulier.

Graphique 2 : répartition des enquêtés selon leur âge et leur statut matrimonial

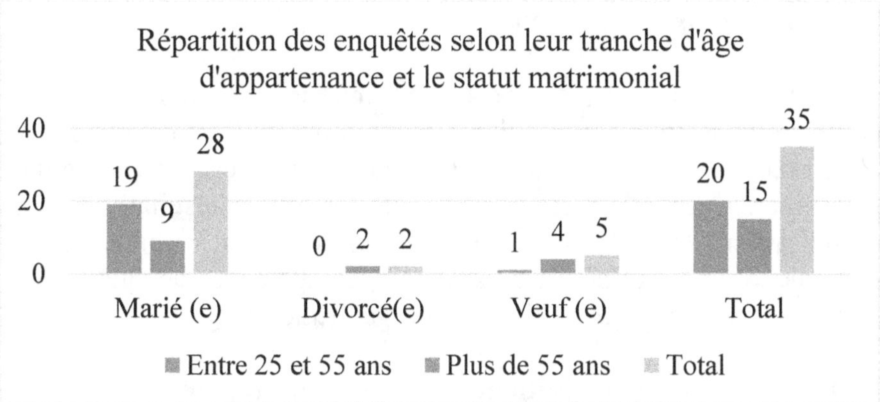

Khi deux=6,796 dd=2 p=0,03

Source : enquête de terrain, août 2024

En considérant le statut matrimonial de nos enquêtés, les statistiques du graphique 2 ci-dessus, ressortent que, sur l'ensemble des acteurs engagés dans le secteur de pêche, 80% sont mariés. Les veufs (ve) et les divorcés représentent respectivement 14% et 6% de la population. Sur l'ensemble de cet échantillon, 57% des acteurs sont âgés entre 25 et 55 ans contre 43% personnes âgées de plus de 55 ans. Cette activité intéresse relativement les personnes âgées que les jeunes mêmes si le test khi deux n'établit aucun lien entre ces variables.

La méthode qualitative a permis d'approfondir les résultats quantitatifs à travers les entretiens individuels réalisés auprès des personnes ressources dont les membres du conseil communal, les responsables des services techniques de la Mairie en charge de la gestion des ressources naturelles notamment les responsables des services déconcentrés de l'Etat (Direction régionale de l'agriculture, ICAT, la Direction régionale de l'environnement, celle du Commerce, etc.) des responsables de la société civile, des membres de Comité de Développement de Quartiers (CDQ) et des chefs quartiers. Les informations ont été préalablement enregistrées, puis transcrites en utilisant une analyse thématique de contenu à l'aide du processus de codage déductif conformément à la méthode de traitement des informations qualitatives. Leur contenu a été analysé afin de mieux ressortir les défis et enjeux contemporains des pratiques durables de la pisciculture.

1.1. Résultats et discussion

Dans cette section, il est question de ressortir les défis et enjeux contemporains des pratiques durables de la pisciculture dans la région des Savanes en général et sur le site de la retenue d'eau de Tantigou en particulier. Ces défis résident à la fois, selon les résultats, dans la mobilisation des ressources et des facteurs de production, la construction des infrastructures et des équipements adéquats, sans oublier ceux d'ordre institutionnel et organisationnel.

1.1.1 Des défis institutionnels et organisationnels du secteur aquacole

L'un des défis majeurs identifiés par la Stratégie Nationale pour la Mer et le Littoral (SNML 2021-2030) est la coopération des acteurs. Si la signature des accords et conventions internationaux dans le domaine maritime est une réalité au Togo, le cadre institutionnel et organisationnel suscite débats. Dans le cadre de la présente recherche l'analyse du cadre institutionnel et organisationnel du secteur de pêche portent sur le niveau de connaissance de ce cadre par les acteurs engagés et leur structuration.

Graphique 3 : répartition des enquêtés selon leur niveau de connaissance du cadre institutionnel

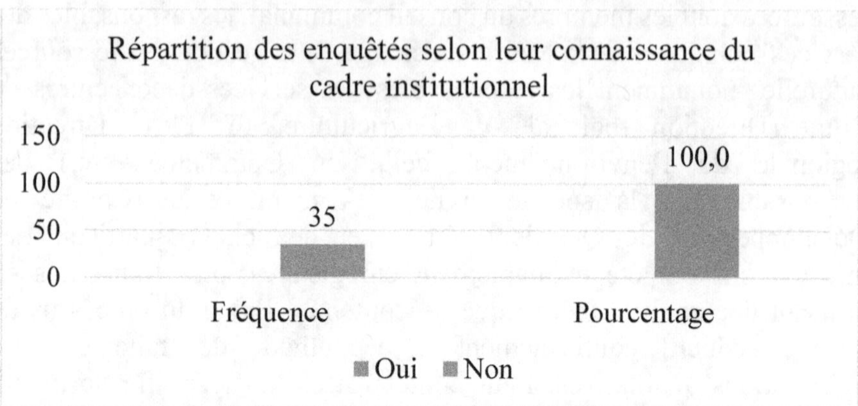

Source : enquête de terrain, août 2024

Les données de ce graphique montrent qu'en dépit de l'adhésion du Togo aux accords et conventions internationaux, le cadre institutionnel est méconnu des acteurs locaux. En effet, tous les enquêtés, acteurs du prélèvement des produits de pêche de la retenue de Tantigou, déclare ignorer l'existence des institutions publiques en charge de l'aquaculture. Si tel se présente le niveau de maitrise du cadre institutionnel du secteur de la pêche, qu'en est-il de la connaissance de la stratégie nationale de la Mer et de Littoral, des textes qui le régissent sans oublier la place qu'elle occupe dans les priorités nationales ? A l'instar des institutions en charge du secteur de la pêche, la SNML est assez méconnue des acteurs locaux, surtout ceux de la retenue d'eau de Tantigou engagés dans ce secteur potentiel de croissance économique. Tous les enquêtés affirment en effet n'avoir aucune connaissance de l'existence de la stratégie nationale de la Mer et du Littoral. Elle reste et demeure à ce stade un document exclusif aux acteurs de l'administration centrale et des acteurs autour de la mer. On peut y lire une absence ou un déficit de communication entre l'administration centrale au vu de l'absence de plan de communication et d'information après l'adoption du document.
L'analyse du niveau de connaissance des acteurs de la production aquacole intervenant sur le site de Tantigou dans la Commune de Tône 1, révèle que 65,7% affirment n'avoir pas connaissance des textes du secteur de pêche contre 34,7% qui disent en avoir connaissance. De ces données, il ressort que la majorité des membres de coopératives de prélèvement et de transformation des produits de pêche sur le site de la retenue d'eau de Tantigou ignore le contenu des textes qui régissent leur secteur. Ceci pose le même problème de l'absence d'un plan de communication permanent pour les différents acteurs de prélèvement et de transformation des produits de pêche. On constate, en effet, que les acteurs ayant connaissance des textes, sont les anciens exploitants qui ont participé au moins une fois à une séance d'information et de sensibilisation ; tandis que les nouveaux usagers n'en ont pas connaissance. L'exploitation de la zone n'étant pas astreinte à une accréditation rigoureuse et soignée. L'une des faiblesses des politiques publiques togolaises résident dans leur opérationnalisation.
En effet, on constate qu'à la fois, la faible vulgarisation des textes, l'absence d'un plan de communication et la crise de déconcentration du secteur de pêche constituent les principales raisons de la méconnaissance des textes de la filière halieutique. Par ailleurs, les problèmes se posent également au niveau de leur vulgarisation et au

faible maillage institutionnel du secteur. Enfin, se pose un problème lié au plan de communication qui est la conséquence de la faible déconcentration du secteur matérialisée par l'absence des structures de relais en l'occurrence la Direction régionale de l'élevage et celles en charge de la pêche. Les défis institutionnels induisent des défis infrastructurels et de mobilisation comme le détaille la section suivante.

1.1.2 Défis infrastructurels et de mobilisation des facteurs de production

L'analyse des potentialités infrastructurelles et d'équipements des acteurs du site est intéressante pour évaluer le niveau de développement de la pisciculture à Tantigou. Aussi, est-il important d'apprécier les atouts du site en termes de disponibilité des facteurs de production et leur incidence sur les rendements.

Il ressort de l'enquête que tous les acteurs touchés confirment la disponibilité des facteurs de production notamment la ressources en eau, la terre, les infrastructures et les équipements. Ces données illustrent que la région des Savanes en général et le site de Tantigou disposent des potentialités en termes de facteurs de production pour le développement des pratiques de pisciculture. Il apparait, pour la totalité des acteurs touchés, que ces facteurs de production qui constituent des potentialités ne sont tout de même pas permanents. Pour un enquêté :

> *au début l'eau du barrage-là était très pleine. Elle débordait même en saison pluvieuse occasionnant des dégâts. Malheureusement, depuis un certain moment, l'eau ne reste plus. Cela ne suffit ni aux pratiquants de la riziculture, aux maraichers encore moins nos amis qui pratiquent la pêche. Ils ont fait le curage à plusieurs reprises mais les travaux n'ont pas été conduit avec sérénité. Moi, je pense que ce sont ces travaux qui ont même aggravés la situation : le barrage tarit déjà en mars-avril* (responsable du comité de développement du quartier, août 2024).

C'est ce que confirme un autre enquêté en ces termes :

> *Depuis un certain moment, nous nous querellons ici avec les autres riverains. L'eau ne suffit pas. Les riziculteurs et les maraichers ouvrent en désordre la vanne et l'eau part. Quand tu veux parler, ils disent qu'ils ont loué l'espace et ils payent. C'est*

> *toujours des conflits. Il n'y a qu'une petite superficie qui appartient à l'ICAT. Le reste c'est pour les anciens propriétaires. L'Etat a laissé que les gens se sont réappropriés l'espace. Quand nous sollicitons la réalisation d'infrastructures d'eau notamment les forages et étangs piscicoles, on nous demande où on veut mettre ?* (Responsable de coopérative de pêcheurs)

De tels propos confirment les difficultés d'accès des producteurs au peu de facteurs de production existant pour améliorer les pratiques aquacoles autour du barrage de Tantigou. Pour comprendre ces difficultés, il faut monter plus loin pour analyser les principales infrastructures de production, leur adéquation aux ambitions des usagers.

En effet, si les facteurs de production existent, la problématique de leur accès permanent constitue de véritable goulot pour la pratique durable de l'aquaculture à Tantigou, la seule et principale ressource de production est la retenue d'eau. Les difficultés s'observent en termes de dysfonctionnements et résident à la fois dans la rupture de l'eau, l'exposition à la pollution et la forte demande d'énergie ou encore au tarissement du bassin de rétention. C'est ce que confirme les propos de cet enquêté :

> *Notre problème c'est l'insuffisance de l'eau. C'est la même eau que les jardiniers utilisent, les cultivateurs du riz. Parfois, ils utilisent même leur pesticide, qui détruisent ou empoissonne les poissons. Nous sommes obligés à chaque fois de les sensibiliser mais ils continuent par polluer l'eau. Voilà pourquoi nous n'arrivons plus avoir assez de poisson* (Membre de coopérative).

Si la disponibilité des facteurs de production, des infrastructures de production et leur capacité de satisfaction de la demande des pêcheurs constituent des déterminants qui fragilisent la productivité des produits halieutiques, la disponibilité et la performance des équipements mobilisés n'en demeure pas moins. On peut anticiper la lecture sur les difficultés de production des producteurs dans le domaine. Les différents enquêtés disent utiliser les filets, les balances, les hameçons et autres outils traditionnels pour le prélèvement et la commercialisation des produits de pêche. A l'instar de leurs perceptions sur les équipements mobilisés, leur niveau de performance à la fois rudimentaire, d'usure rapide, source de pollution de l'eau et assez pénible dans leur usage. La totalité des acteurs estiment que le matériel servant de prélèvement n'est pas performant comme le relate cet enquêté :

> *Nous n'arrivons pas à satisfaire les clients, non seulement du fait de l'absence de l'eau, mais aussi nos équipements sont vieux et ne facilitent pas le prélèvement. Par exemple, pour le petit poisson, il nous faut des filets assez fins et bien fournis. Malheureusement, nous utilisons les filets troués, déchirés à cause de manque de moyen. Aussi, c'est depuis le Sud que nous nous approvisionnons* (membre d'une coopérative).

De tels propos illustrent les difficultés rencontrées par les membres de coopératives de pêche du barrage de Tantigou et leur incidence sur la satisfaction de la demande locale. L'analyse de la capacité de production, de la rentabilité et de la résilience socioéconomique de l'activité de pêche autour du barrage de Tantigou permet d'apprécier la valeur ajoutée de cette activité sur les personnes qui l'exercent. Cette section identifie les types de poisson prélevé, la quantité, leur valeur monétaire et les besoins socioéconomiques auxquels cette activité satisfait au sein des ménages qui y sont engagés.

Graphique 8 : répartition des enquêtés selon les types de poissons prélevés sur le site

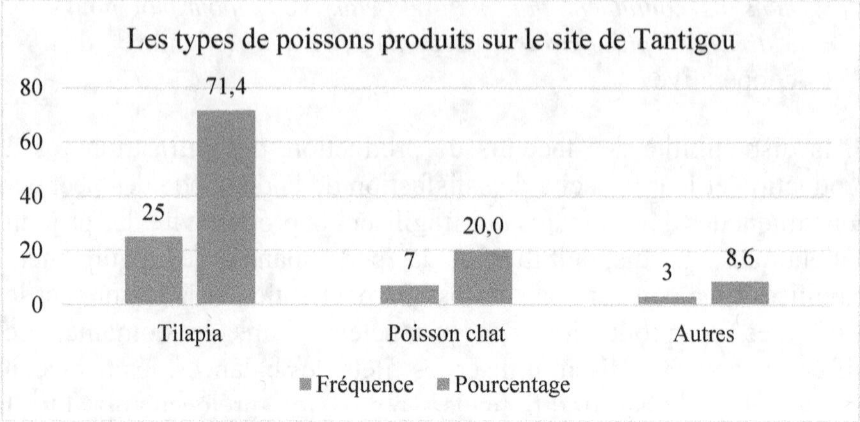

Source : enquête de terrain, août 2024

Sur le site aquacole de Tantigou, deux principaux types de poisson sont disponibles : il s'agit du tilapia et du poisson chat. Sur l'ensemble de l'échantillon 71,4% des enquêtés disent qu'ils prélèvent le plus souvent le tilapia contre 20% pour qui le poisson-chat est leur produit de pêche le plus régulier et 8,6% d'entre eux qui découvrent d'autres variétés de poisson notamment les silures. Il ressort que sur ce site, les deux principaux produits de pêche qui prospèrent et qui abondent sont les tilapia et le poisson chat.

La totalité des personnes touchées par la présente recherche estiment qu'ils prélèvent en moyenne 15 kg de poisson sur le site avec un prix vente de 1000[1] FCFA par kg. Il apparait que, du fait des difficultés résultantes de l'insuffisance des facteurs de production notamment l'eau, d'infrastructures, d'équipements et d'autres contingences institutionnelles soulevées plus haut, la capacité de prélèvement est relativement basse.

En faisant le rapport entre le nombre de personnes touchées et la quantité produit par individu, l'on établit une estimation d'environ 450 kg en moyenne par saison de collecte pour une population de 144 711 habitants soit 0,003 kg de poisson par habitant contre une moyenne de 20,7 kg en Europe et 16,4 kg dans le monde (FAO, 2005). Pour atteindre l'autosuffisance alimentaire en produits de pêche pour ne serait-ce que la ville de Dapaong, sur la base de la moyenne établi par l'organisation des nations-unies pour l'alimentation et l'agriculture, il faut espérer une production annuelle d'au moins 2 373 260 kg de poisson comparativement au 450 kg prélevé à ce jour.

L'évaluation du gain monétaire des producteurs des produits de pêche aujourd'hui est de 450 000 FCFA à raison de 30 000 FCFA par membre par an soit un revenu mensuel de 2500FCFA par mois par préleveur ou transformatrice. Ce qui parait assez insuffisant et qui conduit ce pêcheur à s'exprimer en ces termes : « Notre production ne satisfait même pas le quart de la clientèle. C'est seulement en janvier et décembre que le poisson abonde. Après ces deux mois, il n'y a plus de poisson à cause du manque d'eau ». (Membre de la coopérative de pêcheurs de Tantigou). Il est donc évident que l'organisation de cette activité à

[1] Environ 1,56 dollars US

travers le renforcement de la chaine de production constituerait une plus-value pour l'émergence d'une économie locale bleue.

Qu'ils soient producteurs ou transformatrice des produits de pêche, la totalité des enquêtés affirment que cette activité pourrait leur permettre de satisfaire à la fois les besoins éducationnels, sanitaires, nutritionnels et agricole de leur ménage si les conditions étaient réunies comme le note cet enquêté :

> *la mise à notre disposition des forages ou des étangs piscicoles pour supplier le problème de tarissement du barrage sans oublier la fourniture des allevains peut nous permettre de vivre de cette activité et de satisfaire la demande sans cesse croissante. Les gens prennent de plus en plus goût de nos produits. Malheureusement, la production est saisonnière et exposée à beaucoup d'aléas. Quand nous vendons à nos clients, le reste nous consommons en famille. Au cours de cette période nos enfants ne souffrent pas de malnutrition. Surtout que c'est le poisson d'eau douce. C'est très bon. Je paie toujours l'écolage de mes enfants en janvier et en décembre avec ce que je gagne de la pêche* (Un des responsables des pêcheurs de Tantigou).

De tout ce qui précède, il ressort que la pratique de la pêche, bien que confrontée à un certain nombre de goulots d'étranglement qui fragilisent durabilité, est rentable et participe à la résilience socioéconomique des acteurs qui y sont engagés quoique la pratique de la pêche est devenue une seconde activité pour eux et pas la principale vu le faible rendement économique produit. La levée de ces goulots d'étranglement constitue à la fois des défis et enjeux de promotion d'une économie bleue locale. L'ensemble des éléments d'analyse parvient à montrer que le secteur de la pisciculture est moins promu dans la région des Savanes et particulièrement sur le site de Tantigou malgré les potentialités et la valeur ajoutée de ce secteur.

Les résultats de cette recherche confortent les convictions de G. Gaudet (1984) et Gilles F. et al. (2016) pour qui les ressources naturelles génèrent une économie. En effet, en tant que ressource épuisable et non renouvelable exposé constamment aux contingences du changement climatique, la disponibilité et la permanence de la ressource en eau, véritable catalyseur de la production et de la productivité, se présente comme un facteur limitant la promotion de l'aquaculture sur le site de Tantigou. En l'absence de l'application de l'environnement et des ressources naturelles, la gestion de ce site en plus de ne pas être une priorité nationale, est fragilisée par une gouvernance incontrôlée parfois source de conflits latents entre les riverains constitués de riziculteurs, de maraîchers et de pisciculteurs avec des intérêts divergents en matière d'usage de la seule ressource. A l'image du charbon (H J. Barnett et C. Morse :1963), la ressource en eau se raréfie sur le site de Tantigou mettant en évidence les défis environnementaux, de croissance économique et de réduction des inégalités d'accès aux facteurs de production halieutique auxquelles sont confrontés les populations défavorisées des régions nord du Golfe de Guinée en général et celles de la région des Savanes du fait de leur position géographique.

Conclusion

La présente recherche visait à identifier les défis qui fragilisent la promotion d'une aquaculture durable dans les régions Nord du Golfe de Guinée en général y compris la région des Savanes à travers l'exemple du site aquacole de Tantigou. Il ressort de l'analyse une déficience à la fois des facteurs de production, des infrastructures et équipements sans oublier les aspects de gouvernance institutionnelle et organisationnelle du secteur. A titre illustratif, on note que la retenue d'eau de Tantigou est la seule source et infrastructure de prédilection dans la pratique de la pisciculture. Or, cette dernière est exposée à un multiusage et aux effets de pollution environnementale avec l'utilisation des pesticides par les maraîchers et les riziculteurs : ce qui dépeuple le réservoir en produits de pêche notamment le tilapia, le poisson-chat et les silures qui constitue le parc aquatique du barrage.
A propos de la résilience socioéconomique des acteurs engagés dans ce secteur, il ressort que ces produits de pêche pourraient leur permettre à la fois de satisfaire les besoins éducatifs, sanitaires, nutritionnels et agricoles, si les conditions et les facteurs étaient améliorés. En sommes, les défis identifiés liés aux facteurs, aux infrastructures et équipements de production sont entre autres l'extension du bassin de rétention de la retenue d'eau, le renforcement des capacités des acteurs, la construction des étangs piscicoles, la facilitation d'accès aux financements et la réalisation des forages de relais pour assurer la durabilité dans la production.

Références bibliographiques

AUSTIN Gareth, 2010, "Développement économique et legs coloniaux en Afrique", *International Development Policy | Revue internationale de politique de développement* [Online], 1 | 2010, Online since 11 March 2010, connection on 24 February 2025, URL : http://journals.openedition.org/poldev/135

DIRECTION DE LA PECHE ET DE L'AQUACULTURE, 2014, *Plan de Développement de l'Aquaculture au Togo*.

DIRECTION DES STATISTIQUES AGRICOLES, DE L'INFORMATIQUE ET DE LA DOCUMENTATION (DSID) - MINISTERE DE L'AGRICULTURE, DE L'ELEVAGE ET DE LA PECHE (MAEP) /Togo, 2021, « Etude sur la consommation alimentaire au Togo », FAO Doc. Tech. Pêches, (255).

DIRECTION FAUNE CHASSE, 2011, *Dénombrement des oiseaux d'eau sur les sites potentiels*.

DIRECTION GENERALE DE L'EAU ET DE L'ASSAINISSEMENT, 2009, *Etude de faisabilité des forage manuels au Togo ; identification des zones potentiellement favorable*.

DIRECTION GENERALE DES STATISTIQUES ET DE LA COMPTABILITE NATIONALE, 2011, *Recensement général de la population et de l'habitat*, Résultats définitifs. Lomé.

DIRECTION GENERALE DU PLAN ET DU DEVELOPPEMENT, 2012, *Atlas du Développement Régional du Togo*.

FOOD AGRICULTURAL ORGANIZATION, 2007, *Profil de la pêche par pays*, FAO-FishStat., 2012, Statistiques des pêches, Togo

FOOD AGRICULTURAL ORGANIZATION, 2009, *The state of World fisheries and aquaculture*, Rome.

FOOD AGRICULTURAL ORGANIZATION, 2012, « La situation mondiale des pêches et de l'aquaculture ». Rome, Italy. http://www.fao.org/docrep/016/i2727f/i2727f00.htm.

FOOD AGRICULTURAL ORGANIZATION, 2014, Projet TCP/TOG/3401, « Appui à l'élaboration de la carte des potentialités aquacoles du Togo ».

FOOD AGRICULTURAL ORGANIZATION, 2014, Projet TCP/TOG/3401, « Atlas des zones à haut potentiel aquacole du Togo ».

FOOD AGRICULTURAL ORGANIZATION, 2019, « Projet UTF/TOG/017/TOG - Renforcement par des AGR de la résilience des femmes et des jeunes de la zone littorale du Togo face au Changement climatique ».

GIRARD Olivier, 1998, *Echassier, Canard et Limicoles de l'Ouest Africain* ; Castel Edition 2A du Pas du Bois ; BP : 082485 118-85-128 le Château d'Olonne.

KESTEMONONT Patrick, 2003, « systèmes de production aquacole,

systèmes semi-intensifs et intégrés » – notes de COURS de DEA en aquaculture.
LARDINOIS Paul et Janssen Johnson, 1990, « étude de faisabilité d'une station privée de production d'alevins de carpe commune à Madagascar », FAO/PNUD doc. Tech., Pêche.
MELARD Claude, 2003, « Systèmes de production en aquaculture, système intensifs » – notes de cours DES Aquaculture, ULg – CEFRA.
MICHA Jean Claude, 2002, « rapport étude diagnostic des lagunes de Lomé, Togo ».
MILLETTE Millette et VIEILLEFON Jacques et SANT'ANNA Pedro et Koffi De La Tour, « Les sols de la région Maritime et de la région des savanes », Vol II.
NATIONS-UNIES, 2020, Stratégie de Partenariats et de Mobilisation des ressources, Financement des ODD et du Cadre de Coopération 2021-2025
NEW Mark, 1985, « Production de crevettes d'eau douce, manuel d'élevage de *Machrobrachium rosenbergii »,* FAO doc. Tech., Pêche (225).
SESSI Koffi, 2002, « Les zones humides les plus importantes du Togo » (document provisoire), en collaboration avec la Direction des Parcs Nationaux, des Réserves de Faune et de Chasse, ministère de l'Environnement et de la Production Forestière.

LA COMMUNICATION AU SERVICE DE LA PLANIFICATION SPATIALE MARITIME AU TOGO

Mouncaïla Napo GNANE

Institut des Sciences de l'Information, de la Communication et des Arts (ISICA) de l'Université de Lomé (UL)

Résumé

La planification spatiale maritime (PSM) se présente aujourd'hui comme une alternative pour réduire les conflits entre les activités humaines (activités portuaires, transport maritime, pêche industrielle et aquaculture, tourisme côtier, pose de câbles sous-marins…) et la santé des écosystèmes marins. Dans ce sens, notre réflexion vise à explorer les opportunités qu'offre la communication pour relever les défis liés à l'élaboration et à la mise en œuvre de la planification de l'espace marin et côtier qui se met progressivement en place au Togo. En exploitant un corpus documentaire et des données des entretiens individuels semi-directifs menés avec des acteurs clés de la PSM au Togo, il ressort de notre réflexion que dans la mise en œuvre opérationnelle de la PSM au Togo, la communication devra jouer un rôle central. En effet, la communication pourra servir d'outil d'une bonne gouvernance et d'intégration des parties prenantes de la PSM. La communication se présente également comme un puissant moyen de gestion des conflits d'usage pour un consensus sur l'utilisation de l'espace maritime. Dans ce sens, elle servira d'une part de moyen de facilitation d'accès à l'information et de partage des connaissances, et d'autre part de moyen de sensibilisation et d'éducation des acteurs du milieu marin et côtier de sorte qu'ils parviennent à acquérir une compréhension commune des problématiques en jeu afin de minimiser les obstacles liés à la mise en œuvre de la PSM au Togo.

Mots clés : action communicative, conflits d'usage, économie bleue, planification spatiale maritime, Togo.

COMMUNICATION INTHE SERVICE OF MARITIME SPATIAL PLANNING IN TOGO

Abstract

Today, marine spatial planning (MSP) is emerging as an alternative for reducing conflicts between human activities (port activities, maritime transport, industrial fishing and aquaculture, coastal tourism, underwater cable laying, etc.) and the health of marine ecosystems. In this sense, our reflection aims to explore the opportunities offered by communication to meet the challenges associated with the development and implementation of marine and coastal spatial planning, which is gradually being put in place in Togo. Drawing on a corpus of documents and data from individual semi-structured interviews conducted with key players in MSP in Togo, we concluded that communication should play a central role in the operational implementation of MSP in Togo. Indeed, communication can serve as a tool for good governance and integration of MSP stakeholders. Communication is also a powerful means of managing conflicts of use, to achieve consensus on the use of maritime space. In this sense, it will serve on the one hand as a means of facilitating access to information and knowledge sharing, and on the other hand as a means of raising awareness and educating stakeholders in the marine and coastal environment so that they manage to acquire a common understanding of the issues at stake in order to minimize the obstacles linked to the implementation of MSP in Togo.

Keywords: communicative action, usage conflicts, blue economy, maritime spatial planning, Togo.

Introduction

Selon les Nations Unies [1], l'océan couvre plus de 70 % de la planète. Elle constitue notre source de vie en soutenant la subsistance de l'humanité entière et celle de tous les autres organismes sur terre. L'importance économique et géostratégique des mers et des océans est une évidence. En effet, les océans et les mers recèlent un large potentiel de richesse, de croissance économique et d'innovation technologique. Ils constituent également un enjeu central dans la lutte contre le changement climatique en considérant leur rôle dans les transports de chaleur de l'équateur vers les pôles, leur action dans le cycle du carbone et l'impact de l'acidification qui en résulte… (G. Du Cheyron, 2023).

De ce fait, il en découle que la mer et les océans jouent un rôle essentiel pour la vie sur terre. Y accéder est très vital pour un pays au regard de nombreuses richesses qu'ils regorgent et en raison de nombreuses activités qu'ils génèrent. Leur bonne exploitation est un enjeu stratégique pour le développement socioéconomique. C'est à ce titre que depuis 1992, au sommet de la terre à Rio, la journée du 8 juin a été retenue comme journée mondiale de l'océan, pour sensibiliser sur son rôle crucial dans notre vie et pour notre économie et notre société en

[1] https://www.un.org/fr/observances/oceans-day. Consulté le 30 décembre 2024.

général. D'où l'apport stratégique de la communication pour cerner les contours de la mise en œuvre de la PSM.

Toutefois, les mers sont confrontées à des pressions croissantes remettant en cause la durabilité de ses ressources et la préservation de son écosystème. En effet, comme le souligne C. Lefebvre (2011), on assiste à un processus d'occupation et d'utilisation progressive de l'espace naturel littoral et marin lié au développement des activités humaines. Ce phénomène a pour conséquence la disparition d'un patrimoine culturel et naturel spécifique. La diminution ou les trop grands apports nutritionnels et biologiques à la mer côtière affectent les ressources marines. La mangrove, les récifs coralliens et les lagunes disparaissent et avec elles, de nombreuses pratiques et savoirs traditionnels de gestion côtière.

L'espace maritime du Togo qui fait partie du golfe de Guinée est confronté à des risques environnementaux (érosion et pollution), au défi de la disponibilité de la cartographie des ressources naturelles existantes dans l'espace maritime togolais, au problème de délimitation juridique des frontières effectives de l'espace, au problème de gouvernance de l'espace, aux conflits d'usage entre différents acteurs et à des défis sécuritaires (Y. Simtagna et K. Agbeyadzi, 2023).

Il est néanmoins possible de conjuguer l'exploitation de la mer pour assurer le développement économique des pays et la préservation de son écosystème grâce à la planification de son espace. En effet, la planification spatiale maritime (PSM) ou encore la planification de l'espace maritime (PEM) offre aux pays un cadre opérationnel pour préserver la valeur de leur biodiversité marine tout en permettant une exploitation durable du potentiel économique de leurs océans. En substance, la PEM est une approche qui permet de concrétiser des éléments essentiels de la gestion écosystémique des zones marines (UNESCO, 2020). Elle se présente aujourd'hui comme une alternative pour, comme le diraient M. Bonnin et S. Lanco Bertrand (2023), réduire les conflits entre les activités humaines (activités portuaires, transport maritime, pêche industrielle et aquaculture, tourisme côtier, pose de câbles sous-marins…) et la santé des écosystèmes marins.

Au Togo, malgré les promesses de la PSM, au regard de la solidité de sa construction théorique, sa mise en œuvre opérationnelle s'annonce complexe (L. B. Penn, 2024). En effet, très généralement, la mise en œuvre des PSM en Afrique fait face à de nombreux défis notamment des conflits d'usages, la faible participation des parties prenantes, la mise en place d'une gouvernance coordonnée, harmonisée et inclusive, l'accès et le partage des données, informations et connaissances entre différents acteurs, le manque de ressources financières, la faiblesse des cadres institutionnels et juridiques…

Il s'agit, pour le Togo, comme de nombreux pays africains, de relever le défi consistant à assurer une mise en œuvre opérationnelle de sa PSM dans le but de conjuguer le développement d'activités en mer et sur le littoral avec les besoins de préservation des écosystèmes marins. Et quand on sait que la communication peut jouer un rôle de levier dans une perspective de développement socio-économique et de changement social (J. Servaes, 1999), on se demande quel pourrait être son apport dans cette dynamique de la PSM.

C'est dans la perspective d'une réponse à ce questionnement que s'inscrit notre réflexion dont l'objectif est d'explorer les opportunités qu'offre la communication pour relever les défis liés à l'élaboration et à la mise en œuvre efficace de la planification de l'espace marin et côtier au Togo. L'idée étant de mettre en débat des enjeux de la communication dans un contexte togolais où des initiatives de planification de l'espace maritime se mettent progressivement en place.

Pour mener à bien cette réflexion, nous nous référons à plusieurs théories. Il s'agit de la théorie des systèmes sociaux (N. Luhmann, 2011), de la théorie de l'agir communicationnel (J. Habermas, 1987) de la théorie de la communication managériale (M. Imbert, 2015), de la communication dialogique (J. Bres, 2005) et celle de la théorie de la gestion des conflits (M. P. Follet, 2002).

Sur le plan méthodologique, l'analyse se base sur l'exploitation d'un corpus documentaire et des données des entretiens individuels semi-directifs menés avec quatre (04) acteurs clés de la PSM au Togo (Haut conseil pour la mer, opérateurs économiques de la zone portuaire, Ministère en charge de l'économie maritime et de la protection côtière). Les données collectées sur le terrain ont fait l'objet d'une analyse de contenu pour nourrir la réflexion.

La présente réflexion est structurée autour de deux principaux axes. Dans un premier temps, il s'est agi d'aborder les enjeux et défis de la PSM en Afrique et au Togo et dans un second temps, d'analyser le rôle de la communication comme catalyseur de l'élaboration et de la mise en œuvre de la PSM au Togo.

1. Enjeux et défis de la planification de l'espace maritime en Afrique

Autant une bonne exploitation de la mer et de ses ressources assure le développement socioéconomique des pays, autant des écosystèmes maritimes sont mis en danger par des systèmes d'exploitation non durables de la mer et de ses ressources. En effet, comme le souligne l'UNESCO (2020), au cours des vingt (20) prochaines années, les activités humaines auront considérablement augmenté dans de nombreuses zones de l'océan. Les utilisations traditionnelles, telles que le transport maritime, l'extraction de sable et de gravier et les loisirs maritimes poursuivront leur développement pour assurer le développement économique des pays. Mais dans le même temps, le changement climatique aura modifié la répartition des espèces et des habitats, et l'augmentation de l'acidification de l'océan suscitera de nouvelles inquiétudes quant à la survie de certaines espèces.

Pour ce qui est du cas du Togo, L. B. Penn (2024) s'appuyant sur des travaux de I. Siffert (2017) et H. Bouraïma (2022), souligne que le pays, comme d'autres pays de la sous-région ouest-africaine, est confronté à une diminution des ressources halieutiques marines et à une dégradation continue des ressources environnementales côtières telles que les mangroves. Cette situation préoccupante est due en grande partie à la pression des actions humaines sur les écosystèmes côtiers et marins. En outre, la côte togolaise est fortement menacée par l'érosion entraînant la destruction des habitats.

Ces pressions croissantes sur la mer et ses ressources peuvent néanmoins être surmontées grâce à la planification de l'espace marin qui se présente comme une alternative. Suscitant peu d'enthousiasme quant à son développement à ses débuts, l'approche a suscité ces dernières années un intérêt considérable du fait qu'elle permet de gérer entre autres les conflits, des pressions liées au développement, et des questions liées à la préservation de la nature. L'application de la PEM s'est répandue rapidement à partir d'une poignée de pays d'Europe occidentale (UNESCO, 2020).

La PEM peut être définie comme « un processus public qui consiste à analyser et définir la répartition spatiale et temporelle des activités humaines dans les zones marines pour atteindre des objectifs écologiques, économiques et sociaux généralement fixés dans le cadre d'un processus politique » (UNESCO, 2020, p. 18). Elle ne conduit pas à un plan ponctuel, c'est un processus continu, itératif qui s'enrichit et s'adapte au fil du temps. Sa mise en place suppose un certain nombre d'étapes :

- la définition des besoins et l'établissement de l'autorité ;
- l'obtention d'un soutien financier ;
- l'organisation du processus dans le cadre de la pré-planification ;
- l'organisation de la participation des parties prenantes ;
- la définition et l'analyse des conditions actuelles ;
- la définition et l'analyse des conditions futures ;
- l'élaboration et l'approbation du plan de gestion de l'espace marin ;
- la mise en œuvre et l'application du plan de gestion de l'espace marin ;
- le suivi et l'évaluation de l'efficacité ;
- l'adaptation du processus de gestion de l'espace marin.

Pour l'UNESCO qui préconise ces dix étapes, celles-ci ne constituent pas seulement un processus linéaire, mais un processus qui intègre de nombreuses boucles de rétroaction et qui au final permet l'élaboration d'un plan global de gestion de l'espace, une sorte de « vision pour l'avenir » pour une zone ou un écosystème océanique donné. Ce plan, qui présente un caractère général et porte sur une période allant de 10 à 20 ans, définit des priorités pour la zone et explique ce que ces priorités signifient en termes de temps et d'espace.

L'élaboration et la mise en œuvre réussie de la PSM revêtent plusieurs avantages et enjeux cruciaux pour les pays africains comme c'est le cas du Togo. En nous référant aux données issues de nos entretiens et des travaux antérieurs (M. Macillan-Lawler, 2018 ; M. BONNIN et *al.*, 2018 ; M. Bonnin et S. Lanco Bertrand, 2023 ; UNESCO, 2020 ; I. Ly et *al.*, 2023 ; Y. Simtagna et K. Agbeyadzi, 2023) et sans prétendre à l'exhaustivité, nous relevons certains de ces enjeux.

- *Un enjeu de croissance économique et de sécurité alimentaire*

La PSM peut permettre aux pays africains de développer certains aspects de leur économie bleue, y compris la question de la recherche et de l'innovation. Les ressources maritimes sont essentielles pour l'économie de nombreux pays africains. Elle aide à optimiser l'utilisation de ces ressources, notamment dans les secteurs de la pêche, du tourisme, et de l'exploitation des ressources minérales et énergétiques. En gros, elle constitue une opportunité pour le développement socioéconomique de ces pays.

Par ailleurs, la pêche étant une source majeure d'alimentation pour de nombreuses populations africaines, une gestion durable des ressources halieutiques à travers la PSM peut contribuer à la sécurité alimentaire et à la réduction de la pauvreté.

- *Enjeu social et de réduction des conflits d'usage*

La PSM peut d'une part contribuer efficacement à la préservation et à la valorisation du patrimoine culturel, des valeurs sociales et même spirituelles. D'autre part, les conflits induits par les usages de la mer par différents acteurs aux intérêts souvent divergeant peuvent être atténués par l'adoption des mesures d'arbitrage dans le cadre de la PSM. Elle peut donc permettre de réduire les conflits entre les différents utilisateurs de l'espace maritime, tels que les pêcheurs, les exploitants pétroliers, et les promoteurs touristiques et économiques, en définissant des zones spécifiques pour chaque activité.

- *Enjeu environnemental et de préservation des écosystèmes marins*

Les pays africains étant particulièrement vulnérables aux impacts du changement climatique, tels que l'élévation du niveau de la mer, la pollution ou encore l'acidification des océans, la PSM peut aider à planifier des mesures d'adaptation et à renforcer la résilience des communautés côtières. Cela inclut aussi la préservation des habitats critiques, la gestion des aires marines protégées et la réduction des impacts des activités humaines sur les ressources marines.

- *Enjeu sécuritaire*

Planifier l'espace marin en Afrique peut participer efficacement à réduire significativement des conflits liés à la délimitation des frontières et à l'accès aux ressources naturelles comme le gaz et le pétrole. La PSM permet également d'améliorer la surveillance des espaces marins et de lutter ainsi contre la piraterie maritime, des actes de terrorisme et d'autres formes de trafics illicites (drogues, carburant, êtres humains, armes…).

- *Enjeu de renforcement de la gouvernance et de la coopération*

La mise en œuvre de la PSM nécessite une coordination entre différents niveaux de gouvernement et parties prenantes, ce qui peut renforcer la gouvernance maritime et promouvoir une gestion intégrée des zones côtières et marines. La nécessité de faire face à des menaces communes peut être un levier de renforcement de la coopération sous-régionale et internationale dans le cadre de la PSM.

Comme le souligne L. B. Penn (2024), au Togo, la planification spatiale marine repose sur une dynamique du dedans (initiative locale) et à une dynamique du dehors (cadres et initiatives internationales ou sous régionale : Union Africaine, Banque Mondiale, UNESCO…).

Créée par décret n°2014-113/PR du 30 avril 2014, l'organisme national chargé de l'action de l'État en mer (ONAEM) qui se consacre à la préservation des intérêts maritimes du Togo est composé sur le plan stratégique, du Haut Conseil pour la Mer (HCM), des services d'un conseiller pour la mer, et, sur le plan opérationnel, de la préfecture maritime. Elle est l'entité chargée du pilotage de la PSM à travers le HCM suivant l'arrêté n° 2022-022 du 7 décembre 2022. À travers cette autorité, l'amorce de la PSM au Togo a été marquée par la création et la mise en place d'un comité de pilotage (CP-PSM) par arrêté n°001-2023/PR/ONAEM du 20 janvier 2023 composé de toutes les administrations impliquées dans l'action de l'État en mer, les communes du littoral, les organisations de la société civile et des personnes-ressources. Il a pour mission entre autres de donner les orientations générales pour l'élaboration et la mise en œuvre du processus de PSM ; d'assurer la collaboration et la synergie entre les acteurs clés des ministères impliqués, des milieux académiques, de la société civile, des communautés locales et d'autres secteurs associés aux questions de la gestion de la côte en particulier et du littoral en général ; d'évaluer périodiquement l'efficacité de la mise en œuvre des actions et programmes élaborés dans le cadre de la PSM et rechercher les financements pour la mise en œuvre de la PSM .

En dehors de ce comité de pilotage, il a été aussi créé auprès du Haut Conseil pour la Mer (arrêté n° 003-2023/ PR/ONAEM du 27 novembre 2023), le Comité technique de la Planification Spatiale Marine au Togo (CT-PSM) qui exécute un cahier des charges défini par le comité de pilotage (CP-PSM) avec pour mission d'organiser les activités de la planification spatiale marine; de coordonner les études à réaliser dans le cadre du processus de la PSM ; de rédiger des rapports périodiques sur l'évolution du processus de la PSM et de rendre compte au comité de pilotage des activités menées ainsi que des conflits pouvant naître entre les différentes parties.

À ce jour, des études sont planifiées ou en cours pour l'évaluation de base des parties prenantes et usages de la mer pour disposer d'une cartographie et faciliter le processus d'implication ; l'évaluation de la gouvernance des ressources marines et côtières ; l'élaboration d'une stratégie de communication de la PSM et pour l'élaboration de la stratégie de mobilisation de ressources financières internes et externes.

On peut, à l'analyse, dire que conformément aux dix (10) étapes préconisées par l'UNESCO, le Togo est à la quatrième étape du processus d'élaboration et de la mise en œuvre de la planification de son espace maritime notamment, la définition des besoins et l'établissement de l'autorité ; l'obtention d'un soutien financier (recherche en cours) ; l'organisation du processus dans le cadre de la pré-planification et l'organisation de la participation des parties prenantes. À en croire L. B. Penn (2024), le Togo s'achemine vers une planification stratégique à l'échelle nationale et une planification opérationnelle à laquelle est associé un objectif de zonage ou des plans de gestions des sites spécifiques.

Malgré les avantages que les pays africains, dont le Togo pourrait tirer de la PSM, il ressort non seulement des expériences, mais aussi des entretiens réalisés et de nos analyses que la réussite des PSM en Afrique fait face à de nombreux défis. Il s'agit entre autres :

- de l'insuffisance des ressources humaines qualifiées, de ressources financières et des infrastructures appropriées ;
- de la faiblesse, de la fragmentation et de l'inadéquation des cadres institutionnels et juridiques ;
- de la croissance des conflits d'usages qui naissent des intérêts divergents des différents acteurs et usagers de l'espace maritime ;
- de la faible participation des parties prenantes, notamment les entités gouvernementales et étatiques, les entreprises privées, les communautés locales, les ONG et organisations de la société civile. Ce qui nécessite une gouvernance coordonnée, harmonisée et inclusive qui fait parfois défaut.
- de l'accès et du partage des données, informations et connaissances entre différents acteurs.

Dans ce contexte, comment la communication peut-elle aider à relever ces défis et catalyser l'élaboration et la mise en œuvre de la PSM en

Afrique et particulièrement au Togo tout en suscitant l'adhésion des parties prenantes ?

2. La communication pour catalyser l'élaboration et la mise en œuvre de la PSM

Mobilisée à bon escient, la communication est un puissant levier dans une perspective de développement socio-économique et de changement social (J. Servaes, 1999). Dans ce sens, elle peut jouer un rôle crucial dans l'élaboration et la mise en œuvre de la PSM en Afrique et particulièrement au Togo en servant d'outil de gouvernance, de fédération des parties prenantes et de gestion des conflits d'usage. Elle peut participer à relever certains défis et difficultés inhérents à l'élaboration et à la mise en œuvre de la PSM.

2.1. La communication comme outil d'une gouvernance coordonnée et d'intégration des parties prenantes de la PSM

La communication favorise la prise de décisions éclairées et concertées, l'élaboration des stratégies communes et intégrées, l'harmonisation des interventions et la transparence. Elle aidera dans ce sens à relever les défis de la faible participation des parties prenantes et de la mise en place d'une gouvernance coordonnée, harmonisée et inclusive dans le cadre de la PSM au Togo.

En effet, la théorie des systèmes sociaux de N. Luhmann (2011) nous enseigne que la communication est un processus fondamental par lequel les systèmes sociaux (le système politique, économique, juridique… Ici les différentes institutions et acteurs impliqués) se forment et se maintiennent et que chaque interaction de communication contribue à la construction et à la transformation des systèmes sociaux. Cette approche met en lumière l'importance de la communication dans la création de liens entre les parties prenantes et dans la gestion des complexités sociales.

La communication dans ce sens, servira à l'autorité de coordination de la PSM, notamment le Haut conseil pour la mer (HCM) à asseoir et à améliorer sa collaboration avec toutes les autres entités impliquées, à affermir la confiance et à surmonter les éventuels conflits qui pourraient surgir. Elle servira également de moyen de mobilisation et de motivation de toutes les parties prenantes.

Sur un autre plan, on mesure, à partir des principes de la théorie de l'agir communicationnel de J. Habermas (1987) l'importance de la communication rationnelle et éthique pour la coordination sociale et la prise de décision démocratique. Pour ce modèle, les dialogues ouverts et inclusifs sont source d'une gouvernance efficace où les parties prenantes peuvent participer à des débats délibératifs. Habermas soutient aussi que la communication orientée vers la compréhension et l'accord mutuel est essentielle pour résoudre les conflits. La communication pourrait dans ce sens participer à la gouvernance coordonnée, harmonisée et inclusive de la PSM.

Par ailleurs, la théorie de la communication managériale (M. Imbert, 2015) met l'accent sur l'importance de la communication efficace au sein des organisations pour optimiser la gestion avec pour objectif d'informer les collaborateurs, de maintenir un lien entre les différents niveaux hiérarchiques, de relayer la culture et les valeurs de l'entreprise, de définir les tâches et les processus, de créer un climat de confiance, d'inciter l'esprit d'initiative et l'innovation. Cette option pourra orienter l'organe de gestion et de pilotage de la PSM pour la mise en place d'un dispositif de circulation des informations et données avec pour finalité de favoriser la compréhension et l'alignement des objectifs de la PSM au niveau de chaque entité. Elle apparaît comme un véritable outil de management cordonné et concerté par la PSM. Elle pourra aider à tempérer comme le souhaitent M. Bonnin et *al.* (2018) l'emprise d'une administration centralisée, bureaucratique et hiérarchisée qui induit un détachement entre les acteurs sur le terrain et les organes institutionnels d'Etat.

Il apparaît donc que la communication est un outil crucial pour assurer une bonne gouvernance et intégrer efficacement les parties prenantes, permettant de prendre des décisions éclairées, légitimes et durables dans le cadre de la PSM.

Il faudra dans ce sens assoir un plan structuré de communication interne aux entités de pilotage et les équipes de mise en œuvre de la PSM qui sera réajusté périodiquement et qui cible les différentes parties prenantes et mobiliser une approche multicanale de sorte à atteindre toutes les cibles dans un langage accessible et adapté.

Les indications du tableau ci-après peuvent orienter la mise en place d'un plan de communication appropriée.

Tableau 1 : Indicateur d'un plan de communication

Objectifs	- Faire connaitre la PSM et ses objectifs - Sensibiliser et éduquer autour de la PSM - Mobiliser, faire adhérer et motiver toutes les parties prenantes - Coordonner la gouvernance - Prendre des décisions éclairées et concertées - Élaborer des stratégies communes et intégrées - Instaurer la transparence et la réédition de compte - Suivre et évaluer les activités
Les cibles	Toutes les parties prenantes et les équipes impliquées dans le management, le pilotage, l'élaboration, la mise en œuvre et le suivi de la PSM
Messages/Contenus	- La PSM et ses objectifs - Informations, connaissances et données liées à la PSM - Consignes usuelles de travail - Décisions et orientations stratégiques - Compte-rendu et rapport d'activités
Canaux/moyens de communication	- Réunion de travail - Ateliers - Rencontres d'échanges ou partage d'expériences - Portail ou plateforme de projet - Affiches, bulletins d'information … - E-mail, forums, réseaux sociaux, site web…
Porteurs	- Haut conseil pour la mer (HCM) - Comité de pilotage de la PSM (CP-PSM) - Comité technique de la PSM (CT-PSM)

Source : N. M. Gnane, janvier 2024.

2.2 La communication comme un puissant moyen de gestion des conflits d'usage

La mer est un espace de tension où se concentrent plusieurs enjeux : économiques, sociaux, écologiques et géostratégiques. Le développement croissant des activités fait de la mer un lieu de rencontre d'intérêts multiples et divergents, pouvant entraîner des conflits d'usage. En effet, l'extrême concentration des populations résidentes ou touristiques, et des activités économiques dans la zone portuaire et sur le littoral provoque des conflits d'usage. Ces conflits d'usage dans l'espace maritime au Togo sont appréhendés comme les antagonismes entre individus ou entre des groupes d'acteurs (opérateurs économiques, pécheur, industriel, entreprise, collectivités résidentes…) ayant des intérêts concurrents ou incompatibles dans l'exploitation des ressources (L. B. Penn, 2024).

Planifier l'espace maritime revient à réglementer les pratiques et usages des uns et des autres, ce qui pourrait constituer dans une certaine mesure une remise en cause des habitudes des usagers, une menace pour leurs intérêts. Il y a donc généralement des difficultés à trouver un consensus sur l'utilisation de l'espace maritime. Pour réussir la PSM il est indispensable de trouver les mécanismes pour résoudre ces conflits d'usage ou du moins les amoindrir.

Si on se réfère à la théorie de la gestion des conflits de M. P. Follet (2002) qui met l'accent sur l'importance de la communication dans la gestion des conflits à celle de la communication dialogique de J. Bres (2005) qui considère la communication comme un processus dynamique d'échange où les participants co-construisent le sens, il ressort qu'une communication ouverte et honnête peut aider à clarifier les positions des différents usagers de l'espace maritime et à trouver des solutions face aux divergences qui pourraient apparaitre ou s'exacerber dans le processus de la PSM. D'ailleurs, la théorie de l'agir communicationnel (J. Habermas, 1987) soutient aussi que la communication orientée vers la compréhension et l'accord mutuel est essentielle pour résoudre les conflits. La communication pourra permettre ainsi de relever le défi des conflits d'usage en privilégiant l'écoute active, l'expression des différents points de vue, la consolidation de la confiance et en prenant en compte la diversité des perspectives.

Il s'agira pour l'autorité de pilotage de la PSM de mettre en place, avec l'aide de spécialistes, un dispositif de communication dialogique qui aidera dans la phase de l'élaboration de la PSM d'interagir avec toutes les parties prenantes et tous les usagers de l'espace maritime et côtier pour les sensibiliser et pour harmoniser leurs connaissances et leur compréhension des objectifs et des enjeux de la PSM. Il s'agira aussi, dans un cadre de confiance, de travailler à interagir avec eux en leur donnant l'opportunité d'exprimer leurs attentes et leurs craintes de sorte à prendre en compte leur intérêt dans l'élaboration de la PSM.

Dans les phases de mise en œuvre et de suivi-évaluation de la PSM, la communication interactive permettra de maintenir le dialogue avec les différents usagers afin d'anticiper sur la survenue de conflits. Et lorsqu'elles surviendront, des concertations avec les protagonistes permettront de trouver des solutions communes et concertées.

Dans l'ensemble, l'on s'assurera de décoloniser le dispositif de communication des protocoles et péripéties administratives souvent caractérisés par leur lourdeur et leur caractère très hiérarchisé pouvant mettre à mal la confiance et la fluidité des échanges. Des réunions, des ateliers, des consultations et conciliations, des techniques d'Information Éducation et communications (IEC), des séances de sensibilisation avec l'usage de plusieurs canaux adaptés et contextualisés seront d'une très grande utilité.

En plus d'aider à résoudre ou à atténuer les conflits d'usage, la communication pourra aider à relever le défi de l'accès et du partage des données, informations et connaissances entre différents acteurs (acteur de pilotage et de mise en œuvre de la PSM, chercheurs, société civile…). La communication servira aussi de moyen de facilitation de l'accès et de partage des connaissances, de l'information, de moyen de sensibilisation et d'éducation des acteurs du milieu marin et côtier de sorte qu'ils parviennent à acquérir une compréhension commune des problématiques en jeu afin de minimiser les obstacles à sa mise en œuvre. L'autorité en charge de la PSM pourra s'appuyer dans ce sens sur les médias, des séminaires, des colloques, des portails numériques, des bases de données, des publications scientifiques… pour assurer le partage des informations et données nécessaires à des publics spécifiques ou au grand public.

Conclusion

La bonne exploitation de la mer et de ses ressources peut garantir le développement socioéconomique des pays. Toutefois des écosystèmes maritimes sont mis en danger par des systèmes d'exploitation non durables de la mer et de ses ressources. Ces pressions croissantes sur la mer et ces ressources peuvent néanmoins être surmontées grâce à la PSM qui se présente comme une alternative, elle constitue une opportunité pour le développement socioéconomique pour les pays africains.

Malgré les avantages que les pays africains, dont le Togo pourrait tirer de la PSM, sa réussite fait face à de nombreux défis et difficultés. La communication peut aider, à cet effet, à relever certains de ces défis et catalyser l'élaboration et la mise en œuvre de la PSM en Afrique et particulièrement au Togo où elle se met progressivement en place. En effet, la communication pourra servir d'outil d'une bonne gouvernance et d'intégration des parties prenantes de la PSM. La communication se présente également comme un puissant moyen de gestion des conflits d'usage pour un consensus sur l'utilisation de l'espace maritime. Dans ce sens, elle servira aussi de moyen de facilitation de l'accès et de partage des connaissances, de l'information, de moyen de sensibilisation et d'éducation des acteurs du milieu marin et côtier de sorte qu'ils parviennent à acquérir une compréhension commune des problématiques en jeu afin de minimiser les obstacles à sa mise en œuvre de la PSM au Togo.

En tout état de cause, la PSM est une véritable opportunité pour le Togo, néanmoins il ne s'agira pas de planifier son espace maritime par effet de mode, mais de le planifier en l'adaptant à ses réalités et en s'appuyant, et ce de façon efficace sur la communication comme véritable catalyseur. Il s'agira aussi d'envisager une bonne intégration des technologies de l'information et de la communication (TIC) pour tirer meilleure partie des dernières avancées pour une gestion optimale de l'espace maritime au Togo.

Références bibliographiques

BONNIN Marie et *al.,* 2018, « ODD 14 et aménagement de l'espace côtier et marin en Afrique de l'Ouest », *RADE, Revue Africaine de Droit de l'Environnement*, n°03, pp. 14-24. URL :

https://archimer.ifremer.fr/doc/00637/74888/75286.pdf. Consulté le 26 juin 2024.

BONNIN Marie et LANCO BERTRAND Sophie (dir.), 2023, *Planification spatiale marine en Atlantique tropical. D'une Tour de Babel à l'organisation d'une intelligence collective*, Marseille, IRD Editions.URL : https://books.openedition.org/irdeditions/44828?lang=fr

BOURAÏMA Hamdiyat, 2022, *Dégradation de la mangrove au Togo*. URL : https://www.carenews.com/tpsf-travaux-public-sans-frontieres/news/degradation-de-la mangrove-du-togo. Consulté le 15 septembre 2024.

BRES Jacques, 2005, « Savoir de quoi on parle : dialogal, dialogique, polyphonique ». *Actes du Colloque de Cerisy-la-Salle*, BRES Jacques et *al.* (éd.), *Dialogisme et polyphonie : approches linguistiques*, Bruxelles, De Boeck-Duculot, pp. 47-62.

DE CHEYRON Guillaume, 2023, « Quels sont les enjeux économiques de la protection des océans ? », *Revue Politique et parlementaire*. URL : https://www.revuepolitique.fr/quels-sont-les-enjeux-economiques-de-la-protection-des-oceans/#:~:text=La%20contribution%20des%20activit%C3%A9s%20de,la%20valeur%20ajout%C3%A9e%20brute%20globale.

FOLLETT Mary Parker, 2002, *Diriger au-delà du conflit*, Paris, Pearson.

HABERMAS Jürgen, 1987, *Théorie de l'agir communicationnel*, Paris, Fayard.

IMBERT Maurice, 2015, La communication managériale - Méthodes et bonnes pratiques, Paris, Dunod.

LEFEBVRE Christophe, 2011, « La gestion intégrée côtière et marine : nouvelles perspectives », *VertigO - la revue électronique en sciences de l'environnement,* Hors-série 9. URL : http://journals.openedition.org/vertigo/10985 ; DOI : https://doi.org/10.4000/vertigo.10985. Consulté le 26 décembre 2024.

LUHANN Niklas, 2011, *Systèmes sociaux. Esquisse d'une théorie générale*, trad. L. S. Sosoe, Laval, Presses de l'université Laval.

LY Ibrahima et *al.*, 2023, « Opportunités et limites de la planification spatiale marine au Sénégal », in BONNIN Marie BERTRAND Sophie (ed.). *Planification spatiale marine en Atlantique tropical : d'une tour de Babel à l'organisation d'une intelligence collective*, Paris, IRD, pp.187-203.URL : https://hal.science/hal-04043196. Consulté le 12 décembre 2024.

ORGANISATION DES NATIONS-UNIES POUR L'ÉDUCATION, LA SCIENCE ET LA CULTURE (UNESCO), 2020, *Planification de l'espace marin : une approche par étapes de la gestion écosytémique,* Paris, Ingrid Pastor Reyes (COI-UNESCO),

PENN Laré Batouth, 2024, « Approche sociologique de la démarche togolaise de la planification spatiale marine », *GEOTROPE*, Hors-Série n°1, pp. 99-115.

SERVAES Jan, 1999, *Communication for Development: One World, Multiple Cultures*, Cresskill, NJ: Hampton Press.

SIFFERT Isabelle, 2017, « Acteurs et réglementation de l'espace halieutique : du conflit à l'intégration des communautés de pêcheurs sur l'Aire Marine Protégée de Cayar au Sénégal », *Géoconfluences*. URL : https://geoconfluences.ens-lyon.fr/informations-scientifiques/dossiers-regionaux/afrique-dynamiques-regionales/corpus-documentaire/aire-marine-cayar-senegal/@@download_pdf?uid=d0e18d8a8d89438397556b56660afed9. Consulté le 14 novembre 2024.

SIMTAGNA Yao et AGBEYADZI Kossi, 2023, « Les grands défis de l'espace maritime du Togo », *International Journal of Innovation and Applied Studies,* Vol. 39 No. 4 Jun. 2023, pp. 1546-1556.

IMPORTANCE DE L'ÉCONOMIE BLEUE POUR LE BIEN-ÊTRE PSYCHOLOGIQUE DE LA POPULATION BÉNINOISE

Michel M. MEHINTO, Florentin NANGBE et Mahoutin Ange G.-M. DATINON

Résumé

Le Bénin, pays côtier d'Afrique de l'Ouest, dispose d'un potentiel maritime immense encore sous-exploité. Cette étude explore l'impact de l'économie bleue sur le bien-être psychologique des communautés côtières de Ganvié au Bénin. La méthodologie repose sur une enquête mixte menée auprès de 207 personnes impliquées dans l'économie bleue, complétée par des entretiens qualitatifs avec un sous échantillon de 20 habitants de Ganvié et 7 experts locaux. L'analyse des données collectées et traitée par analyse statistique et thématique a permis de mettre en évidence les principales activités économiques liées à l'économie bleue, telles que la pêche (28,99 %), la production de sel (21,74 %) et l'extraction de sable marin (16,91 %). Les résultats montrent que les activités communautaires et d'entraide sociale (40,10 %) sont des facteurs cruciaux pour le bien-être psychologique, suivies de la préservation des pratiques traditionnelles (25,12 %). Toutefois, des défis significatifs ont été identifiés, notamment la surexploitation des ressources marines (27,54 %), la pollution (18,36 %) et le manque d'infrastructures (20,77 %), qui nuisent à la durabilité et à la santé mentale des populations. L'étude suggère que des politiques de régulation et des programmes de formation sont nécessaires pour renforcer la résilience économique et psychologique des communautés. Les résultats soulignent l'importance de la gestion durable des ressources marines pour garantir un développement économique stable et améliorer le bien-être des populations côtières.

Mots-clés : Bénin, bien-être psychologique, développement durable, économie bleue.

IMPORTANCE OF THE BLUE ECONOMY FOR THE PSYCHOLOGICAL WELL-BEING OF THE BENINESE POPULATION

Abstract

Benin, a coastal country in West Africa, has vast maritime potential that remains underutilized. This study explores the impact of the blue economy on the psychological well-being of coastal communities in Ganvié, Benin. The methodology is based on a mixed-method survey conducted with 207 people involved in the blue economy, supplemented by qualitative interviews with a sub-sample of 20 residents of Ganvié and 7 local experts. The data analysis, using statistical and thematic methods, highlighted the main economic activities linked to the blue economy, such as fishing (28.99%), salt production (21.74%), and marine sand extraction (16.91%). The results show that community activities and social support (40.10%) are crucial factors for psychological well-being, followed by the preservation of traditional practices (25.12%). However, significant challenges were identified, including overexploitation of marine resources (27.54%), pollution (18.36%), and lack of infrastructure (20.77%), which negatively affect sustainability and mental health. The study suggests that regulatory policies and training programs are needed to strengthen the economic and psychological resilience of communities. The findings highlight the importance of sustainable marine resource management to ensure stable economic development and improve the well-being of coastal populations.

Keywords: Benin, psychological well-being, sustainable development, blue economy

Introduction

Le Bénin, malgré la richesse de ses ressources maritimes et côtières, fait face à une grande précarité socio-économique, notamment dans ses zones littorales. La population côtière, principalement dépendante de la pêche artisanale, se trouve exposée à des risques majeurs liés à la fluctuation des ressources marines et aux effets du changement climatique, amplifiés par l'urbanisation croissante et la pression sur les écosystèmes marins (Thinking Africa, 2023). Cette précarité socio-économique et environnementale a des répercussions profondes sur la qualité de vie des habitants, y compris sur leur bien-être psychologique. En ce sens, l'économie bleue, qui englobe des activités durables telles que la pêche, l'aquaculture et le tourisme côtier, etc., pourrait constituer un levier pour améliorer à la fois le bien-être économique et psychologique des populations littorales béninoises, notamment celles de Ganvié, un village emblématique situé sur le lac Nokoué. Ganvié, surnommée la Venise du Bénin, est un exemple frappant de communauté côtière dont la vie est intimement liée à l'exploitation des ressources maritimes et aquatiques. La population y pratique principalement la pêche artisanale et l'aquaculture, activités essentielles pour leur sécurité économique et leur survie au quotidien. L'adoption de pratiques de gestion durable des ressources maritimes et des

écosystèmes pourrait ainsi offrir des opportunités de développement tout en renforçant la résilience des communautés côtières de Ganvié face aux défis environnementaux et sociaux actuels.
Cependant, malgré les promesses de l'économie bleue en termes de durabilité et de prospérité, son impact sur la santé mentale et le bien-être psychologique des populations côtières reste largement sous-étudié, notamment dans le contexte particulier de Ganvié. D'après les travaux de E. M. Bennett et *al.*(2022), les populations vivant dans les zones côtières vulnérables, comme celles de Ganvié, sont souvent confrontées à un stress environnemental accru, lié à la surexploitation des ressources maritimes et aux aléas climatiques, ce qui peut induire des troubles psychologiques comme l'anxiété, la dépression et le sentiment d'impuissance a résilience de ces communautés pourrait être améliorée par des politiques publiques qui intègrent les principes de l'économie bleue, mais ces questions demeurent peu explorées dans le contexte béninois. Le lien entre l'adoption de pratiques économiques durables liées à la mer et le bien-être psychologique des acteurs impliqués dans ces activités à Ganvié a fait l'objet de rares recherches, bien que des études menées ailleurs dans le monde aient montré que des initiatives communautaires fondées sur la gestion durable des ressources maritimes pouvaient améliorer la cohésion sociale et la santé mentale des populations concernées (E. B. Barbier, 2020).
Le silence et le peu d'attention qui pèsent sur l'impact de l'économie bleue sur le bien-être psychologique des Béninois, et plus particulièrement des habitants de Ganvié, soulèvent donc plusieurs questions importantes. Comment les activités liées à l'économie bleue affectent-elles le bien-être psychologique des populations côtières de Ganvié ? L'adoption de pratiques durables peut-elle réellement renforcer la résilience et la stabilité psychologique de ces communautés ? Ces questions sont d'autant plus pertinentes dans un contexte où les inégalités sociales et économiques aggravent les vulnérabilités psychologiques des individus. En effet, des recherches sur des échelles similaires en Afrique, comme celles de P. Olsson et *al.,* (2021), ont mis en évidence l'importance de prendre en compte les dimensions psychosociales du développement durable dans les zones côtières pour maximiser les effets bénéfiques sur la population locale. Il devient donc crucial d'explorer, à travers cette étude, l'impact concret de l'économie bleue sur le bien-être psychologique des populations côtières du Bénin, et en particulier celles de Ganvié. L'objectif de cette recherche est de proposer une compréhension approfondie de ces dynamiques et

d'identifier les leviers qui permettraient à l'économie bleue de contribuer positivement à la qualité de vie des habitants de Ganvié tout en intégrant des solutions adaptées aux défis socio-écologiques auxquels ils sont confrontés. Cette étude viendra combler un vide de connaissances dans la littérature et apportera des éléments précieux pour l'élaboration de politiques publiques qui allient développement économique et bien-être psychologique des communautés côtières du Bénin. Le plan de l'étude se divise en trois sections principales : la méthodologie, qui détaille le parcours de recherche et les instruments utilisés ; les résultats, qui exposent les données collectées ; et la discussion, qui analyse ces résultats et propose des recommandations pour renforcer la résilience et le bien-être des populations côtières du Bénin.

1. Méthodologie

Dans le cadre de cette étude, l'objectif est de mieux comprendre les dynamiques et les enjeux liés à l'implication des acteurs dans l'économie bleue, en particulier au sein de la population côtière de Ganvié, et d'identifier les leviers favorisant son développement durable. Cette recherche adopte une approche mixte, privilégiant cependant l'aspect quantitatif pour fournir des résultats généralisables, tout en enrichissant les données par des éléments qualitatifs. Les données quantitatives ont servi à évaluer la participation et les perceptions des acteurs impliqués dans les activités économiques liées à l'économie bleue, tandis que les données qualitatives ont permis de mieux appréhender les vécus des différents participants, ainsi que les défis et obstacles rencontrés dans la mise en œuvre de ces activités. La population cible de cette étude regroupe l'ensemble des personnes impliquées dans les activités liées à l'économie bleue dans la région de Ganvié, et plus précisément la population côtière. Cette population comprend aussi bien les travailleurs directs du secteur que les responsables administratifs ayant un rôle de coordination et de gestion des projets liés à l'économie bleue. L'échantillon est constitué de 207 personnes engagées dans des initiatives liées à l'économie bleue enquêtés quantitativement dont une vingtaine retenue pour les entretiens, et 7 responsables administratifs de Ganvié interrogés qualitativement. Les participants ont été choisis selon des critères d'implication dans les activités concernées et de disponibilité pour répondre aux critères de l'étude. L'échantillonnage utilisé combine une méthode de boule de neige pour identifier quantitativement la population principale et une méthode de choix raisonné, afin d'assurer une représentation diversifiée des différents profils professionnels et sociaux. Les outils de collecte de données comprennent un questionnaire structuré pour les données quantitatives et un guide d'entretien semi-directif pour les données qualitatives. Le questionnaire comporte trois sections principales : la première explore les caractéristiques sociodémographiques des répondants (âge, sexe, niveau d'éducation, statut professionnel) et leur implication dans les activités de l'économie bleue. La deuxième section évalue les perceptions des participants concernant les opportunités, défis et impacts de l'économie bleue sur leur quotidien et leur communauté. La troisième section mesure les besoins et attentes vis-à-vis des politiques publiques en matière d'économie bleue. Le guide d'entretien semi-directif est conçu pour approfondir la compréhension des expériences individuelles et collectives des participants face aux enjeux liés à l'économie bleue. Il explore les perceptions des acteurs sur l'efficacité des initiatives existantes, les obstacles à l'adoption de technologies vertes, ainsi que les perceptions sociales et culturelles liées à ces activités. Avant le démarrage de l'étude, un pré-test des outils de collecte a été réalisé auprès de 15 participants ne faisant pas partie de l'échantillon définitif. Ce pré-test a permis d'ajuster la formulation des questions et de vérifier la pertinence des outils. La collecte des données a été réalisée en deux phases. La première phase a consisté en l'administration des questionnaires de manière standardisée, en face-à-face avec les participants. Les questionnaires ont été remplies en moyenne en 25 minutes, et les données recueillies ont été anonymisées puis saisies dans une base de données. La seconde phase a impliqué la réalisation d'entretiens semi-directifs, d'une durée variant entre 30 et 60 minutes, avec les participants sélectionnés. Ces entretiens ont été enregistrés, avec le consentement des personnes, afin d'assurer une retranscription fidèle des propos. Les données quantitatives collectées ont été analysées à l'aide du logiciel SPSS (version 27). Des analyses descriptives (fréquences, pourcentages, moyennes) ont permis d'identifier les principales tendances et répercussions des activités de l'économie bleue sur les participants, ainsi que les perceptions concernant les politiques publiques. Les résultats ont été illustrés à l'aide de graphiques et de tableaux, permettant une lecture claire et synthétique des données. Quant aux données qualitatives, les entretiens ont été transcrits et soumis à une analyse de contenu thématique. Les réponses ont été codées pour en extraire les principaux motifs récurrents, qui ont été ensuite interprétés et mis en lien avec les résultats quantitatifs. Les verbatim extraits des entretiens ont été utilisés pour illustrer et contextualiser les résultats statistiques, enrichissant ainsi la compréhension globale des enjeux étudiés. Plusieurs théories permettent d'approfondir cette relation. La théorie de la durabilité (G. H.Brundtland, 1987) met l'accent sur un développement économique respectueux de l'environnement, garantissant ainsi une stabilité qui réduit l'anxiété liée à l'insécurité des ressources. La théorie du stress environnemental (G. W. Evans et al., 2003) souligne l'impact des conditions environnementales sur la santé mentale, tandis que **la** théorie de la résilience communautaire (D. P. Aldrich, 2012) suggère que la solidarité permet de mieux surmonter les crises liées à l'économie bleue.

2. Résultats et Discussion

Dans cette section, nous présentons les résultats obtenus sur l'impact de l'économie bleue sur le bien-être psychologique des populations côtières de Ganvié. Les données collectées révèlent à la fois les activités économiques principales, les facteurs contribuant au bien-être psychologique et les défis rencontrés dans le développement de cette économie durable.

2.1. Données socio démographiques chez les populations côtières de Ganvié.

Cette section présente les résultats sociodémographiques des populations côtières de Ganvié, en mettant l'accent sur les principales activités économiques. Les données sont présentées dans le tableau 1 ci-dessous.

Tableau 1 : Données sociodémographiques

Activités de l'économie bleue	Nombre d'individus	Pourcentage (%)
Pêche	60	28,99
Production de sel lagunaire	45	21,74
Extraction de sable marin et lagunaire	35	16,91
Transport fluviolagunaire	30	14,49
Secteur portuaire	20	9,66
Aquaculture	12	5,80
Tourisme aquatique	5	2,42
Total	207	100

Source : travaux de terrain, Octobre, 2024

Les résultats montrent que la pêche (28,99 %) est l'activité principale, essentielle pour la sécurité économique et psychologique des populations côtières. La production de sel lagunaire (21,74 %) soutient l'économie locale et le bien-être familial, tandis que l'extraction de sable marin (16,91 %) soulève des défis de durabilité. Le transport fluviolagunaire (14,49 %) et le secteur portuaire (9,66 %) favorisent les échanges commerciaux et la stabilité économique. Enfin, l'aquaculture (5,80 %) et le tourisme aquatique (2,42 %) offrent des opportunités pour diversifier l'économie. Cette diversité des secteurs contribue au bien-être économique et psychologique des communautés côtières du Bénin.

2.2. Le bien-être psychologique chez les populations côtières du Littoral

Cette section examine les facteurs déterminant le bien-être psychologique des populations côtières du Littoral, en particulier à Ganvié. C'est ce qui est mis en exergue à travers les données de la figure 1 ci-dessous.

Figure 1 : Facteurs déterminant le bien-être psychologique chez les populations côtières du Littoral.

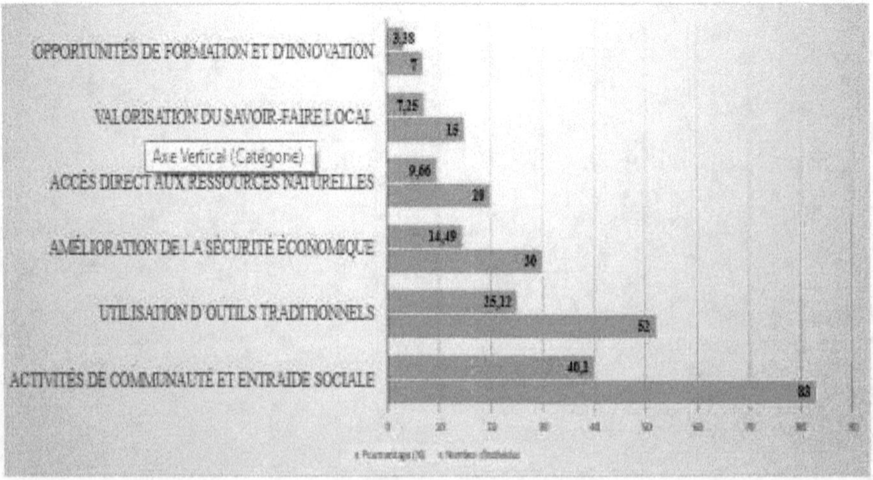

***Source :** travaux de terrain, Octobre, 2024*

Pour 40,10 % des répondants, les activités de communauté et d'entraide sociale constituent le principal facteur de bien-être psychologique. Cela est parfaitement illustré par un pêcheur de 54 ans qui déclare :

> *La pêche, c'est notre vie ici. Chaque jour, on part en mer dès l'aube, et même si c'est dur, on sait qu'on rentrera avec de quoi nourrir nos familles. Il y a cette sécurité qui vient de la mer, de pouvoir compter sur elle, même quand le marché bouge. Quand on remplit les filets, c'est comme si on posait les soucis de côté, on se sent en paix. Et puis, on se connaît tous dans le village, c'est notre force. En cas de coup dur, on s'entraide. Ce n'est pas juste du travail, c'est notre lien, notre façon de vivre ensemble.* **[D.J., Pêcheur de 54ans]**

Ces propos soulignent l'importance de la solidarité et du soutien communautaire dans la réduction du stress et le renforcement du bien-être psychologique des pêcheurs.

La préservation des outils et méthodes traditionnels (25,12 %) joue un rôle crucial en permettant aux populations de rester en contact avec leurs pratiques culturelles. Une extractrice de sel de 43 ans partage son expérience :

Ici, on fait le sel avec les mains, sous le soleil, ce n'est pas facile. Mais quand je vois le tas de sel grossir, je me dis que c'est pour nourrir mes enfants, payer leurs études. Je me sens forte et heureuse, parce que c'est moi qui leur assure ça. Avec les autres femmes, on forme une équipe, on se soutient, on rigole, ça rend la journée plus légère. Ce travail, c'est ma fierté, et même si c'est dur, ça nous donne à toutes une sécurité qu'on trouve nulle part ailleurs. **[L.M., Extractrice de sel 43ans]**

Ces propos illustrent comment le travail traditionnel renforce la fierté et la stabilité économique, contribuant ainsi à un bien-être durable.

La sécurité économique offerte par ces activités (14,49 %) est également cruciale pour le bien-être mental. Un responsable des activités de pêche de 42 ans évoque l'impact des investissements gouvernementaux dans ce secteur :

Le secteur de l'économie bleue, c'est l'avenir pour nos côtes. Depuis que le gouvernement a investi pour soutenir ces métiers, les gens ici sont plus stables. Ils savent que leur travail est valorisé, que l'État est derrière eux. Ça change tout. Le stress, on le sent moins, et les jeunes commencent même à s'intéresser à ces métiers. Avec les formations, les pêcheurs et les transporteurs peuvent se développer, on voit la différence dans leur quotidien, ils sont plus sereins, ils se sentent soutenus. **[Responsable des pêches, Ganvié]**

Ce propos confirme que les opportunités de formation et les initiatives de soutien gouvernemental ont un impact direct sur la réduction du stress et l'amélioration de la sécurité économique, ce qui contribue à un bien-être psychologique accru.

L'accès direct aux ressources naturelles (9,66 %) permet de limiter le stress lié à l'insécurité alimentaire, tandis que la valorisation du savoir-faire local (7,25 %) renforce la reconnaissance et la fierté de leur métier. Enfin, bien que moins nombreux, ceux ayant accès à des opportunités de formation et d'innovation technique dans leur métier (3,38 %) bénéficient d'une satisfaction accrue en évoluant vers de nouvelles compétences et perspectives professionnelles.

2.3. Défis dans le développement de l'économie bleue et son impact sur le bien-être psychologique

Cette section explore les défis majeurs rencontrés dans le développement de l'économie bleue et leur impact sur le bien-être psychologique des populations côtières de Ganvié.

Figure 2 : Défis dans le développement de l'économie bleue et son impact sur le bien-être psychologique

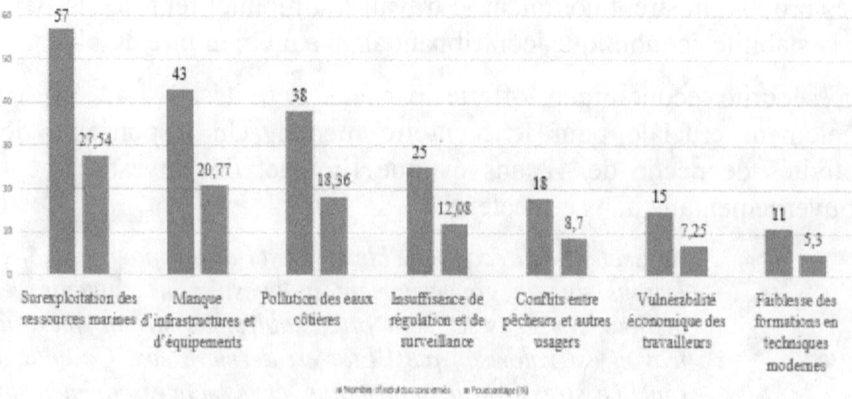

Source : *Travaux de terrain, Octobre 2024*

La surexploitation des ressources marines représente le principal défi auquel sont confrontés 27,54 % des intervenants. Un autre obstacle majeur est le manque d'infrastructures et d'équipements adaptés, cité par 20,77 % des participants. La pollution des eaux côtières, qui touche 18,36 % des répondants, nuit à l'environnement ainsi qu'à la santé des populations qui dépendent de ces ressources. L'insuffisance de régulation et de surveillance, mentionnée par 12,08 % des acteurs, encourage la pêche illégale et complique la protection des ressources marines. Par ailleurs, des conflits entre pêcheurs et autres usagers, affectant 8,70 % des personnes, surviennent fréquemment entre les pêcheurs et d'autres activités côtières tels que le tourisme ou l'extraction de sable. Enfin, la vulnérabilité économique des travailleurs, combinée à une formation insuffisante en techniques modernes de pêche (7,25 % et 5,30 %), limite leurs opportunités de développement, impactant ainsi leur résilience psychologique et économique.

Les données qualitatives recueillies nous permettent d'en savoir plus auprès des autorités. Ainsi s'exprime l'un d'eux :

> *Nous sommes pleinement conscients que la surexploitation des ressources marines et la pollution côtière affectent non seulement l'économie mais aussi le bien-être mental de nos populations. Nous devons agir vite pour freiner ces pratiques destructrices. Nous envisageons une surveillance renforcée pour limiter la pêche illégale et restreindre les activités polluantes le long des côtes. Cela nécessite également que nous offrions des formations aux pêcheurs pour qu'ils adoptent des méthodes durables et qu'ils aient accès à des équipements modernes. Il est essentiel de trouver un équilibre entre le développement économique et la préservation de nos ressources pour garantir un avenir prospère et stable aux communautés côtières du Bénin.* **[D.M., Responsable maritime à Ganvié]**

Ce propos met en lumière la prise de conscience des autorités locales sur les enjeux environnementaux et leur impact à la fois sur l'économie et le bien-être psychologique des communautés côtières. Le responsable souligne que la surexploitation des ressources marines et la pollution sont des menaces directes pour la stabilité économique, mais également pour la santé mentale des populations, en raison du stress et de l'incertitude qu'elles génèrent. La nécessité d'agir rapidement pour contrer ces pratiques destructrices est clairement exprimée, notamment à travers la mise en place de mesures de régulation telles que la surveillance renforcée et la limitation de la pêche illégale. De plus, l'accent mis sur l'éducation des pêcheurs et l'accès à des équipements modernes est essentiel pour garantir la durabilité des activités de pêche, renforçant ainsi la résilience économique et le bien-être à long terme des populations côtières. L'appel à trouver un équilibre entre développement économique et préservation des ressources naturelles montre la volonté de promouvoir un avenir stable et respectueux de l'environnement comme l'indique les propos suivants :

Face aux défis qui persistent dans le secteur de l'économie bleue, nous devons établir des bases solides pour une gestion durable. Notre priorité est de renforcer la régulation du marché de la pêche et de créer des zones de protection pour les ressources marines. En partenariat avec les communautés locales, nous travaillons pour améliorer les infrastructures de pêche et résoudre les conflits d'usage. Il est également primordial d'offrir aux pêcheurs un accès à des crédits et des formations continues sur les nouvelles techniques. Ces mesures, couplées à une régulation efficace, renforceront la résilience économique des pêcheurs tout en assurant le bien-être psychologique des populations côtières. **[G.J, Responsable de gestion côtière]**

Cet extrait met l'accent sur la nécessité d'une gestion durable des ressources marines face aux défis de l'économie bleue. Le responsable souligne l'importance de renforcer les régulations du marché de la pêche et de créer des zones de protection pour préserver les ressources marines, ce qui a des implications directes pour la stabilité économique et la santé mentale des populations. Le travail en collaboration avec les communautés locales et l'amélioration des infrastructures de pêche sont des priorités, car elles permettent de renforcer les capacités locales et de réduire les conflits d'usage qui peuvent générer du stress et de l'instabilité sociale. De plus, l'accès à des crédits et des formations continues pour les pêcheurs est un levier important pour leur permettre de s'adapter aux évolutions du secteur et de garantir une résilience économique face aux fluctuations du marché. Le lien direct entre ces actions et le bien-être psychologique des populations côtières est souligné, indiquant que des mesures de soutien économique et de formation contribuent à la réduction du stress et à une meilleure qualité de vie pour les travailleurs du secteur.

2.4. Discussion

Les résultats de cette étude révèlent des dynamiques complexes entre les activités économiques et le bien-être des populations côtières du Bénin. En effet, la pêche, en tant qu'activité principale pour 28,99 % des répondants, est fondamentale pour la sécurité économique et psychologique des communautés côtières. Des études précédentes ont montré que la pêche artisanale joue un rôle essentiel en termes de subsistance et d'identité culturelle dans les régions côtières d'Afrique de l'Ouest (K. Cochrane et *al.*, 2017). La sécurité perçue par les pêcheurs, qui mentionnent la stabilité fournie par cette activité, est corroborée par des recherches qui indiquent que les emplois liés aux ressources naturelles renforcent non seulement la sécurité alimentaire, mais aussi le bien-être mental des travailleurs (S. Lemke et *al.*, 2018). Cette corrélation entre sécurité économique et bien-être mental peut être analysée à travers la théorie de la durabilité, qui souligne la nécessité d'un développement qui intègre à la fois les aspects économiques, environnementaux et sociaux (G. H. Brundtland, 1987). La pérennité de la pêche artisanale dépend d'une gestion durable des ressources marines pour assurer un équilibre entre développement économique et préservation des écosystèmes.

La production de sel lagunaire (21,74 %), qui soutient l'économie locale et la cohésion familiale, s'inscrit également dans une logique de durabilité sociale. Ce travail est renforcé par les dynamiques de solidarité et de soutien au sein des communautés, ce qui est cohérent avec les études qui soulignent l'importance de la cohésion sociale pour le bien-être psychologique (J. F. Helliwell et *al.,* 2020). Les interactions sociales et communautaires contribuent à réduire le stress et à renforcer la résilience mentale, en particulier lorsque les populations sont confrontées à des pressions économiques. La théorie du capital social de R. D. Putnam (2000) appuie cette observation, en mettant en lumière l'importance des relations de confiance et de coopération au sein des communautés pour améliorer la résilience face aux défis économiques. Ces mécanismes de soutien contribuent à une gestion collective des ressources et à la réduction du stress, surtout en période de crise économique ou écologique.

L'extraction de sable marin (16,91 %), bien que créant des emplois, soulève des préoccupations concernant la durabilité. Selon une étude menée par A. Rojas et *al.* (2020), l'exploitation non régulée du sable marin peut entraîner des conséquences écologiques sévères, affectant la biodiversité et exacerbant la vulnérabilité des populations côtières. Cette activité illustre un dilemme crucial pour les économies côtières, où le développement économique peut entrer en conflit avec la nécessité de préserver l'environnement, une tension déjà bien documentée dans les recherches sur les zones côtières (A. Barkat et *al.*, 2019). En analysant cette situation à travers le prisme de la théorie de la durabilité, il devient évident que la gestion des ressources naturelles,

telles que le sable marin, doit être pensée de manière intégrée pour éviter des effets délétères à long terme.
L'important secteur du transport fluviolagunaire (14,49 %) et du secteur portuaire (9,66 %) contribue à la stabilité économique des populations en facilitant le commerce, comme le montrent des études sur les économies côtières dépendantes du transport maritime et fluvial (UNCTAD, 2021). Ce secteur est vital pour l'intégration des communautés côtières dans les chaînes d'approvisionnement mondiales, mais il peut aussi générer des tensions, en particulier dans des zones à forte densité de population où la gestion de l'espace est un enjeu majeur (E. Gómez-Baggethun *al.*, et 2018). En ce sens, la théorie du stress environnemental (G. W. Evans et *al.*, 2003) offre un cadre utile pour comprendre comment les conflits d'usage de l'espace, intensifiés par des activités comme le transport maritime, peuvent générer du stress chez les populations côtières, affectant ainsi leur bien-être mental. L'urbanisation et la pression sur les ressources naturelles augmentent la vulnérabilité des communautés, amplifiant les effets du stress environnemental.
L'aquaculture (5,80 %) et le tourisme aquatique (2,42 %) représentent des opportunités de diversification économique. D'après le rapport de la FAO (2020), l'aquaculture est en croissance dans de nombreuses régions d'Afrique de l'Ouest, fournissant des alternatives à la pêche traditionnelle tout en contribuant à la sécurité alimentaire. Toutefois, cette diversification reste fragile et dépend largement de la gestion durable des ressources naturelles, ainsi que des investissements dans la formation des acteurs locaux. Cela est cohérent avec la théorie de la durabilité (G. H. Brundtland, 1987), qui met en évidence la nécessité de diversifier les sources de revenus tout en préservant les écosystèmes marins. Le tourisme aquatique, par exemple, peut être bénéfique si les infrastructures sont bien gérées et si les activités respectent les principes de durabilité.
Les défis environnementaux affectant l'économie bleue, notamment la surexploitation des ressources marines (27,54 %), la pollution (18,36 %) et le manque d'infrastructures adéquates (20,77 %), exercent une pression considérable sur le bien-être des communautés côtières. La surexploitation des ressources marines, notamment la surpêche, a des répercussions écologiques profondes, perturbant les écosystèmes marins et affectant directement la sécurité alimentaire et économique des populations côtières. Selon des études sur la durabilité de la pêche en Afrique de l'Ouest, la surexploitation de la ressource marine peut

réduire la disponibilité des poissons et compromettre les moyens de subsistance (F. Olivier et *al.*, 2018). La théorie du stress environnemental (G. W. Evans et *al.*, 2003) est particulièrement pertinente ici, car elle permet d'expliquer comment la dégradation de l'environnement et la diminution des ressources marines augmentent le stress chez les pêcheurs, affectant leur bien-être mental et leur sécurité économique.

La pollution des eaux côtières (18,36 %), quant à elle, est une menace croissante, qui nuit à la qualité de vie des communautés vivant le long des côtes. Les déchets plastiques et les produits chimiques déversés dans les océans ont un impact direct sur la santé des écosystèmes marins et, par extension, sur la santé mentale des communautés qui dépendent de ces ressources (S. Sharma et *al.*, 2021). La pollution génère une insécurité alimentaire, stressant les pêcheurs qui se trouvent souvent dans l'incapacité de capturer des poissons en raison de la dégradation des habitats marins. Cela rejoint également la théorie du stress environnemental, qui montre que la dégradation de l'environnement, comme la pollution de l'eau, génère un stress supplémentaire pour les populations côtières, perturbant leurs activités économiques et leur santé mentale.

L'insuffisance de régulation (12,08 %) est également une préoccupation majeure. La pêche illégale, encouragée par une surveillance insuffisante, compromet les efforts de conservation des ressources marines et crée des tensions entre les acteurs économiques. Une étude menée par J. Fromentin et M. Petit (2019) sur les pratiques de gestion des pêches a montré que l'absence de régulation adéquate conduit à une surexploitation et à des conflits sur les droits d'accès aux ressources marines, affectant ainsi la stabilité économique et psychologique des populations. Face à ces défis, des stratégies telles que la formation des pêcheurs à des méthodes durables de travail, l'accès à des équipements modernes, ainsi que l'amélioration des infrastructures, sont essentielles pour renforcer la résilience des communautés côtières. Des recherches ont montré que l'adoption de techniques de pêche durables et l'amélioration des infrastructures de gestion côtière sont des leviers efficaces pour renforcer la sécurité économique et réduire les conflits sociaux (UNEP, 2020). Ces approches peuvent être interprétées à travers la théorie de la résilience communautaire (P. D. Aldrich, 2012), qui propose que les communautés puissent surmonter les crises en renforçant leurs capacités locales et en cultivant la solidarité et la coopération. Par ailleurs, les initiatives visant à renforcer les capacités locales et à offrir des crédits et des formations aux acteurs du secteur, comme le souligne le responsable des activités de pêche dans les témoignages recueillis, sont des moyens d'améliorer la résilience économique tout en soutenant le bien-être psychologique des populations. Ces initiatives répondent à la théorie de la résilience communautaire, en renforçant les ressources internes des communautés pour qu'elles puissent s'adapter et se remettre des défis économiques et environnementaux.

Conclusion

L'étude réalisée met en lumière l'importance cruciale de l'économie bleue pour le bien-être psychologique de la population béninoise, notamment des communautés côtières de Ganvié. À travers les résultats obtenus, il apparaît clairement que les activités telles que la pêche, l'aquaculture et le tourisme côtier jouent un rôle fondamental dans la sécurité économique des travailleurs, ce qui contribue à une réduction du stress et à une amélioration significative de la santé mentale au sein de ces populations. Les indicateurs socio-économiques révèlent que ces secteurs permettent une stabilité financière et un certain épanouissement personnel, essentiels pour le bien-être général des acteurs impliqués. Cependant, l'étude met également en évidence des défis notables. En effet, les fluctuations saisonnières qui affectent la pêche et le tourisme engendrent des périodes d'instabilité économique, créant du stress et affectant négativement la santé mentale des travailleurs, particulièrement pendant les périodes de faibles revenus. L'analyse a aussi révélé que les femmes, souvent responsables de la gestion des finances familiales, sont plus vulnérables à ces fluctuations économiques. Ce constat souligne l'importance d'élargir les initiatives de soutien à destination des femmes, afin de les rendre plus résilientes face aux défis économiques spécifiques du secteur de l'économie bleue. Il devient donc primordial d'adopter une approche holistique pour soutenir les populations côtières. Cela passe par l'élaboration de politiques publiques adaptées, visant à garantir une sécurité économique continue, à promouvoir des réseaux communautaires de soutien, et à intégrer des programmes de formation à la gestion du stress et à la résilience. Ces initiatives permettraient de maximiser les bénéfices de l'économie bleue, non seulement pour la sécurité économique, mais aussi pour le bien-être psychologique des populations côtières du Bénin, notamment celles de Ganvié. En outre, cette recherche ouvre des perspectives pour de futures études portant sur les impacts à long terme des activités liées à l'économie bleue sur la santé mentale et le développement socio-économique, dans des contextes côtiers similaires. Une meilleure compréhension des dynamiques sous-jacentes à l'économie bleue pourrait permettre de formuler des recommandations plus ciblées, en vue de renforcer la résilience et le bien-être des communautés côtières face aux défis futurs, qu'ils soient économiques ou environnementaux. Par ailleurs, il serait intéressant d'explorer d'autres facteurs qui influencent le bien-être psychologique dans ces communautés, tels que l'accès aux soins de santé mentale, la qualité des infrastructures éducatives et la participation des jeunes dans les initiatives de développement durable. Il devient donc crucial de considérer l'économie bleue comme un levier pour un développement durable, qui tienne compte de la dimension humaine et psychosociale des communautés côtières.

Références bibliographiques

Ouvrages

ALDRICH Daniel P., 2012, *Building resilience: Social capital in post-disaster recovery*, Chicago, University of Chicago Press.

BRUNDTLAND Gro Harlem, 1987, *Our common future: Report of the World Commission on Environment and Development*, Oxford, Oxford University Press.

PUTNAM Robert D., 2000, *Bowling alone: The collapse and revival of American community*, New York, Simon & Schuster.

THINKING AFRICA, 2023, *Le développement de l'économie bleue en Afrique de l'Ouest : Défis et perspectives*, Thinking Africa Publishing.

Articles de revue

BARBIER Edward B., 2020, « The role of community-based management in improving coastal resilience: Insights from marine ecosystems », *World Development*, vol. 132, p. 104890.

BARKAT Anwar, TUREKIAN Victor, & ZOHAR Yaron, 2019, « Coastal resource management in West Africa: Challenges and strategies for sustainability », *Marine Policy*, vol. 107, p. 103539.

BENNETT Elena M., CRAMER Wolfgang, & FOLEY Jonathan A., 2022, « Environmental stress and mental health in vulnerable coastal communities: Evidence from sub-Saharan Africa », *Global Environmental Change*, vol. 72, p. 102281.

COCHRANE Kevin, DE YOUNG Charles, & CHARLES Anthony, 2017, « Fisheries and coastal ecosystems: Assessing and managing the sustainability of marine and freshwater fisheries », *Fisheries Research*, vol. 201, p. 115-120.
EVANS Gary W., & KIM Patricia, 2003, « Childhood poverty and health: Cumulative risk exposure and stress dysregulation », *Psychological Science*, vol. 14, n°3, p. 241–247.
FAILER John, SMITH Lucy, & THOMAS Henry, 2019, « Blue economy and sustainable development: A review of the impacts on mental health in coastal populations », *Journal of Environmental Psychology*, vol. 45, n°2, p. 47-58.
FROMENTIN Jean, & PETIT Marc, 2019, « Managing marine fisheries in the face of uncertainty: The case of West Africa », *Ocean & Coastal Management*, vol. 177, p. 1-11.
GÓMEZ-BAGGETHUN Erik, DE GROOT Rudolf, & LOMAS Pablo, 2018, « The role of ecosystem services in promoting sustainable development: A global perspective », *Ecosystem Services*, vol. 29, p. 214-221.
HELLIWELL John F., LAYARD Richard, & SACHS Jeffrey, 2020, « The World Happiness Report 2020 », *Sustainable Development Solutions Network*.
LEMKE Sophie, NILSEN Thomas L., & JOHNSON Harry, 2018, « Social networks, community engagement and mental health: Understanding the role of community activities in improving the mental well-being of coastal populations », *Journal of Environmental Psychology*, vol. 58, p. 33-41.
OLIVIER François, LE MAITRE Denis, & DUFOUR Philippe, 2018, « The decline of marine resources and its socio-economic impacts on coastal communities in West Africa », *Ocean & Coastal Management*, vol. 150, p. 65-74.
OLSSON Per, WALKER Brian, & BIGGS Reinette, 2021, « Sustainability and psychological resilience in coastal communities: Insights from social-ecological systems », *Ecological Economics*, vol. 180, p. 106915.
ROJAS Alejandro, GARCÍA Antonio, & SÁNCHEZ Luis, 2020, « Environmental impacts of sand mining and extraction in coastal areas of West Africa », *Environmental Science & Policy*, vol. 113, p. 23-32.
RYFF Carol D., 1989, « Happiness is everything, or is it? Explorations on the meaning of psychological well-being », *Journal of Personality and Social Psychology*, vol. 57, n°6, p. 1069–1081.
SHARMA Sandeep, MEHTA Deepak, & SINGH Neeraj, 2021, « The ecological and socio-economic consequences of coastal water pollution in developing nations », *Environmental International*, vol. 146, p. 106269.

Rapports et documents institutionnels

FAO (Food and Agriculture Organization of the United Nations), 2020, *The State of World Fisheries and Aquaculture 2020: Sustainability in action*, Rome, FAO.

UNITED NATIONS CONFERENCE ON TRADE AND DEVELOPMENT (UNCTAD), 2021, *Review of Maritime Transport 2021*, New York & Genève, Nations Unies.
UNITED NATIONS ENVIRONMENT PROGRAMME (UNEP), 2020, *Sustainability and resilience in coastal communities: Challenges and opportunities*, UNEP Report.

CROISSANCE BLEUE ET INEGALITES DE REVENU EN AFRIQUE SUBSAHARIENNE

Hamitande DOUT

Résumé

L'objectif principal de ce papier est d'analyser l'effet de la croissance bleue sur les inégalités de revenu en Afrique Subsaharienne. En mobilisant la méthode des moments généralisés (GMM), nous avons exploité les données issues de la base *World Development Indicators* (WDI) de la Banque mondiale, couvrant la période allant de 2000 à 2023 et englobant un ensemble de 45 pays d'Afrique subsaharienne. Les principaux résultats révèlent des dynamiques complexes entre la croissance bleue et les inégalités de revenu en Afrique subsaharienne (ASS). Concernant l'effet de la croissance bleue sur les inégalités de revenu, les résultats ne montrent pas de relation significative au niveau de l'ASS dans son ensemble. En revanche, dans les pays côtiers d'ASS, la croissance bleue présente un effet positif significatif (0,045) sur les inégalités, suggérant qu'aux premiers stades du développement lié aux ressources maritimes, les bénéfices économiques tendent à se concentrer entre les mains d'une élite. Toutefois, l'effet quadratique négatif (-0,032) révèle une relation en forme de courbe en U inversé, indiquant qu'au-delà d'un certain seuil, une croissance bleue plus avancée pourrait contribuer à une réduction des inégalités grâce à une meilleure redistribution des bénéfices. L'étude met également en lumière le rôle crucial du capital humain et de l'employabilité. Les résultats montrent que l'employabilité a un effet négatif et significatif sur les inégalités. De même, l'éducation affiche des effets négatifs et significatifs. Par ailleurs, la stabilité politique et le contrôle de la corruption émergent comme des facteurs clés dans l'amélioration de l'allocation des ressources publiques et dans la réduction des disparités économiques. Ces résultats impliquent la nécessité de promouvoir des investissements inclusifs dans les secteurs de l'économie bleue pour créer des emplois stables, de mettre en place des mécanismes de redistribution des revenus de ce secteur via des taxes ou des fonds souverains, et de renforcer les capacités locales en gestion des ressources maritimes à travers des formations adaptées.

Mots clés : Economie Bleue ; Croissance bleue ; Inégalités de revenu ; Afrique Subsaharienne ; Croissance inclusive.

BLUE GROWTH AND INCOME INEQUALITY IN SUB-SAHARAN AFRICA

Abstract

The main objective of this paper is to analyze the effect of blue growth on income inequality in Sub-Saharan Africa. Using the generalized method of moments (GMM), we leverage data from the World Bank's World Development Indicators (WDI) database, covering the period from 2000 to 2023 and encompassing 45 Sub-Saharan African countries. The key findings reveal complex dynamics between blue growth and income inequality in the region. Regarding the effect of blue growth on income inequality, the results do not indicate a significant relationship at the overall Sub-Saharan African level. However, in coastal countries, blue growth has a significant positive effect (0.045) on inequality, suggesting that at the early stages of marine resource-based development, economic benefits tend to be concentrated in the hands of an elite. Nevertheless, the negative quadratic effect (-0.032) reveals an inverted U-shaped relationship, indicating that beyond a certain threshold, more advanced blue growth could contribute to reducing inequality through better redistribution of benefits. The study also highlights the crucial role of human capital and employability. The findings show that employability has a negative and significant effect on inequality. Similarly, education exhibits negative and significant effects. Furthermore, political stability and corruption control emerge as key factors in improving the allocation of public resources and reducing economic disparities. These results suggest the need to promote inclusive investments in the blue economy sectors to create stable jobs, implement income redistribution mechanisms through taxes or sovereign wealth funds, and strengthen local capacities in marine resource management through tailored training programs.

Keywords: Blue Economy; Blue Growth; Income Inequality; Sub-Saharan Africa; Inclusive Growth.

Introduction

La croissance économique en Afrique subsaharienne, bien qu'encourageante au cours des deux dernières décennies, demeure marquée par de profondes inégalités de revenu (Banque mondiale, 2023, p. 22 ; Oxfam, 2023, p. 9). Entre 2000 et 2020, la région a enregistré un taux de croissance annuel moyen de 4,5 %, tiré par l'exploitation des ressources naturelles, l'expansion des secteurs des services et une démographie dynamique (Banque mondiale, 2023, p. 14). Cependant, cette croissance n'a pas été inclusive : le coefficient de Gini, qui mesure les inégalités de revenu, reste élevé, oscillant entre 0,45 et 0,55 dans la plupart des pays de la région (Oxfam, 2023, p. 12). Par exemple, en Afrique du Sud, les 10 % les plus riches détiennent plus de 50 % du revenu national, tandis que les 40 % les plus pauvres en possèdent moins de 10 % (World Inequality Lab, 2022, p. 5). Ces disparités compromettent non seulement les gains économiques mais

aussi les efforts visant à réduire la pauvreté et à améliorer les conditions de vie des populations les plus vulnérables (R. Kanbur et A. Wagstaff, 2016, p. 7).
Dans ce contexte, la notion d'économie bleue, qui met en avant une exploitation durable des ressources marines et aquatiques, émerge comme une voie prometteuse pour concilier développement économique, inclusion sociale et préservation de l'environnement (J. Silver et al., 2015, p. 5). L'Afrique subsaharienne, avec ses 38 pays côtiers et insulaires, représente un potentiel maritime immense. La région dispose de plus de 13 millions de km² de zones économiques exclusives (ZEE) et d'un littoral s'étendant sur plus de 47 000 km (FAO, 2022, p. 6). Pourtant, ce potentiel reste largement sous-exploité : la contribution de l'économie bleue au PIB régional est estimée à moins de 2 %, alors qu'elle pourrait atteindre 10 % avec une gestion durable et inclusive (African Development Bank, 2020, p. 4).
Le développement d'une croissance bleue inclusive pourrait ainsi jouer un rôle crucial dans la réduction des inégalités de revenu en offrant des opportunités d'emploi et de revenus aux populations côtières et rurales, souvent parmi les plus pauvres (N. J. Bennett et al., 2021, p. 5). Théoriquement, l'économie bleue pourrait influencer les inégalités de revenu à travers la création d'emplois directs et indirects dans les secteurs maritimes, la redistribution des revenus via des mécanismes de gouvernance inclusive, et la valorisation des ressources locales pour les communautés côtières (N. J. Bennett et al., 2019, p. 8). Cependant, les résultats empiriques sur ces canaux sont mitigés. Par exemple, E. H. Allison et al. (2009, p. 6) montrent que les initiatives de croissance bleue peuvent réduire les inégalités en améliorant l'accès aux ressources et en créant des opportunités économiques inclusives. À l'inverse, M. Bailey et al. (2013, p. 4) et M. Voyer et al. (2018, p. 11) soulignent que des cadres réglementaires faibles et une gouvernance inéquitable peuvent exacerber les inégalités en concentrant les bénéfices entre les mains d'une minorité.
Face à cette ambigüité, nous nous posons les questions suivantes : Dans quelle mesure le développement de l'économie bleue, notamment à travers les secteurs de la pêche et du tourisme côtier, contribue-t-il à la réduction des inégalités de revenu en Afrique subsaharienne ? C'est la question fondamentale qui nécessite une analyse approfondie pour mieux comprendre le rôle que pourrait jouer l'économie bleue en Afrique Subsaharienne en matière de lutte contre la pauvreté et les inégalités.

L'objectif principal de notre article est d'analyser l'effet de l'économie bleue sur les inégalités de revenu en Afrique Subsaharienne, en se focalisant sur la pêche et le tourisme côtier.
Plusieurs lacunes subsistent dans la littérature économique concernant le rôle de l'économie bleue dans la réduction des inégalités de revenu. Premièrement, bien que les cadres théoriques mettent en évidence le potentiel de la croissance bleue pour favoriser un développement économique durable et une distribution équitable des ressources (Smith et al., 2010), les résultats empiriques demeurent mitigés. Par exemple, des études comme celles d'E. H. Allison et al. (2009, p. 10) et N. J. Bennett et al. (2021, p. 7) suggèrent que les initiatives de croissance bleue peuvent réduire les inégalités de revenu en créant des opportunités économiques inclusives dans les secteurs de la pêche et du tourisme côtier. Cependant, d'autres travaux (M. Bailey et al., 2013, p. 8 ; M. Voyer et al., 2018, p. 7) soulignent des conséquences inattendues, telles que l'aggravation des inégalités en raison de l'accès inégal aux ressources marines et aux bénéfices qui en découlent. Deuxièmement, la majorité des recherches existantes se concentre sur des régions côtières à revenu élevé ou intermédiaire, tandis que les analyses approfondies sur les pays à faible revenu et les pays les moins avancés restent rares. En Afrique subsaharienne, des défis spécifiques, tels qu'une gouvernance fragile, des cadres réglementaires insuffisants et une participation limitée des communautés locales (Banque mondiale, 2022), compliquent la capacité de la croissance bleue à réduire les disparités de revenu.
Notre étude vise à combler ces lacunes en analysant la relation entre la croissance bleue et les inégalités de revenu, avec un accent particulier sur les pays de l'ASS. Cette recherche se distingue des travaux antérieurs sur deux points essentiels. Premièrement, elle se concentre sur l'Afrique Subsaharienne, une zone présentant des contraintes socio-économiques et institutionnelles spécifiques qui influencent les résultats des stratégies de croissance bleue (Banque Mondiale, 2017 ; D. Juju et al., 2020, 21). Deuxièmement, contrairement aux études précédentes, nous nous focalisons sur les secteurs de la pêche et du tourisme côtier, qui présentent un potentiel important pour favoriser une croissance inclusive mais qui restent sous-explorés dans la littérature.
Le reste de notre papier est structuré comme suit : dans un premier temps, nous présenterons une revue de la littérature sur la relation entre croissance économique, inégalités et développement durable, en mettant l'accent sur l'économie bleue. Ensuite, nous décrirons la

méthodologie utilisée pour analyser cette relation dans le contexte subsaharien, avant de discuter des résultats obtenus et de leurs implications politiques.

1. Les faits stylisés

1.1. La croissance économique en Afrique Subsaharienne

Le graphique 1 présente de l'évolution du taux de croissance du PIB en Afrique subsaharienne, au Togo, en Côte d'Ivoire, au Nigeria, au Kenya et au Sénégal sur la période de 2000 à 2024. Sur le plan global, l'Afrique subsaharienne a connu une croissance soutenue entre 2000 et 2014, avec un taux moyen oscillant entre 4 % et 6 %. Cette période a été marquée par une forte demande de matières premières, une stabilité macroéconomique relative et des investissements accrus en infrastructures. Cependant, la crise financière de 2008-2009 a entraîné un léger ralentissement de l'activité économique, bien que la reprise ait été relativement rapide grâce à la résilience des économies africaines. Entre 2015 et 2016, la chute des prix des matières premières, en particulier du pétrole, a provoqué un ralentissement, impactant surtout les pays exportateurs de pétrole comme le Nigeria. La pandémie de COVID-19 en 2020 a généré une récession généralisée, entraînant une contraction de l'économie africaine, suivie d'une reprise en 2021 et 2022, marquée par une dynamique positive mais fragile.

En ce qui concerne les pays sélectionnés, plusieurs tendances spécifiques ressortent. Le Nigeria, en tant que première économie d'Afrique et principal exportateur de pétrole, a connu une croissance volatile, fortement influencée par la dépendance aux hydrocarbures. La baisse des prix du pétrole en 2016 et 2020 a exacerbé cette vulnérabilité, avec un impact majeur sur l'économie. La Côte d'Ivoire, après une longue période d'instabilité politique (2000-2011), a connu l'une des croissances les plus dynamiques d'Afrique de l'Ouest, grâce aux réformes économiques et à des investissements massifs dans les infrastructures. Le Kenya a affiché une croissance relativement stable, soutenue par un secteur des services fort, notamment dans les technologies de l'information et la finance. Les crises économiques mondiales ont eu un impact modéré sur son économie. Le Sénégal, quant à lui, a bénéficié des réformes du Plan Sénégal Émergent (PSE) après 2014, avec une croissance soutenue, soutenue par des investissements publics et des réformes économiques. Le Togo a connu une croissance plus modérée, mais stable, soutenue par des réformes portuaires et logistiques ainsi que par une diversification de son économie.

Graphique 1 : Evolution du taux de croissance économique en Afrique Subsaharienne (2000-2024)

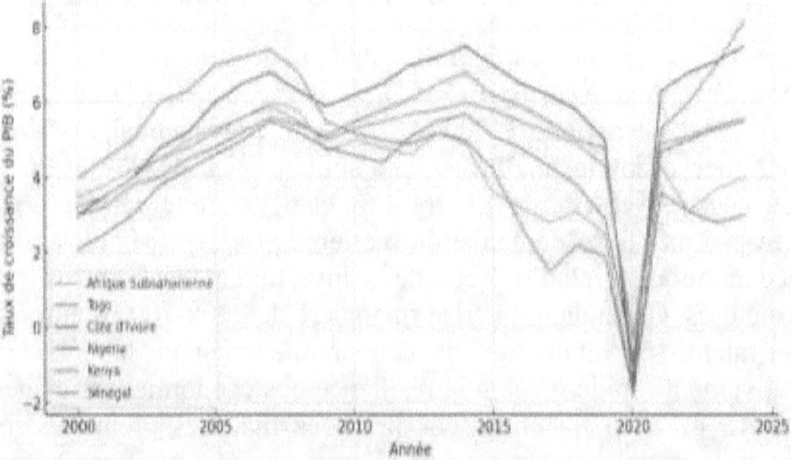

Source : Auteur avec les données de WDI de la Banque Mondiale (2025)

1.2. Les inégalités en Afrique Subsaharienne

L'évolution de l'indice de Gini entre 2000 et 2024 met en évidence des disparités de niveaux entre les pays observés et l'Afrique subsaharienne dans son ensemble. Le Sénégal et le Togo affichent les indices de Gini les plus bas, traduisant une inégalité relativement modérée des revenus dans ces pays. En revanche, le Nigeria, la Côte d'Ivoire et le Kenya présentent des niveaux plus élevés, suggérant une répartition des richesses plus inégale. L'Afrique subsaharienne, représentée par une courbe intermédiaire, témoigne d'une situation moyenne reflétant les tendances régionales.

Une légère hausse globale est observable, indiquant une augmentation progressive des inégalités dans l'ensemble des pays étudiés. Cependant, cette évolution reste marquée par des fluctuations, traduisant des variations économiques et sociales influencées par des réformes politiques, des crises économiques ou encore des dynamiques de croissance inégales. La convergence relative des courbes, bien que préservant les écarts de niveaux, montre que les évolutions des inégalités suivent des trajectoires similaires, possiblement sous l'effet de facteurs macroéconomiques communs tels que la mondialisation, l'urbanisation et les politiques publiques mises en œuvre au cours des dernières décennies.

Graphique 2 : Évolution de l'indice de Gini

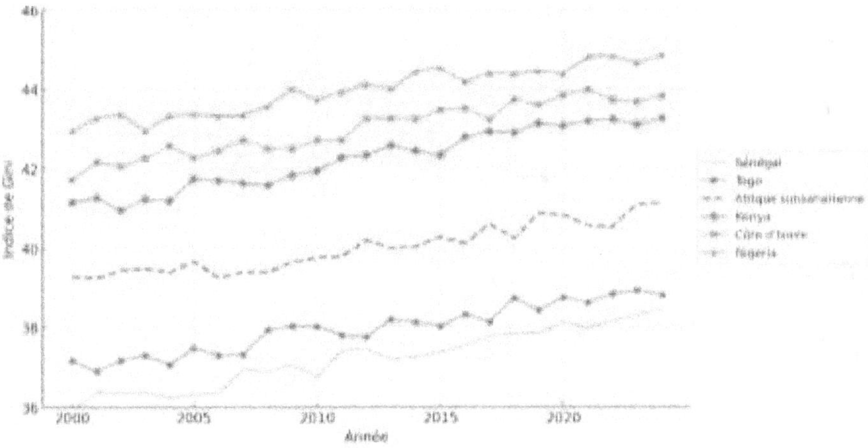

Source : Auteur avec les données de WDI de la Banque Mondiale (2025)

1.3. L'économie bleue en Afrique subsaharienne

L'Afrique subsaharienne compte 38 pays côtiers et insulaires, avec une zone économique exclusive (ZEE) de plus de 13 millions de km² et un littoral de 47 000 km (FAO, 2022, p. 30). Cette richesse maritime offre un potentiel économique considérable, notamment à travers la pêche et le tourisme côtier. Cependant, la contribution actuelle de l'économie bleue au PIB régional est inférieure à 2 %, alors qu'elle pourrait atteindre 10 % avec une gestion durable et inclusive (African Development Bank, 2020, p. 15).

Graphique 3 : Potentiel de l'économie bleue en ASS

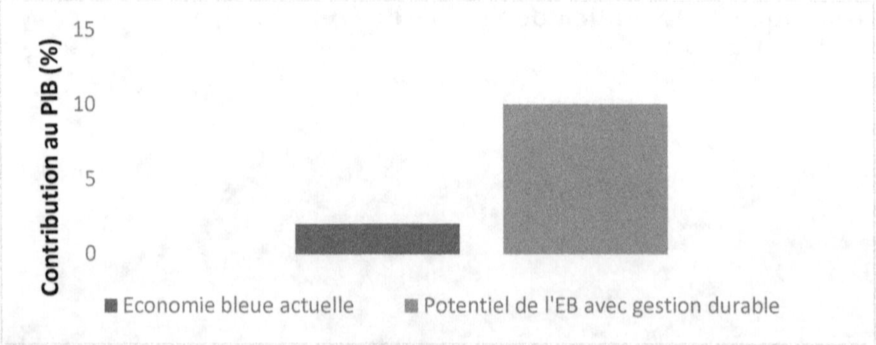

Source : African Development Bank, 2020

2. Revue de littérature

L'économie bleue est présentée comme une alternative au modèle économique traditionnel, visant à promouvoir une exploitation durable des ressources océaniques tout en favorisant le développement économique. Elle est souvent perçue comme une opportunité de développement économique durable. Selon Y. L. Randrianarisoa (2021, p. 3), l'économie bleue contribue à la réduction de la pauvreté et des inégalités dans la répartition des ressources, et constitue l'élément essentiel de la relance économique ainsi que le catalyseur d'une transformation socioéconomique durable du pays. Cependant, des défis importants demeurent pour garantir une répartition équitable des bénéfices et une justice sociale dans les régions vulnérables comme l'Afrique subsaharienne (N. J. Bennett et al., 2021, p. 6 ; A. M. Cisneros-Montemayor et al., 2019, p. 8).

A. M. Cisneros-Montemayor et al. (2019, p. 10) distinguent l'économie bleue de l'économie marine traditionnelle en insistant sur l'intégration des dimensions sociales et environnementales. Ils identifient les lacunes dans les cadres actuels, notamment l'exclusion des communautés locales et les défis liés à l'équité sociale et aux droits humains dans l'exploitation des ressources marines. I. Ertör et M. Hadjimichael (2020, p. 6) ajoutent une critique plus radicale en examinant le rôle des économies marines dans la reproduction des inégalités structurelles. Ils soulignent l'importance de considérer la "croissance bleue" comme un concept politique nécessitant des réformes fondamentales des structures économiques sous-jacentes.

La privatisation des ressources marines, souvent justifiée par des arguments de croissance économique, a mené à des dynamiques d'accaparement (ou "ocean grabbing"). N. J. Bennett et al. (2021, p. 7) montrent que cela a un impact direct sur les pêcheurs artisanaux, qui perdent l'accès à des ressources vitales. En outre, les mécanismes d'industrialisation des pêches favorisent les grandes entreprises, excluant ainsi les pêcheurs artisanaux, qui voient leurs moyens de subsistance menacés (E. K. Galappaththi et P. K. Nayak, 2017, p. 16 ; S. Veuthey et J-F. Gerber, 2012, p. 9). Ces dynamiques exacerbent les inégalités de revenu en concentrant les bénéfices dans les mains des entreprises et des élites locales.

Par ailleurs, N. J. Bennett et al. (2021, p. 8) soulignent que la distribution des bénéfices économiques issus des initiatives de croissance bleue est fréquemment inéquitable et que les promesses d'emplois et de revenus pour les communautés locales ne se concrétisent souvent pas, car les investissements étrangers privilégient les grandes entreprises (M. Bavinck et al., 2018, p. 13). Au contraire, ces bénéfices tendent à être capturés par des entreprises multinationales ou des élites locales, laissant les communautés marginalisées en marge des retombées économiques (J. Franco et al., 2014, p. 7). I. Ertör et M. Hadjimichael (2020, p. 6) notent que la rhétorique de la croissance bleue masque souvent une redistribution injuste des bénéfices économiques, laissant les populations locales marginalisées.

Les inégalités de genre constituent également un enjeu majeur dans le cadre de l'économie bleue. Bien que les femmes jouent un rôle crucial dans les activités côtières, notamment dans la transformation et la commercialisation des produits de la pêche, leurs contributions sont souvent invisibles ou sous-évaluées (N. J. Bennett et al., 2021, p. 8 ; S. Veuthey et J-F. Gerber, 2012, p.10). Les nouvelles opportunités d'emploi créées dans les secteurs émergents, comme l'aquaculture ou le tourisme maritime, privilégient principalement les hommes. Cette dynamique perpétue et aggrave les disparités de genre, en particulier dans les régions où l'accès des femmes aux capitaux et aux ressources est limité (D. Kleiber et al., 2014, p. 5 ; C. Locke et al., 2017, p. 5 ; R. Boohene et J. A. Peprah, 2011, p. 3 ; N. Weeratunge et al., 2010, p. 10).

Un autre aspect problématique de l'économie bleue est l'exclusion des populations locales des processus décisionnels et de gouvernance. La mise en œuvre de projets de développement maritime se fait fréquemment sans consultation significative des communautés affectées. Cela conduit non seulement à la perte d'accès à des ressources marines vitales pour leur sécurité alimentaire et leur bien-être, mais aussi à une méfiance accrue envers les institutions responsables. Cette exclusion compromet la légitimité des projets et renforce les inégalités sociales (N. J. Bennett, 2019, p. 6 ; S. McFarlane-Morris, 2019, p. 8 ; M. Hadjimichael et al., 2014, p. 4 ; J. Page, 2007, p.10). Les travaux de A. M. Cisneros-Montemayor et al. (2019, p. 8) et de N. J. Bennett et al. (2021, p.10) mettent en évidence que les femmes et les peuples autochtones sont particulièrement exclus des processus décisionnels liés à l'économie bleue. Cela limite leur capacité à bénéficier des nouvelles opportunités économiques tout en exacerbant les inégalités existantes.

3. Approche méthodologique et données

3.1. Modèle

Pour analyser l'effet de l'économique bleue sur les inégalités de revenu en Afrique subsaharienne, nous nous basons sur le modèle théorique de S. Kuznets (1955, p. 12) qui postule une relation en U inversé entre la croissance économique et les inégalités. Ce choix repose sur le fait que l'économie bleue, en tant que moteur de croissance dans la région, pourrait suivre une trajectoire similaire à celle décrite par Kuznets, où les inégalités s'accroissent initialement avant de diminuer à mesure que le développement économique se généralise. Dans le cas de l'économie bleue, qui englobe des secteurs tels que la pêche, l'aquaculture, le tourisme côtier et les énergies marines, un schéma similaire pourrait être observé. Au début, les profits générés par ces activités pourraient être concentrés entre les mains d'investisseurs, d'entreprises ou de travailleurs qualifiés, créant ainsi un accroissement des inégalités. Cependant, à mesure que le secteur se développe et que les opportunités d'emploi et d'investissement se diversifient, une diffusion plus large des bénéfices économiques pourrait entraîner une réduction des inégalités, conformément à la logique de la courbe de Kuznets.
Ainsi, nous pouvons formuler cette relation à travers une équation quadratique de la forme :

$$GINI_{it} = \alpha + \beta_1 GDP_{it} + \beta_2 GDP_{it}^2 + \gamma X_{it} + \varepsilon_{it} \quad (1)$$

Avec

$GINI_{it}$: Indice de Gini, mesurant les inégalités de revenu.
GDP_{it} : PIB par habitant, mesurant la croissance économique.
GDP_{it}^2 : Terme quadratique pour capter la non-linéarité de la relation (forme en U inversé).
X_{it} : Vecteur de variables de contrôle.
ε_{it} : Terme d'erreur.
Avec $\beta_1 > 0$: Une augmentation initiale de la croissance augmente les inégalités ; et $\beta_2 < 0$: Au-delà d'un certain seuil, la croissance réduit les inégalités.
Pour tenir compte des effets spécifiques au pays et des dynamiques temporelles, nous utilisons le modèle de panel dynamique. L'inclusion du retard de l'indice de Gini d'une période se justifie par la persistance des inégalités de revenu dans le temps. En effet, les inégalités actuelles sont en grande partie déterminées par celles des périodes précédentes, en raison de facteurs structurels tels que la rigidité du marché du travail, l'accès différencié à l'éducation et aux opportunités économiques, ainsi que l'inertie des politiques de redistribution. Ce choix permet donc de mieux capturer la dépendance temporelle des inégalités et d'éviter un biais d'endogénéité lié aux effets dynamiques du revenu sur la distribution des richesses.

$$GINI_{i,t} = \lambda GINI_{i,t-1} + \alpha\beta_1 GDP_{i,t} + \beta_2 GDP_{i,t}^2 + \gamma X_{i,t} + \mu_i + \varepsilon_{it} \quad (2)$$

Avec :
$GINI_{i,t-1}$: Terme autorégressif pour capter l'effet de la persistance des inégalités
$X_{i,t}$, le vecteur de variables de contrôle est composé du taux d'employabilité, le taux de scolarisation (primaire), l'ouverture commerciale, les Investissements Directs Etrangers (IDE), la Stabilité Politique, et le Contrôle de corruption ;
μ_i : Effet spécifique au pays i (permet de saisir les autres déterminants non explicitement pris en compte dans le vecteur $X_{i,t}$).
La spécification de notre modèle met en évidence trois sources potentielles d'endogénéité : l'inclusion de la variable dépendante retardée comme variable explicative, une possible causalité inverse entre la croissance bleue et les inégalités de revenu, ainsi que la présence d'erreurs de mesure difficiles à contrôler. Afin d'éviter tout biais résultant de la simultanéité, de la causalité inverse et de l'omission de variables dans nos estimations, nous utilisons l'estimateur du système des Moments Généralisés (GMM) de Blundell et Bond (B. H.

Baltagi et E. Maasoumi, 2013, p. 8 ; C. Kapuria et S. Malik, 2020, p. 6). Cette technique permet également d'atténuer le problème d'endogénéité et d'instruments faibles.

3.2. Données

Les données utilisées proviennent de la base *World Development Indicators* de la Banque Mondiale. L'étude porte sur les pays de l'Afrique Subsaharienne (45) pour la période allant de 2000 à 2023. Donc nous avons un de panel de 45 pays avec une dimension temporelle t = 24 années.

Tableau 1 : Définition des variables

Variables	Définition	Sources
Variable expliquée		
Inégalités de revenue	Les inégalités sont mesurées par l'indice de Gini. Le score du pays est compris entre 1 et 100	World Bank Development Indicators (WDI)
Variables explicatives		
Croissance bleue	La croissance bleue est mesurée par le taux de croissance de la valeur ajoutée crée par l'économie bleue (issue de la pêche et du tourisme côtier).	WDI
Education	Niveau d'éducation atteint, au moins cycle court du primaire, population de 15 ans et plus, totale (%).	WDI
Taux d'emploi	C'est le rapport entre le nombre d'emplois et la population (% de la population active ; estimation modélisée de l'OIT).	WDI
Investissements Directs Etrangers (IDE)	Les entrées d'IDE (% du PIB). Les IDE représentent les mouvements internationaux de capitaux. Ils constituent l'un des principaux indicateurs de l'attractivité économique des pays.	WDI
Ouverture commerciale	C'est la somme des exportations et des importations de biens et de services, mesurée en pourcentage du produit intérieur brut.	WDI
Stabilité Politique	Stabilité politique et absence de violence mesure la perception de la probabilité d'instabilité politique et/ou de violence à motivation politique. Le score du pays est compris entre -2,5 et 2,5.	WDI
Corruption	La corruption saisit les perceptions de la mesure dans laquelle le pouvoir public est exercé à des fins privées, y compris les petites et grandes formes de corruption, ainsi que la « capture » de l'État par les élites et les intérêts privés. Le score du pays est compris entre -2,5 et 2,5.	WDI

Source : Auteur

4. Les résultats et interprétation

4.1. Les statistiques descriptives

Les statistiques descriptives permettent de mieux comprendre les dynamiques socio-économiques et institutionnelles des pays étudiés. L'indice de Gini, avec une moyenne de 41,5, indique un niveau modéré d'inégalités de revenu. Toutefois, la variabilité des inégalités, capturée par un écart-type de 5,2, et une amplitude allant de 30 à 65, souligne des contextes très contrastés. Cela suggère que certains pays ont su limiter les disparités, tandis que d'autres font face à des écarts de revenu significatifs, ce qui pourrait être lié à des politiques économiques ou des structures sociales différentes. En ce qui concerne la croissance bleue, avec une moyenne de 3,8 %, elle montre une contribution positive mais modérée de secteurs comme la pêche et le tourisme côtier. Cependant, l'écart-type relativement faible (1,2) reflète une certaine homogénéité entre les pays, bien que les valeurs extrêmes (de 1 % à 6,5 %) indiquent que certains pays exploitent davantage leur potentiel lié à l'économie bleue. Cela peut être influencé par la qualité des infrastructures, les investissements ou encore les politiques de gestion durable des ressources marines.

Le niveau d'éducation, mesuré par le pourcentage de personnes ayant atteint au moins un cycle court d'éducation primaire, atteint en moyenne 65,2 %, mais varie considérablement (écart-type de 15,3). Certains pays enregistrent des niveaux élevés d'éducation (95 %), tandis que d'autres peinent à dépasser les 45 %. Cette disparité peut être due à des différences dans l'accès à l'éducation, les investissements publics dans le secteur éducatif ou les priorités nationales en matière de développement humain. Le taux d'emploi moyen est de 57,4 %, ce qui indique qu'une partie significative de la population active n'est pas employée. Cette situation pourrait refléter des difficultés liées à l'adéquation entre l'offre et la demande sur le marché du travail, ou à des taux élevés de chômage structurel. Avec des variations allant de 40 % à 80 %, certains pays semblent avoir des marchés du travail plus inclusifs et dynamiques.

Les investissements directs étrangers (IDE) représentent en moyenne 4,5 % du PIB, montrant une certaine attractivité économique globale. Cependant, l'amplitude des IDE, de -17.29 % à 42.09 %, souligne des différences importantes dans les flux de capitaux étrangers, probablement influencées par la stabilité politique, la gouvernance économique et la compétitivité des pays. L'ouverture commerciale, avec une moyenne de 48,7 %, montre que près de la moitié des économies étudiées est liée aux échanges internationaux. Les pays avec des taux élevés (jusqu'à 85 %) semblent tirer parti de leur intégration dans le commerce mondial, tandis que les moins ouverts (20 %) pourraient être davantage tournés vers des économies domestiques ou faire face à des contraintes structurelles limitant leurs échanges.

Tableau 2 : Statistiques descriptives

Variables	Obs.	Moyenne	Écart-Type	Min	Max
Inégalités de revenu (Indice de Gini)	1080	41,5	5,2	30	65
Croissance bleue (%)	1080	3,8	1,2	1	6,5
Éducation (%)	1080	65,2	15,3	45	95
Taux d'emploi (%)	1080	57,4	10,7	40	80
IDE (% du PIB)	1080	4,5	2,1	-17.29	42.09
Ouverture commerciale (%)	1080	48,7	15,8	20	85
Stabilité politique (Score)	1080	-0,8	1	-2,2	1,5
Contrôle de la corruption (Score)	1080	-0,5	0,8	-2	1

Source : Auteur

Les scores moyens de stabilité politique (-0,8) et de contrôle de la corruption (-0,5) montrent que les pays étudiés font face à des défis institutionnels modérés. Cependant, les scores extrêmes (-2,5 à 1,5 pour la stabilité politique, -2,0 à 1,0 pour le contrôle de la corruption) révèlent des différences importantes. Certains pays jouissent d'un environnement politique relativement stable et d'une gouvernance efficace, tandis que d'autres luttent contre des niveaux élevés d'instabilité et de corruption.

Ces statistiques descriptives mettent en lumière des disparités significatives entre les pays étudiés, tant au niveau socio-économique qu'institutionnel.

Le tableau 3 ci-dessous présente les coefficients de corrélation entre nos différentes variables. Les inégalités de revenu montrent une faible corrélation négative avec la croissance bleue (−0,101), mais sont fortement négativement associées à la stabilité politique (−0,883) et au contrôle de la corruption (−0,732), suggérant que les régimes politiques stables et transparents pourraient limiter les inégalités. L'ouverture commerciale, en revanche, est positivement corrélée aux inégalités (0,688), ce qui pourrait indiquer que l'intégration économique mondiale renforce les disparités. La croissance bleue est fortement associée au taux d'emploi (0,939) et positivement corrélée à l'éducation (0,658), reflétant un potentiel de développement économique inclusif, mais son impact sur les inégalités reste faible.

L'éducation, bien qu'importante pour la stabilité politique (0,415), montre une corrélation négative notable avec l'ouverture commerciale (−0,721), ce qui pourrait révéler des priorités conflictuelles entre développement économique et investissements dans le capital humain. Enfin, la stabilité politique et le contrôle de la corruption, très positivement corrélés (0,843), jouent un rôle clé dans la gouvernance économique, bien que leur effet sur les inégalités et l'emploi nécessite des approfondissements.

Tableau 3 : Coefficients de corrélation

Variables	**Inégalités de revenu**	**Croissance bleue**	**Éducation**	**Taux d'emploi**	**IDE**	**Ouverture commerciale**	**Stabilité politique**	**Corruption**
Inégalités de revenu	1							
Croissance bleue	0,901	1						
Éducation	0,463	-0,958	1					
Taux d'emploi	0,197	0,939	-0,417	1				
IDE	-0,687	0,664	0,223	0,184	1			
Ouverture commerciale	-0,688	-0,575	-0,721	-0,907	-0,804	1		
Stabilité politique	-0,883	-0,636	-0,415	0,215	0,368	-0,376	1	
Contrôle de la corruption	0,732	-0,633	-0,267	-0,658	-0,119	0,040	0,843	1

Source : *Auteur*

4.2. Résultats des estimations économétriques

Le tableau 4 présente les résultats des estimations économétriques du Système GMM. Les estimations sont validées par le test d'autocorrélation d'Arellano-Bond et le test de Hansen au seuil de 5%. Le test de sur-identification de Hansen montre que nos instruments sont globalement valides (p-value > 0,05). De plus, le test d'autocorrélation d'Arellano-Bond indique l'absence d'autocorrélation de second ordre dans les résidus (p-value > 0,05), ce qui est une condition essentielle à la validité des instruments différenciés.

4.2.1. Ensemble des pays de l'Afrique Subsaharienne

Les résultats de la colonne (1) concernent tous les pays de l'Afrique Subsaharienne. Les résultats montrent que les coefficients associés à la croissance bleue et à son carré sont respectivement positifs et négatifs, mais aucun d'eux n'est statistiquement significatif. Ces résultats suggèrent que la croissance bleue, prise seule ou dans sa forme non linéaire, n'a pas d'effet discernable sur les inégalités de revenu dans ce contexte. Cette absence d'effet pourrait refléter une faible intégration des populations vulnérables dans les bénéfices de l'économie bleue, qui inclut des secteurs comme la pêche durable, l'énergie marine ou le tourisme côtier. Il est possible que ces activités soient encore trop concentrées entre les mains de groupes privilégiés ou qu'elles manquent de politiques d'accompagnement pour assurer une redistribution équitable des revenus. En conséquence, bien que la croissance bleue puisse potentiellement contribuer au développement durable, son impact sur la réduction des inégalités semble actuellement limité en Afrique subsaharienne.

Cependant, l'employabilité et l'éducation apparaissent comme deux facteurs clés ayant un effet réducteur sur les inégalités, avec des coefficients respectifs de -0,075 et -0,067, tous deux significatifs. Ces résultats confirment l'importance de l'accès à des opportunités d'emploi de qualité et à une éducation accessible pour réduire les écarts de revenu. L'amélioration de l'employabilité, en particulier, peut permettre aux populations marginalisées de bénéficier davantage de la croissance économique, tandis qu'une éducation inclusive prépare les individus à mieux s'intégrer dans un marché du travail en mutation.

La stabilité politique, en revanche, montre un effet paradoxal. Son coefficient positif et significatif (0,271) indique qu'une plus grande stabilité politique est associée à une augmentation des inégalités. Ce résultat peut sembler contre-intuitif, mais il pourrait refléter une situation où les bénéfices de la stabilité sont capturés par des élites, renforçant ainsi les inégalités existantes. Une stabilité politique sans réformes structurelles inclusives risque de consolider les privilèges de certaines catégories de la population. Cela souligne la nécessité

d'associer stabilité et gouvernance équitable pour garantir que les avantages de la paix sociale bénéficient à l'ensemble de la population.
Le contrôle de la corruption, avec un coefficient négatif significatif de -0,116, apparaît comme un levier important pour réduire les inégalités. Ce résultat démontre que des institutions transparentes et un environnement politique favorable sont essentiels pour une répartition plus équitable des ressources. La corruption tend à favoriser les groupes les mieux connectés, excluant les plus vulnérables des opportunités économiques et des services publics de qualité. Par conséquent, des efforts accrus pour renforcer la transparence et la redevabilité dans la gestion publique sont nécessaires pour lutter efficacement contre les inégalités.
Enfin, le coefficient positif et significatif de la variable retardée des inégalités (0,070) met en évidence la persistance de ces dernières au fil du temps. Ce résultat montre que les inégalités actuelles sont fortement influencées par leur niveau passé, ce qui suggère qu'elles sont enracinées dans des structures économiques et sociales difficiles à modifier à court terme. Cela souligne l'importance d'engager des réformes structurelles de long terme, axées sur la redistribution des opportunités et des revenus.

4.2.2. Les pays côtiers de l'Afrique Subsaharienne

Les résultats de la colonne (2) prennent en compte uniquement les pays côtiers de l'Afrique Subsaharienne. Les résultats montrent que le coefficient du Gini retardé (0,075) est positif et significatif, indiquant une persistance des inégalités au fil du temps. Cela signifie que les niveaux élevés d'inégalité d'une période précédente tendent à se perpétuer, soulignant une inertie structurelle difficile à briser sans interventions politiques ciblées et soutenues. La croissance bleue affiche un effet positif significatif (0,045) sur les inégalités, suggérant que l'essor des activités économiques liées à la pêche et au tourisme côtier bénéficie de manière disproportionnée à certains segments de la population. Toutefois, l'effet quadratique de cette variable (-0,032) révèle une relation en forme de courbe en U inversé : au-delà d'un certain seuil de développement lié à la croissance bleue, les inégalités commencent à diminuer. Cela pourrait indiquer qu'une gestion plus inclusive et durable des ressources maritimes finit par générer des bénéfices plus largement partagés.

En ce qui concerne les facteurs liés au marché du travail et au capital humain, l'employabilité et l'éducation présentent toutes deux des effets négatifs significatifs sur les inégalités, avec des coefficients respectifs de -0,070 et -0,060. Ces résultats soulignent le rôle central des politiques favorisant l'accès à des emplois stables et à une éducation de qualité pour réduire les écarts économiques. L'amélioration des compétences professionnelles et l'accès équitable à l'éducation agissent directement sur les capacités des individus à participer activement à l'économie formelle, réduisant ainsi les disparités.

L'ouverture commerciale (0,055) et les investissements directs étrangers (IDE, 0,120) montrent des effets positifs mais non significatifs sur les inégalités. Cela suggère que, malgré leur potentiel économique, ces deux variables ne contribuent pas systématiquement à une meilleure distribution des revenus. Les IDE, en particulier, peuvent parfois accentuer les inégalités si les bénéfices de ces investissements restent concentrés dans certaines industries ou régions spécifiques. Par ailleurs, la stabilité politique (0,265), bien qu'ayant un effet positif, n'est pas significative, indiquant que la seule stabilité institutionnelle ne suffit pas à réduire les inégalités sans une gouvernance proactive. En revanche, le contrôle de la corruption (-0,110) est significatif et négatif, soulignant l'impact crucial de la bonne gouvernance. Une réduction de la corruption contribue directement à une allocation plus transparente et équitable des ressources publiques, réduisant ainsi les disparités économiques.

En somme, les résultats mettent en lumière l'importance de politiques publiques adaptées pour réduire les inégalités dans les pays côtiers d'ASS. L'accent doit être mis sur une croissance bleue inclusive, des programmes d'éducation et d'emploi ambitieux, ainsi qu'une lutte rigoureuse contre la corruption. Ces leviers combinés, soutenus par une gouvernance efficace, constituent les piliers d'une stratégie durable pour la réduction des inégalités économiques.

4.2.3. Les pays non-côtiers de l'Afrique Subsaharienne

Les résultats de la colonne (3) prennent en compte seulement les pays non-côtiers de l'Afrique Subsaharienne. Les résultats de la colonne (3), qui concernent les pays non-côtiers d'Afrique subsaharienne (ASS), apportent des éclairages spécifiques sur les dynamiques des inégalités économiques dans ces régions. Le coefficient du Gini retardé (0,060) est positif et significatif, indiquant une persistance marquée des inégalités au fil du temps. Cette inertie souligne la difficulté à briser le cycle des inégalités dans les pays non-côtiers, souvent marqués par des défis structurels tels que l'accès limité aux marchés internationaux, aux infrastructures et aux ressources naturelles stratégiques.

La croissance bleue (0,020), bien que positive, n'est pas significative dans les pays non-côtiers. Ce résultat peut s'expliquer par le fait que, bien que certaines activités de l'économie bleue, comme l'aquaculture continentale et la pêche en eaux douces, soient présentes dans ces pays, leur contribution à la croissance économique reste relativement limitée par rapport aux activités maritimes des pays côtiers. De même, l'effet quadratique de la croissance bleue (-0,005) n'est pas significatif. Cela suggère que, contrairement aux pays côtiers, les dynamiques de la croissance bleue ne jouent pas un rôle déterminant dans la réduction ou l'aggravation des inégalités dans les régions non-côtières.

En revanche, les facteurs liés au marché du travail et au capital humain continuent de jouer un rôle central. L'employabilité (-0,065) et l'éducation (-0,055) présentent toutes deux des effets négatifs significatifs sur les inégalités. Cela confirme que l'amélioration de l'accès à l'emploi et à l'éducation reste un levier puissant pour lutter contre les disparités économiques dans ces régions. Ces résultats suggèrent que les politiques de renforcement des compétences, d'accès à une éducation inclusive et de promotion d'emplois décents devraient être des priorités majeures pour les gouvernements des pays non-côtiers.

Tableau 4 : Résultats des estimations économétriques (Sys-GMM)

Variables	ASS (1)	Côtiers ASS (2)	Non-Côtiers ASS (3)
Gini (lag)	0.070**	0.075**	0.060*
	(0.033)	(0.030)	(0.032)
Croissance bleue	0.041	0.045**	0.020
	(0.048)	(0.022)	(0.045)
Croissance bleue²	-0.037	-0.032**	-0.005
	(0.047)	(0.015)	(0.038)
Employabilité	-0.075**	-0.070**	-0.065**
	(0.050)	(0.040)	(0.045)
Education	-0.067**	-0.060**	-0.055**
	(0.054)	(0.050)	(0.053)
Ouverture commerciale	0.052	0.055	0.048
	(0.041)	(0.040)	(0.044)
IDE	0.116	0.120	0.105
	(0.048)	(0.042)	(0.046)
Stabilité Politique	0.271	0.265	0.250
	(0.075)	(0.070)	(0.074)
Contrôle de corruption	-0.116*	-0.110*	-0.105*
	(0.061)	(0.058)	(0.060)
Constante	-27.60**	-25.50**	-24.00**
	(5.132)	(5.000)	(5.100)
AR1 (p value)	0.045	0.040	0.048
AR2 (p value)	0.277	0.280	0.290
Hansen test (p value)	0.422	0.302	0.167
Nombre d'instruments	22	21	18

Standard errors in parentheses
*** p<0.01, ** p<0.05, * p<0.1

***Note :** Nous avons utilisé des instruments internes (Greene, 2018 ; Hall, 2005), de sorte que les variables instrumentales sont les retards d'une période des variables.*

La stabilité politique (0,250) affiche également un effet positif non significatif, indiquant qu'une stabilité institutionnelle, bien qu'importante, ne suffit pas à elle seule pour transformer les structures économiques et sociales responsables des inégalités. À l'inverse, le contrôle de la corruption (-0,105) montre un effet négatif et significatif, confirmant qu'une gouvernance transparente et efficace contribue directement à réduire les disparités économiques. La lutte contre la corruption permet une meilleure allocation des ressources publiques et une réduction des fuites financières, ce qui est particulièrement crucial dans les régions confrontées à des déficits structurels.

5.Discussions

Les résultats économétriques révèlent des dynamiques complexes concernant les déterminants des inégalités économiques en Afrique subsaharienne (ASS), avec des différences notables entre les pays côtiers (32) et non-côtiers (13). Au niveau de l'ASS dans son ensemble, les résultats ne montrent pas de relation significative entre la croissance bleue et les inégalités de revenu. Dans les pays côtiers de l'ASS, la relation non linéaire entre la croissance bleue et les inégalités, capturée par les effets positifs au premier stade et négatifs au second stade, s'aligne avec la théorie de S. Kuznets (1955, p.15). En effet, selon Kuznets, les premières phases de croissance économique tendent à accroître les inégalités avant qu'une redistribution plus équitable ne devienne possible grâce à des mécanismes institutionnels plus robustes. Cette observation est également soutenue par N. J. Bennett et al. (2021, p. 12), qui montrent que les bénéfices des ressources maritimes sont souvent initialement capturés par des acteurs économiques puissants avant qu'une redistribution plus équitable ne se produise à des stades plus avancés de développement. Cela souligne l'importance de politiques publiques proactives pour garantir que les fruits de l'économie bleue bénéficient à un large éventail de la population (World Bank, 2022, p. 21).
L'importance de l'employabilité et de l'éducation dans la réduction des inégalités est largement corroborée par la littérature existante. E. Dabla-Norris et al. (2015, p. 17) montrent que l'amélioration de l'accès au marché du travail et à une éducation de qualité est l'un des moyens les plus efficaces pour réduire les disparités économiques. Les résultats obtenus confirment également les travaux de E. A. Hanushek et L. Woessmann (2008, p. 4), qui soulignent que l'éducation ne contribue pas seulement à la réduction des inégalités économiques, mais améliore également la mobilité sociale. Cependant, comme l'indiquent A. Alesina et D. Rodrik (1994, p. 8), ces effets ne peuvent être pleinement réalisés que si les systèmes éducatifs sont inclusifs et alignés sur les besoins du marché du travail local.

En ce qui concerne les Investissements Directs Étrangers (IDE) et l'ouverture commerciale, les résultats montrent un effet positif mais non significatif sur les inégalités. Ces résultats s'accordent avec les conclusions de D. Dollar et A. Kraay (2002, p. 7), qui indiquent que, bien que le commerce et les IDE puissent stimuler la croissance économique, leur impact sur les inégalités dépend largement de la qualité des institutions et de la capacité des gouvernements à redistribuer les bénéfices. D. Rodrik (2018, p. 6) renforce cette idée en montrant que les effets des IDE sur les inégalités varient considérablement selon la structure économique et les politiques de redistribution adoptées par les pays hôtes.
Le paradoxe de la stabilité politique observé, où une stabilité accrue est associée à une persistance ou une aggravation des inégalités, reflète des dynamiques déjà soulignées par D. Acemoglu et J. Robinson (2012, p. 7). Selon eux, la stabilité politique dans un environnement institutionnel défaillant peut souvent consolider les privilèges d'une élite dominante, empêchant ainsi une redistribution équitable des ressources. Cela montre que la stabilité politique doit s'accompagner de réformes structurelles inclusives pour produire des effets positifs sur la réduction des inégalités (D. C. North, 1990, p. 9).
Le contrôle de la corruption apparaît comme un levier central pour réduire les inégalités, un résultat en ligne avec les travaux de S. Gupta et al. (2002, p. 10), qui montrent que la corruption tend à détourner les ressources publiques et aggrave les disparités économiques. La réduction de la corruption améliore non seulement l'allocation des ressources, mais augmente également la confiance dans les institutions publiques et facilite l'efficacité des politiques sociales (P. Mauro, 1995, p. 11).
Enfin, la persistance des inégalités, mise en évidence par le coefficient significatif du Gini retardé, s'aligne avec les conclusions de F. Bourguignon (2004, p. 8), qui montre que les inégalités économiques sont souvent enracinées dans des structures historiques et sociales profondément ancrées. Cela souligne la nécessité de politiques de long terme et d'une approche intégrée pour s'attaquer aux racines structurelles des inégalités.
En conclusion, les résultats obtenus confirment que la réduction des inégalités en Afrique subsaharienne repose sur une combinaison de leviers économiques, institutionnels et sociaux. La croissance bleue offre des opportunités importantes, mais elle doit être accompagnée de politiques inclusives et redistributives (Bennett et al., 2021).

L'employabilité, l'éducation et le contrôle de la corruption émergent comme des facteurs clés pour réduire les disparités économiques, tandis que la stabilité politique et les IDE nécessitent des politiques complémentaires pour éviter des effets contre-productifs. Cette discussion s'inscrit dans une perspective où les politiques publiques doivent être adaptées aux spécificités locales, tout en s'appuyant sur des institutions solides et transparentes pour maximiser leur impact sur la réduction durable des inégalités.

Conclusion

Malgré une croissance économique soutenue ces dernières décennies, l'Afrique subsaharienne demeure confrontée à des inégalités de revenu profondes, compromettant les efforts de réduction de la pauvreté et d'amélioration des conditions de vie des populations les plus vulnérables. Face à ces défis, l'économie bleue se présente comme une opportunité stratégique pour promouvoir une croissance inclusive et durable. Toutefois, l'impact de ce modèle de développement sur la réduction des inégalités reste peu exploré, notamment dans le contexte spécifique de l'Afrique subsaharienne. Ce travail se fixe pour objectif principal d'examiner l'effet de la croissance économique bleue sur les inégalités de revenu en Afrique Subsaharienne. L'objectif principal de ce papier est d'analyser l'effet de la croissance bleue sur les inégalités de revenu en Afrique Subsaharienne. En mobilisant la méthode des moments généralisés (GMM), nous avons exploité les données issues de la base World Development Indicators (WDI) de la Banque mondiale, couvrant la période allant de 2000 à 2023 et englobant un ensemble de 45 pays d'Afrique subsaharienne. Les principaux résultats révèlent des dynamiques complexes entre la croissance bleue et les inégalités de revenu en Afrique subsaharienne (ASS). Tout d'abord, l'analyse met en évidence une persistance marquée des inégalités en ASS, illustrée par le coefficient positif et significatif du Gini retardé. Concernant l'effet de la croissance bleue sur les inégalités de revenu, au niveau de l'ASS dans son ensemble, les résultats ne montrent pas de relation significative. En revanche, dans les pays côtiers, la croissance bleue présente un effet positif significatif (0,045) sur les inégalités, suggérant qu'aux premiers stades du développement lié aux ressources maritimes, les bénéfices économiques tendent à se concentrer entre les mains d'une élite. Toutefois, l'effet quadratique négatif (-0,032) révèle une relation en forme de courbe en U inversé, indiquant qu'au-delà d'un certain seuil, une croissance bleue plus avancée pourrait contribuer à une réduction des inégalités grâce à une meilleure redistribution des bénéfices. L'étude met également en lumière le rôle crucial du capital humain et de l'employabilité. Les résultats montrent que l'employabilité a un effet négatif et significatif sur les inégalités. De même, l'éducation affiche des effets négatifs et significatifs. Par ailleurs, la stabilité politique et le contrôle de la corruption émergent comme des facteurs clés dans l'amélioration de l'allocation des ressources publiques et dans la réduction des disparités économiques. Ces résultats impliquent la nécessité de :

- ✓ Encourager des investissements inclusifs dans les secteurs maritimes, notamment la pêche durable, le tourisme côtier et l'énergie marine, afin de créer des emplois stables pour les populations locales.
- ✓ Mettre en place des mécanismes de redistribution des revenus générés par les ressources maritimes, via des taxes adaptées ou des fonds souverains dédiés au développement social.
- ✓ Renforcer les capacités locales pour une meilleure gestion des ressources maritimes, notamment par la formation technique et professionnelle adaptée aux secteurs de l'économie bleue.
- ✓ Créer des partenariats public-privé transparents pour garantir une utilisation durable et équitable des ressources maritimes.
- ✓ Mettre en place des programmes de formation continue et de reconversion professionnelle, afin d'améliorer l'employabilité des travailleurs et de réduire le chômage structurel.

Références bibliographiques

ACEMOGLU, Daron et ROBINSON, James, 2012, *Why nations fail: The origins of power, prosperity, and poverty*. Crown Currency.
AFRICAN DEVELOPMENT BANK, 2020, African Blue Economy Strategy.
AFRICAN DEVELOPMENT BANK, 2020, *African Economic Outlook 2020: Developing Africa's Blue Economy*. Abidjan: African Development Bank Group.
ALESINA, Alberto et RODRIK, Dani, 1994, Distributive politics and economic growth. *The quarterly journal of economics*, vol. 109, no 2, p. 465-490.
ALLISON, Edward H., PERRY, Allison L., BADJECK, Marie-Caroline, *et al*, 2009, Vulnerability of national economies to the

impacts of climate change on fisheries. *Fish and fisheries*, vol. 10, no 2, p. 173-196.
BAILEY, Megan, SUMAILA, U. Rashid, et LINDROOS, Marko, 2010, Application of game theory to fisheries over three decades. *Fisheries Research*, vol. 102, no 1-2, p. 1-8.
BAILEY, Megan, SUMAILA, U. Rashid, MARTELL, Steven J., *et al.,* 2013, Can cooperative management of tuna fisheries in the western pacific solve the growth overfishing problem. *Strategic Behavior and the Environment*, vol. 3, no 1-2, p. 31-66.
BALTAGI, Badi H. et MAASOUMI, Esfandiar. An overview of dependence in cross-section, time-series, and panel data. *Econometric Reviews*, 2013, vol. 32, no 5-6, p. 543-546.
BANQUE MONDIALE, 2022, Blue Economy in Africa: a Synthesis. Washington DC. https://thedocs.worldbank.org/en/doc/213a25f8770328e39b2ef15e7104a136-0320012022/original/Overview.pdf
BANQUE MONDIALE, 2017, The Sunken Billions Revisited: Progress and Challenges in Global Marine Fisheries. Environment and Development; © Washington, DC: World Bank.
BAVINCK, Maarten, BERKES, Fikret, CHARLES, Anthony, *et al.,* 2017, The impact of coastal grabbing on community conservation–a global reconnaissance. *Maritime studies*, vol. 16, p. 1-17.
BENNETT, Nathan James, BLYTHE, Jessica, WHITE, Carole Sandrine, *et al.,* 2021, Blue growth and blue justice: Ten risks and solutions for the ocean economy. *Marine Policy*, vol. 125, p. 104387.
BENNETT, Nathan J., CISNEROS-MONTEMAYOR, Andrés M., BLYTHE, Jessica, *et al.,* 2019, Towards a sustainable and equitable blue economy. *Nature Sustainability*, vol. 2, no 11, p. 991-993.
BENNETT, Nathan J., 2019, Marine social science for the peopled seas. *Coastal Management*, vol. 47, no 2, p. 244-252.
BOOHENE, Rosemond et PEPRAH, James Atta, 2011, Women, livelihood and oil and gas discovery in Ghana: An exploratory study of Cape Three Points and surrounding communities.
BOURGUIGNON, François, 2004, *The poverty-growth-inequality triangle*. Working paper.
CINNER, Joshua E. et MCCLANAHAN, Tim R., 2015, A sea change on the African coast? Preliminary social and ecological outcomes of a governance transformation in Kenyan fisheries. *Global Environmental Change*, vol. 30, p. 133-139.

CISNEROS-MONTEMAYOR, Andrés M., MORENO-BÁEZ, Marcia, VOYER, Michelle, *et al.*, 2019, Social equity and benefits as the nexus of a transformative Blue Economy: A sectoral review of implications. *Marine Policy*, vol. 109, p. 103702.

DABLA-NORRIS Era, KOCHHAR Kalpana, SUPHAPHIPHAT Nujin, 2015, *Causes and Consequences of Income Inequality: A Global Perspective,* International Monetary Fund

DOLLAR, David et KRAAY, Aart, 2002, Growth is Good for the Poor. *Journal of economic growth*, vol. 7, p. 195-225.

NORTH, Douglass C. *Institutions, institutional change and economic performance*. Cambridge university press, 1990.

ERTÖR, Irmak et HADJIMICHAEL, Maria. Blue degrowth and the politics of the sea: rethinking the blue economy. *Sustainability Science*, 2020, vol. 15, p. 1-10.

FAO, 2022, *The State of World Fisheries and Aquaculture 2022: Towards Blue Transformation.* Rome: Food and Agriculture Organization of the United Nations.

Gelb, Alan & Diofasi, Anna, 2021, Addressing inequality in Africa: The role of policies and institutions." World Bank Policy Research Working Paper Series.

FRANCO, Jennifer, BUXTON, Nick, VERVEST, Pietje, *et al.*, 2014, The global ocean grab: A primer. *Retrieved from the Economic Justice Program of the Transnational Institute website: http://www. tni. org/briefing/global-ocean-grab-primer-0.*

GALAPPATHTHI, Eranga K. et NAYAK, Prateep K., 2017, Two faces of shrimp aquaculture: commonising vs. decommonising effects of a wicked driver. *Maritime Studies*, vol. 16, p. 1-19.

GUPTA, Sanjeev, DAVOODI, Hamid, et ALONSO-TERME, Rosa, 2002, Does corruption affect income inequality and poverty? *Economics of governance*, vol. 3, p. 23-45.

HADJIMICHAEL, Maria, BRUGGEMAN, Adriana, et LANGE, Manfred A, 2014, Tragedy of the few? A political ecology perspective of the right to the sea: The Cyprus marine aquaculture sector. *Marine Policy*, vol. 49, p. 12-19.

HANUSHEK, Eric A. et WOESSMANN, Ludger, 2008, The role of cognitive skills in economic development. *Journal of economic literature*, vol. 46, no 3, p. 607-668.

JUJU, Denabo, BAFFOE, Gideon, DAM LAM, Rodolfo, *et al.*, 2020, Sustainability challenges in sub-Saharan Africa in the context of the sustainable development goals (SDGs). *Sustainability Challenges*

in Sub-Saharan Africa I: Continental Perspectives and Insights from Western and Central Africa, p. 3-50.
KANBUR, Ravi et WAGSTAFF, Adam, 2016, How useful is inequality of opportunity as a policy construct? In: *Inequality and growth: patterns and policy: volume I: concepts and analysis*. London: Palgrave Macmillan UK, p. 131-150.
KAPURIA, Cheshta et MALIK, Sakshi. Sustainable Urbanization and Economic Growth in Developing Countries: A Panel Data Study. *IUP Journal of Applied Economics*, 2020, vol. 19, no 3, p. 26-44.
KLEIBER, Danika, HARRIS, Leila M., et VINCENT, Amanda CJ, 2014, Improving fisheries estimates by including women's catch in the Central Philippines. *Canadian Journal of Fisheries and Aquatic Sciences*, vol. 71, no 5, p. 656-664.
KUZNETS, Simon, 1955, Economic Growth and Income Inequality. American Economic Review, 45(1), 1-28.
LOCKE, Catherine, MULJONO, Paramita, MCDOUGALL, Cynthia, *et al.,* 2017, Innovation and gendered negotiations: Insights from six small-scale fishing communities. *Fish and fisheries*, vol. 18, no 5, p. 943-957.
MAURO, Paolo, 1995, Corruption and growth. *The quarterly journal of economics*, vol. 110, no 3, p. 681-712.
MCFARLANE-MORRIS, Shenika, 2019, " But we were here first:" Mass tourism development and contestation over space in coastal Jamaica. *Tourism: An International Interdisciplinary Journal*, vol. 67, no 1, p. 22-33.
PAGE, Justin, 2007, Salmon farming in First Nations' territories: A case of environmental injustice on Canada's West Coast. *Local Environment*, vol. 12, no 6, p. 613-626.
RANDRIANARISOA, Ylenia L., 2021, Le Guide Régional de l'Économie bleue comme un guide de renaissance économique des États côtiers de l'Afrique : quelle perspective de développement durable pour Madagascar ? Revue Canadienne de Géographie Tropicale Canadian Journal of Tropical Geography. 8 (1):48-51
RODRIK, Dani, 2018, *Straight Talk on Trade: Ideas for a Sane World Economy*. Princeton University Press.
SILVER, Jennifer J., GRAY, Noella J., CAMPBELL, Lisa M., 2015, Blue economy and competing discourses in international oceans governance. *The Journal of Environment & Development*, vol. 24, no 2, p. 135-160.

VEUTHEY, Sandra et GERBER, Julien-François, 2012, Accumulation by dispossession in coastal Ecuador: Shrimp farming, local resistance and the gender structure of mobilizations. *Global Environmental Change*, vol. 22, no 3, p. 611-622.
VOYER, Michelle, QUIRK, Genevieve, MCILGORM, Alistair, 2018, Shades of blue: what do competing interpretations of the Blue Economy mean for oceans governance?. *Journal of environmental policy & planning*, vol. 20, no 5, p. 595-616.
WEERATUNGE, Nireka, SNYDER, Katherine, et SZE, Choo Poh, 2010, Gleaner, fisher, trader, processor: understanding gendered employment in fisheries and aquaculture. *Fish and Fisheries*, vol. 11, no 4, p. 405-420.
WORLD BANK (2023). World Development Indicators 2023.
WORLD BANK. (2022). Blue Economy Development Framework. World Bank Publications.
WORLD INEQUALITY LAB. (2022). *World Inequality Report 2022*. Paris: World Inequality Lab.

VULNERABILITES DES ECOSYSTEMES MARINS ET COTIERS ET STRATEGIES D'ADAPTATION DES COMMUNAUTES DE PECHEURS AUX EFFETS DU CHANGEMENT CLIMATIQUE

Koku-Azonko FIAGAN et Eli Tchaa BABA

Résumé

Le changement climatique constitue l'un des grands défis auxquels l'humanité est confrontée ces dernières années. Les observations faites sur le littoral togolais depuis quelques décennies couplées à l'analyse des données climatiques, notamment les données de température et océanique, montrent une très grande vulnérabilité des écosystèmes marins, et des activités de pêche dans les différentes communautés de pêcheurs du littoral togolais. Cet article vise à analyser la vulnérabilité des pêcheries artisanales face aux effets du changement climatique et les stratégies d'adaptation des communautés de pêcheurs sur le littoral togolais. L'approche méthodologique adoptée prend appui sur la recherche documentaire, l'observation sur le terrain, l'analyse des données climatiques et océaniques, et l'organisation d'entretiens semi-directifs avec les pêcheurs. Le modèle d'évaluation rapide de la vulnérabilité (ERV) a été aussi utilisé. Il a permis d'évaluer la vulnérabilité des écosystèmes marins et côtiers. De plus, la méthode d'élaboration des stratégies d'adaptation basée sur le modèle des trois R (résistance, résilience et réponse) a été mise en relation. L'étude révèle que les pêcheries artisanales sont très vulnérables aux effets des changements climatiques au travers de la baisse de la production halieutique, aux fortes houles et à la modification de l'habitat des poissons due à l'érosion côtière, au relatif appauvrissement des eaux superficielles et la diminution de la productivité de certains stocks halieutiques. La vulnérabilité dans les zones pélagiques est élevée contrairement au littoral et aux eaux territoriales où elle est modérée. En définitive, la vulnérabilité des écosystèmes marins et côtiers est modérée. Ainsi, les communautés de pêcheurs ont mis en place des stratégies d'une part destructrices des ressources et d'autre part, résilientes prenant en compte la bonne santé de l'écosystème marin et leur rentabilité économique. Ces mauvaises pratiques portent sur la surpêche, l'utilisation des techniques de pêche prohibées et la pêche illégale. Les actions de résilience se traduisent par une mobilité plus grande des pêcheurs sur les zones de pêche prolifiques, l'adoption d'une saisonnalité dans la pratique de pêche et la diversification des sources de revenus. En dépit des stratégies de résilience mises en place, une meilleure résilience des pêcheurs face aux effets du changement climatique passe par la gestion durable des écosystèmes marins et pêcheries, la sensibilisation des acteurs pour une pêche durable, et la production des données scientifiques sur l'adaptabilité des écosystèmes marins et des ressources halieutiques face au réchauffement climatique.

Mots-clés : Changement climatique, vulnérabilité, adaptation, écosystèmes marins et côtiers, pêche maritime, littoral togolais

VULNERABILITIES OF MARINE AND COASTAL ECOSYSTEMS AND ADAPTATION STRATEGIES OF FISHING COMMUNITIES TO THE EFFECTS OF CLIMATE CHANGE

Abstract

Climate change is one of the major challenges facing mankind in recent years. Observations made on the Togolese coast over the last few decades, coupled with analysis of climatic data, particularly temperature and oceanic data, show that marine ecosystems and fishing activities in the various fishing communities along the Togolese coast are highly vulnerable. The aim of this article is to analyze the vulnerability of artisanal fisheries to the effects of climate change, and the adaptation strategies of fishing communities along the Togolese coast. The methodological approach adopted is based on documentary research, field observation, analysis of climatic and oceanic data, and semi-structured interviews with fishermen. The Rapid Vulnerability Assessment (RVA) model was also used. It was used to assess the vulnerability of marine and coastal ecosystems. In addition, the method for developing adaptation strategies based on the three Rs model (resistance, resilience and response) was linked. The study reveals that artisanal fisheries are highly vulnerable to the effects of climate change, through reduced fish production, heavy swells and changes in fish habitat due to coastal erosion, the relative depletion of surface waters and reduced productivity of certain fish stocks. Vulnerability in pelagic zones is high, whereas it is moderate in coastal and territorial waters. All in all, the vulnerability of marine and coastal ecosystems is moderate. Fishing communities have implemented strategies that are both destructive of resources and resilient, taking into account the health of the marine ecosystem and their economic profitability. These bad practices include overfishing, the use of prohibited fishing techniques and illegal fishing. Resilience actions result in greater mobility of fishermen to prolific fishing grounds, the adoption of seasonality in fishing practices and the diversification of income sources. Despite the resilience strategies put in place, greater resilience on the part of fishermen to the effects of climate change will require sustainable management of marine ecosystems and fisheries, awareness-raising among stakeholders to promote sustainable fishing, and the production of scientific data on the adaptability of marine ecosystems and fishery resources to global warming.

Keywords: Climate change, vulnerability, adaptation, marine and coastal ecosystems, marine fisheries, Togolese coastline

Introduction

Les écosystèmes marins et côtiers fournissent de nombreux services écosystémiques aux différentes communautés. Ils facilitent le développement de diverses activités telles que la pêche, l'aquaculture, le portuaire, etc. La qualité des services écosystémiques dépend de la résilience et de la protection des écosystèmes (Océan et Climat, 2016, p. 3). Toutefois, ces écosystèmes sont de plus en plus confrontés à de nombreux défis, notamment l'érosion côtière, les submersions marines, la pollution des milieux marins et côtiers, la dégradation des habitats de nombreuses espèces halieutiques, la surpêche, la pression anthropique sur les espaces anthropiques, etc. (MERF, 2022, p. 14). Les travaux du GIEC attestent que les zones humides sont parmi les écosystèmes les plus vulnérables aux changements climatiques (GIEC, 2007, p. 32).

La littoralisation des côtes participe dans une certaine mesure à la dégradation des habitats naturels, ce qui réduit le volume des prises et engendre un impact négatif pour les pêcheurs. Par ailleurs, les écosystèmes, tant marins que côtiers, offrent des perspectives enrichissantes et souvent méconnues. Les services culturels sont souvent négligés dans la prise en compte de la valeur de l'océan car difficiles à évaluer (Océan et Climat, 2016, p. 28).

Le changement climatique constitue aujourd'hui une pression supplémentaire qui menace la diversité biologique (PNUE-PAM, 2010, p. 8). Selon le GIEC (2019, p. 5), il affecte directement la pêche et expose les océans et les écosystèmes à des conséquences croissantes. L'augmentation des températures, l'acidification des océans, la montée du niveau de la mer et l'érosion côtière sont les principaux facteurs perturbant ces écosystèmes. Ces changements ont des répercussions directes et indirectes sur les communautés de pêcheurs, notamment l'aggravation des submersions sur les côtes basses, la destruction des mangroves sous la pression anthropique, l'accélération de l'érosion des côtes, le renforcement de la salinisation dans les estuaires. Il est observé sur les côtes du golfe de Guinée la prolifération de pathogènes et maladies mettent en danger l'homme et la biodiversité, l'amplifient les invasions biologiques, les menaces sur les paysages et la biodiversité côtière (PNUE, 2010, p. 2).

Dans le monde entier, les sociétés ont toujours cherché à s'adapter et à réduire leur vulnérabilité aux conséquences des phénomènes météorologiques, climatiques et anthropiques (PNUE-PAM-CAR/ASP,

2010, p. 25). Des mesures d'adaptation sont toutefois nécessaires à l'échelle régionale et locale pour réduire les effets néfastes de l'évolution et de la variabilité anticipées du climat (GIEC, 2007). Les stratégies d'adaptation doivent avoir pour objectif d'augmenter la flexibilité dans la gestion des écosystèmes vulnérables, favoriser les capacités d'adaptation inhérentes aux espèces et écosystèmes, et enfin, réduire les pressions environnementales et sociales qui pourraient accroître la vulnérabilité à la variabilité climatique (PNUE-PAM-CAR/ASP, 2010, p. 25).

Sur le littoral togolais, les communautés de pêcheurs subissent les effets de l'érosion côtière avec pour corollaire l'exhumation du beach rock, de l'accentuation de la dynamique océanographique, de la pêche illégale et de la pollution diverse. Le développement des activités économiques et touristiques s'est accompagné d'une pression sur les ressources halieutiques et de la dégradation des habitats des espèces halieutiques. Il est aussi observé une pollution des eaux et des espaces de débarquement par les déchets solides et liquides. L'exhumation du beach rock participe à la destruction des filets et embarcations de pêche. De plus, la mise en place des ouvrages de protection contre l'érosion côtière sur la côte engendre de manière récurrente, des déplacements de pêcheurs d'un campement à l'autre et la réduction de leur espace d'activité. En outre, le déversement des déjections phosphatées pollue le système lagunaire et les eaux côtières avec des dépôts de boues phosphatées sur les fonds marins côtiers. Tous ces effets et impacts provoquent la baisse des captures et la dégradation des moyens d'existence des acteurs de la pêche artisanale maritime.

Face à ces défis, les communautés de pêcheurs apportent des réponses divergentes et convergentes à ces difficultés. Elles sont centrées sur le déplacement des pêcheurs vers d'autres sites de pêche (Aného, Kpémé), l'allongement du temps de sortie, l'augmentation de l'effort de pêche, l'allongement des distances parcourues et l'élargissement des zones de pêche. Quant aux stratégies divergentes, elle s'apprécie au travers de la réduction des mailles des filets, de l'adoption de pratiques de pêches dangereuses, de l'incinération et de l'enfouissement des déchets de pêche. Cet article vise à analyser la vulnérabilité des pêcheries artisanales face aux effets du changement climatique et les stratégies d'adaptation mises en place par les pêcheurs sur le littoral togolais.

L'étude se situe dans le champ théorique de l'espace halieutique qui représente l'interface du milieu physique et humain dans une démarche tridimensionnelle incluant trois maillons de l'espace géographique : l'écosystème, l'agro-système et le socio-système (J-P. Corlay, 1993, p. 16). Elle s'appuie aussi sur le cadre théorique applicable à l'étude du changement climatique et ses impacts sur l'homme et son milieu de vie, et les stratégies mises en place. Ce cadre est développé par B. F. N'Diaye, (2015, p. 22) et S. Hallegatte, F. Lecocq, C. Perthuis (2010, p. 3). Il stipule que les activités de l'homme et l'utilisation abusive de ressources naturelles sont à l'origine du taux élevé des GES dans l'atmosphère, source de modification des paramètres climatiques. Cependant, l'adaptation des activités agropastorales notamment la pêche aux nouvelles conditions climatiques reste un défi majeur dans le monde.

1. Matériels et méthodes

La collecte de données se fonde sur la recherche documentaire, l'observation sur le terrain, l'analyse des données climatiques et océaniques, ainsi que la collecte et le traitement des données.

- Cadre géographique de l'étude

La zone d'étude se trouve dans la région maritime et comprend les préfectures du Golfe et des Lacs. La côte togolaise longue de 50 km et s'étend sur une zone économique exclusive de 200 mille marins. C'est une zone où les activités halieutiques sont fortement pratiquées. Elle abrite 21 campements de pêche et le port de pêche. La figure 1 présente la zone d'étude.

Figure 1 : Présentation de la zone d'étude

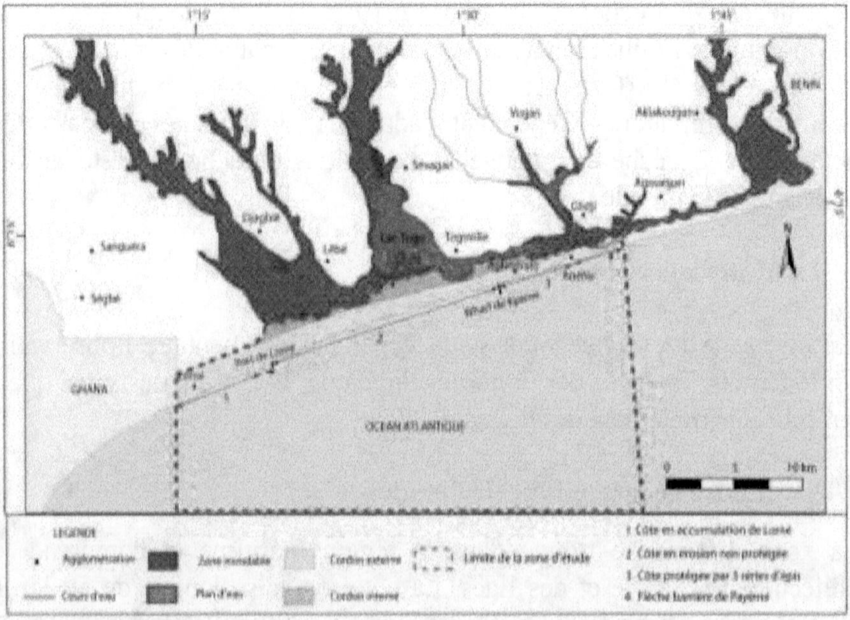

Source : CNDO-Togo

Le littoral togolais est composé de formations de mangroves, de lagunes côtières et de frange côtière sableuse. Ces écosystèmes sont indispensables au développement des activités économiques et surtout de pêche. Cet espace subit le phénomène de l'érosion côtière à l'est du port de pêche. L'érosion côtière que subit l'est du port de Lomé constitue un frein à la pratique de la pêche au travers des ouvrages de protection réalisés et du déplacement des campements de pêche. Cet écosystème connait une pollution des eaux marines et côtières au travers des rejets de boues phosphatées et de déchets solides et liquides. De même, le réchauffement des eaux marines accentue la dynamique océanographique avec pour effets, les submersions marines et des houles avec des amplitudes élevées. La concentration des activités industrielles, économiques et de loisirs sur ces espaces engendrent une pression considérable sur ces écosystèmes qui sont de plus en plus vulnérables.

- **Collecte de données**

L'étude a porté sur une population cible composée de tous les acteurs de la pêche maritime. Sur la base d'un échantillonnage non probabiliste à choix raisonné et ne disposant pas d'une base sondage actualisée, un échantillon total de 115 acteurs a été retenu. Les 115 acteurs sont répartis dans les cinq campements de pêche, notamment le port de pêche de Lomé, les campements de Kodjoviakopé, de Kpémé, de Gumukopé et d'Aného. Ces choix tiennent compte de l'importance de l'activité, de la diversité des acteurs et du positionnement des sites au regard des aléas naturels, des activités économiques et de la pression anthropique. Le tableau 1 présente la répartition des acteurs enquêtés par campement.

Tableau 1 : Répartition des acteurs enquêtés par campements

Campements	Effectifs d'acteurs enquêtés par campement	Les types d'acteurs	Effectifs d'acteurs par type d'acteurs
Port de Pêche	60	PAP	35
		FMTC	15
		RE	10
Kodjoviakopé	20	PAP	15
		FMTC	5
Kpémé	15	PAP	10
		FMTC	5
Gumukopé	10	PAP	7
		FMTC	3
Aného	10	PAP	7
		FMTC	3
Total			**115**

Source : D'après les travaux de terrain, 2024

PAP : Pêcheurs et aides-pêcheurs ; RE : Réparateurs d'engins et d'embarcations
FMTC : Femmes mareyeuses, transformatrices commerçantes de poissons

- **Outils d'analyse**

Dans le cadre de l'évaluation de la vulnérabilité des écosystèmes marins et côtiers sur la côte togolaise, le modèle d'évaluation rapide de la vulnérabilité (ERV) a été utilisé. L'ERV préconise une approche initiale qui examine jusqu'à trois types d'habitats, en tenant compte d'un échéancier, de trois facteurs de stress climatiques et de trois facteurs de stress non climatiques. Il permet ainsi d'évaluer les effets des interactions entre ces facteurs sur un habitat spécifique durant une période donnée. La figure 2 illustre le modèle d'évaluation rapide de la vulnérabilité (ERV).

Figure 2 : Modèle d'évaluation rapide de la vulnérabilité (ERV)

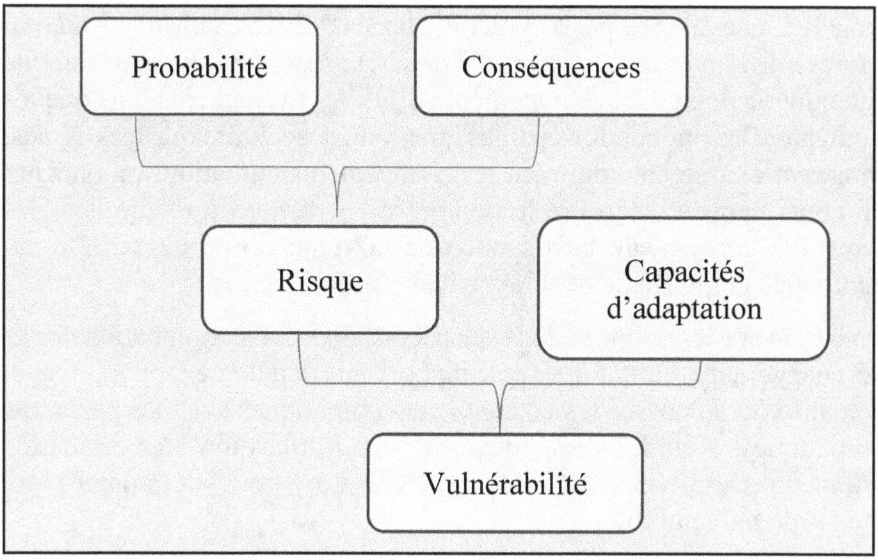

Source : Modèle d'évaluation rapide de la vulnérabilité (CCE, 2017, p. 10).

Ce modèle d'évaluation rapide de la vulnérabilité est comparable au modèle standard d'évaluation de la vulnérabilité développé par le Groupe d'experts intergouvernemental sur l'évolution du climat (GIEC). En effet, selon ce modèle, l'évaluation de la vulnérabilité et la mise en place des stratégies d'adaptation nécessitent la prise en compte de la probabilité d'occurrence, des conséquences, et des risques liés à l'association des facteurs de stress climatiques et non climatiques sur les habitats, ainsi que de la capacité d'adaptation des acteurs ou des habitats face à ces effets. Compte tenu des exigences de ce modèle d'évaluation, nous avons décidé de concentrer notre étude sur les écosystèmes marins et côtiers, à savoir le littoral, les eaux côtières et les eaux néritiques. De plus, les facteurs de stress climatiques, tels que la hausse des températures, la modification des courants marins et la hausse du niveau de la mer, ainsi que les facteurs de stress non climatiques, comme les activités de pêche et la pollution des océans par les déchets solides et liquides, interagissent entre eux pour accélérer le degré de vulnérabilité des écosystèmes marins et côtiers. Ces facteurs ont été évalués à moyen terme (période de 50 ans).

Par ailleurs, vu le degré de vulnérabilité des écosystèmes marins face aux effets des changements climatiques, nous avons utilisé la méthode d'élaboration des stratégies d'adaptation basée sur le modèle des trois R, notamment la résistance, la résilience et la réponse. Le modèle de trois R est developpé par Reynier et Hansen, (2015), dans *Coastal and Marine Adaptation Strategies and Actions.* Selon la Banque Interaméricaine de Développement (BID), les événements, tels que les ouragans, les inondations et les phénomènes climatiques extrêmes, montrent clairement comment les changements climatiques mondiaux en cours peuvent accroître le nombre de personnes à risque dans les pays. Par conséquent, la réduction de la vulnérabilité devrait être au centre des pratiques de développement durable efficaces.

Se basant sur les données de la quatrième communication nationale sur les changements climatiques et le rapport et le deuxième rapport biennal actualisé du Togo sur les changements climatiques avec les scénarios climatiques, l'étude s'est focalisée sur l'utilisation des scénarios climatiques RCP4.5 et RCP6.0 (QCNCC, 2019) qui sont adaptés aux études de vulnérabilité.

L'approche méthodologique adoptée aboutit à des résultats qui s'apprécient au travers de trois points : l'analyse de l'évolution des paramètres climatiques, l'évaluation de la vulnérabilité des communautés de pêcheurs et les stratégies d'adaptation.

2. Résultats

Les résultats de l'étude portent sur l'évaluation de la vulnérabilité des écosystèmes marins et côtiers face aux effets du changement climatique et les stratégies d'adaptation mises en place par les communautés.

2.1. Manifestation des effets du changement climatique sur les écosystèmes marins et côtiers

- ***La hausse de température, impactant les écosystèmes marins et côtiers***

D'après les données de la Direction Générale de la Météorologie Nationale, (2019) le Togo connait une évolution de la température. Le tableau 2 montre l'évolution du phénomène de réchauffement observé dans les différentes zones climatiques du Togo.

Tableau 2 : Evolution du phénomène de réchauffement observé à Lomé et Mango

Stations synoptiques	Moyenne de T (°C) 1961-1985	Moyenne de T (°C) 1986-2018	Ecarts de T (°C)
Lomé 06° 10' N-01°15'E	26,8	28	1,2
Sokodé 08°59'N-01° 07' E	26,2	27	0,8

Source : A partir des données de la Direction Générale de la Météorologie Nationale, (2019)

L'analyse des données du tableau 2 montre que les différentes stations synoptiques du territoire ont connu une évolution de la température entre la série 1961-1985 et celle 1986-2018 avec un écart de température variant entre 0,8 et 1,2. Le littoral couvert par la station synoptique de Lomé est marqué par élévation de la température de 1,2 entre 1961 à 2018.

- ***Projections de l'évolution de la température et variation du niveau de la mer en fonction des scénarios***

Dans le scénario RCP6.0, les températures moyennes évolueront entre les plages 22,46°C - 29,7°C en 2025 et 24,16°C - 31,65°C en 2100 ; les températures maximales entre 27,4°C - 36,37°C en 2025 et 28°C - 38,28°C. Le niveau de la mer sur la côte togolaise va s'accroitre par rapport au niveau de 1995 de 11,35 cm en 2025, de 25 cm en 2050 et atteindre 62 cm en 2100.

Dans le scénario RCP4.5, les températures moyennes varieront entre 22,51°C - 29,77°C et 23,47°C - 30,87°C tandis que les températures maximales seront entre 27,45°C - 36,44°C et 28,35°C - 37,52°C. Le littoral du Togo va connaître une élévation du niveau de la mer de 11,07 cm en 2025, de 26 cm en 2050 et de 59,7 cm en 2100 par rapport à 1995.

Selon le cinquième rapport d'évaluation du GIEC (AR5), il est prévu une élévation du niveau de la mer mondial entre 2046 et 2100 par rapport à la période référence 1986-2005. Le tableau 3 présente l'évolution projetée de l'élévation du niveau des mers.

Tableau 3 : Evolution projetée de l'élévation du niveau moyen des mers pour le milieu et la fin du 21 è siècle par rapport à la période de référence 1986-2005

Période		**2046-2065**		**2081-2100**	
Paramètre	**Scénario**	**Hmoy**	**Plage probable**	**Hmoy**	**Plage probable**
Élévation du niveau moyen des mers (m)	RCP 4.5	0,26	0,19 à 0,33	0,47	0,32 à 0,63
	RCP 6.0	0,25	0,18 à 0,32	0,48	0,33 à 0,63

Source : AR5, GIEC, 2019

Dans le contexte actuel des changements climatiques au Togo, les projections de l'évolution future du monde laissent penser que les concentrations futures de CO_2 seront plutôt sur des trajectoires de concentrations entre le RCP6.0 et le RCP4.5. Ces projections montrent des hausses importantes du niveau de la mer sur le littoral togolais dans les prochaines décennies. Cette élévation du niveau de la mer par rapport à la période 1986-2005, serait probablement comprise entre 0,10 et 0,17 m à l'horizon 2025, entre 0,19 et 0,34 m à l'horizon 2050, entre 0,29 et 0,55 à l'horizon 2075 et entre 0,33 et 0,75 m à l'horizon 2100 pour le RCP2.6 (4CNCC, p. 64-65). Le phénomène de l'élévation du niveau de la mer aura des impacts négatifs sur les différentes activités situées sur le littoral et sur les écosystèmes marins et côtiers.

- ***Accentuation de la dynamique littorale et océanographique***

La dynamique morphologique du littoral togolais présente un secteur de la côte en érosion et l'autre en sédimentation. Le secteur touché par l'érosion côtière est situé à l'Est du port de Lomé entre PK 11 et PK 50. La zone du PK 11 au PK 36 est marquée par le recul de trait de côte avec des vitesses très variables allant de 1 à 10 mètres par an et celle située entre le PK 36 et PK 50 présente une vitesse de recul qui est variable et prend en compte les zones déjà protégées et le littoral d'Aného. Ce recul est fonction ces dernières de la construction du port de pêche à Gbétsogbé et des ouvrages de protection réalisés sur le projet WACA Résip. La figure 3 présente l'évolution du trait de côte au cours des années1988 à 2020.

Figure 3 : Evolution du trait de côte de 1988 à 2020

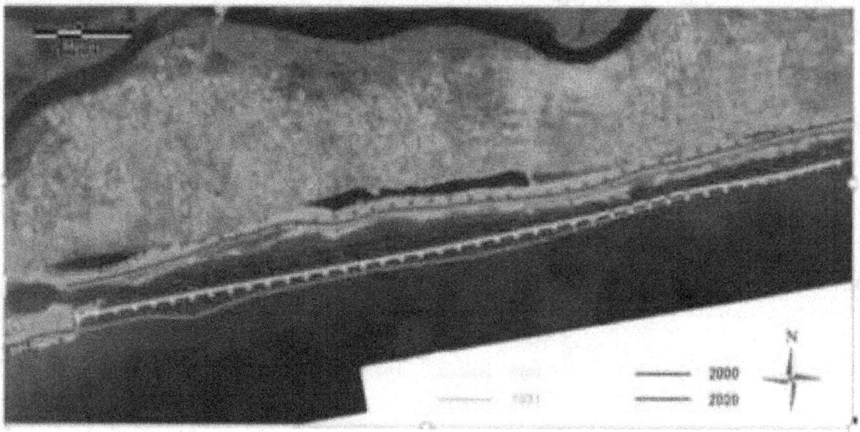

Source : MERF, 2020

Cette carte présente l'avancée du trait de côté sur littoral. L'observation de cette carte laisse voir quatre niveaux d'avancement du trait correspondant respectivement à 1988, 1991, 2000 et 2020. L'avancée du trait de coté de 1988 à 2020 est renforcée par l'élévation du niveau marin conséquence du changement climatique. Cette situation a provoqué le déplacement des communautés de pêcheurs et la disparition de certains campements sur le littoral togolais. L'élévation de la température des eaux de surface ces trente dernières années a accentué l'action destructrices des houles et des submersions marines sur la coté togolaise. Cette dynamique des paramètres océanographique limite des sorties en mer et exerce une pression sur les activités économiques sur la côte.

Quant aux courants, ils transportent des nutriments marins essentiels aux écosystèmes. Les modifications des courants perturbent ces flux, affectent la chaîne alimentaire marine. Ils influencent la répartition des poissons, obligeant les pêcheurs à adapter leurs méthodes et à se déplacer vers de nouvelles zones de pêche, parfois plus éloignées. Les changements des caractéristiques physiques des courants marins entraînent la raréfaction des espèces de poissons autrefois abondantes dans certaines zones, forçant les pêcheurs à parcourir de plus longues distances ou à changer d'espèces ciblées.

2.2 La pollution des espaces côtiers et des eaux marines

Le littoral togolais abrite plus du 1/3 de la population urbaine du Togo. Elle participe au développement des activités portuaires, industrielles, touristiques, commerciales, halieutiques et agricole. Ces activités anthropiques accentuent les effets du changement climatique sur les écosystèmes marins et côtiers. On note la pollution des eaux marines par les produits de certaines entreprises de la zone franche. Toutes ces actions contribuent à une forte pression sur l'environnement marin et côtier du Togo (REEM, 2022, p. 64). De façon spécifique, la pollution provient des eaux usées (urbaines, des hôtels et des mines) non traitées déversées sur la plage et dans la mer, le déversement des argiles ou de boue de phosphate dans la mer, les rejets industriels agrochimiques, agroalimentaire et de gaz dans la nature car ne disposent pas de systèmes adéquats de traitement des déchets et des eaux usées et polluant ainsi le système marin du Togo jusqu'au Nigeria (MERF, 2020). Au-delà du déversement des déchets industriels des usines situées sur le littoral, l'usine de traitement des phosphates sise à Kpémé déverse également ses déchets miniers dans la mer. La planche de photos 1 montre la mer polluée à Gumukopé suite au déversement des déchets miniers de la SNPT.

Planche 1 : Eau marine polluée à Gumukopé

Source : Photos prises en mai, 2024

Selon le premier rapport sur l'état de l'environnement marin du Togo en 2022, environ 1,5 à 2 millions de tonnes de déchets industriels riches en métaux (déchets de la SNPT) sont déversement dans l'océan chaque année. Ces déchets constituent une menace pour tous les compartiments de l'environnement. Ces eaux argileuses riches en métaux lourds n'offrent pas de meilleurs environnements pour le développement des poissons et les pratiques de pêche. La prolifération des déchets plastiques le long de la côte constitue aussi une menace à l'environnement marin et côtier. Ces déchets une fois en mer piègent et intoxiquent les organismes marins. La planche 2 présente les déchets au large de la côte togolaise.

Planche 2 : Prolifération des déchets sur la plage

Source : Photos prises en mai, 2024

Ces photos reflètent la pollution des plages du littoral togolais. Sous l'effet des marées et des courants marins, ces déchets sont mobilisés dans les eaux marines et polluent les divers habitats de poissons. La pollution, notamment par les déchets plastiques, menace les océans et les littoraux en perturbant les habitats de reproduction des poissons, qui s'intoxiquent. En effet, l'utilisation massive de plastiques est telle que les océans abriteront plus de détritus plastiques que de poissons en 2050 (ONAEM, 2021). Cela a des répercussions sur les océans, la faune et la flore marines, et même sur la santé humaine, en particulier des consommateurs, car les poissons contaminés sont destinés à la consommation.

Quant à la pêche, elle contribue de manière significative à l'aggravation des changements climatiques, conduisant à l'accélération de la vulnérabilité des écosystèmes marins. Des pratiques comme la surpêche, le chalutage de fond, la perte de filets en mer, l'utilisation d'explosifs, de filets à mailles réduites ainsi que les émissions de gaz à effet de serre produites par les chalutiers constituent un danger pour les ressources halieutiques. Ces pratiques accentuent la vulnérabilité des communautés ainsi que des écosystèmes marins et côtiers. Elles perturbent l'équilibre écologique, aggravant les impacts des changements climatiques sur ces milieux fragiles.

2.3 Effets de l'érosion côtière sur le littoral togolais

Les changements climatiques, à travers l'élévation du niveau de la mer et des activités économiques et énergétiques, accentuent l'érosion du littoral et l'intrusion des eaux salines dans les eaux intérieures et les écosystèmes côtiers, etc. Les pêcheurs éprouvent d'énormes difficultés dans leur activité, notamment l'accostage des pirogues, la destruction des échouages, etc. La planche de photo 3 présente quelques difficultés liées à l'activité de pêche sur les différents campements suite aux impacts de l'érosion côtière.

Planche 3 : Impacts de l'érosion côtière sur la côte

Source : Photos prises en mai, 2024

Les photos A et C présentent la situation de l'érosion côtière à Devikinmé. L'érosion côtière a entraîné le déplacement des riverains et la disparition complète du campement. Quant à la photo D, elle présente un puits érodé par l'élévation du niveau de la mer à Adissim. Selon les informations recueillies, ce puits témoigne de la présence humaine dans ses alentours. Mais, suite à cette érosion, cette communauté de pêcheurs s'est vue dans l'obligation de se déplacer. Le phénomène de l'érosion côtière ravage également les espèces végétales situées le long de la côte. En effet, la recrudescence de l'érosion côtière liée au changement climatique va augmenter les déplacements des populations et les besoins en terre cultivable, en parcelles habitables ce qui va provoquer une indisponibilité des terres et la naissance des conflits entre communautés (REEM, 2022, p. 71).

2.4 Situation de dégradation des mangroves, intrusion saline et surpêche

L'espace côtier bénéficiait d'une formation de mangrove. Suite à la construction de la nouvelle darse par LCT et à la pression des populations riveraines pour des besoins énergétiques et de pose d'acadja, les formations de mangrove sur le littoral ont été largement entamées. De 1647,16 ha de mangrove signalés en 1991, on est passé à 112,53 ha (FAO, 2020, p. 11). Cette pression est d'autant plus importante au regard de la dynamique hydrographique avec l'ouverture permanente de l'embouchure et la salinisation de plus en plus poussée des eaux à l'intérieur du système lagunaire. Les formations de mangrove se développent dans les eaux saumâtres par excellente. Avec les nouvelles cette forte salinité cela à des impacts sur leur développement selon la majorité (85%) des enquêtés rencontrés sur le terrain.

La salinisation des eaux autrefois saisonnière et rythmée par une ouverture artificielle de la passe, est devenue permanente par endroit et saisonnier à l'intérieur des eaux du système lagunaire. Les populations riveraines enquêtées vivant de la pêche de captures de poissons, de mollusques et crustacés voient leurs prises des espèces marines évoluées au détriment des espèces d'eau douce. La salinisation est de plus en plus visible au niveau de certains puits de l'espace côtier. Les effets du changement climatique avec la montée du niveau des océans pourraient exacerber la pression sur ces écosystèmes.

L'effort de pêche est très marqué dans les nombreuses pêcheries maritimes du littoral togolais (FAO, 2020 et K-A. Fiagan, 2021, p. 45). Les prises étant en baisse, les pêcheurs utilisent de plus en plus des filets et techniques de interdits et destructeurs de la ressource. Les filets moustiquaires sont utilisés de même que la lumière en mer. La figure 4 présente la perception des acteurs sur la vulnérabilité des écosystèmes marins et côtiers en lien avec les formations de mangroves, l'intrusion saline et la surpêche.

Figure 4 : Perception des acteurs sur les risques de vulnérabilité des écosystèmes

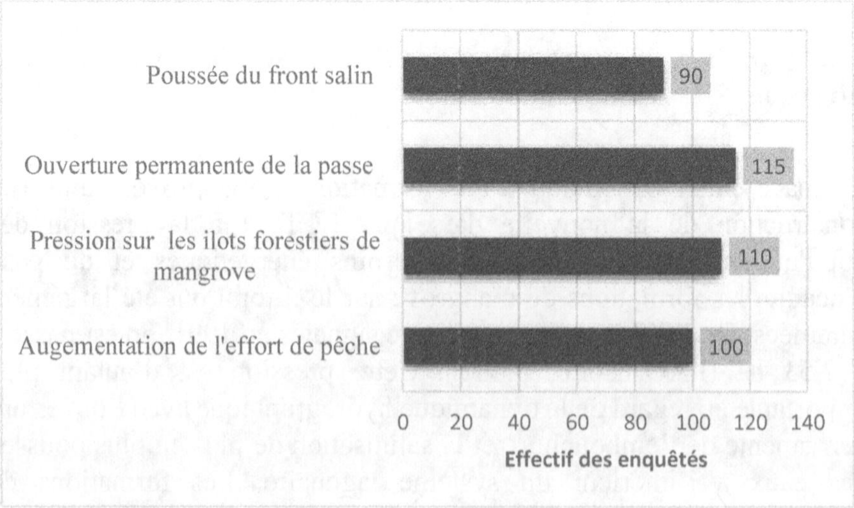

Source : Travaux de terrain, 2024

La majorité des acteurs sont unanimes sur les risques de vulnérabilité des écosystèmes marins et côtiers.

2.5. Mesure de la vulnérabilité des écosystèmes marins et côtiers face aux effets des changements climatiques

L'évaluation des vulnérabilités des habitats et des écosystèmes marins et côtiers du littoral togolais est faite à partir du modèle d'évaluation rapide de la vulnérabilité et de la perception des acteurs.

2.5.1 Evaluation de la vulnérabilité de la communauté des pêcheurs

Elle s'appuie sur la probabilité d'occurrence et des conséquences, les risques liés aux changements climatiques sur les écosystèmes côtiers et marins du littoral togolais.

Tableau 4 : Evaluation de la vulnérabilité des écosystèmes marins et côtiers

Ecosystèmes	Probabilité	Conséquences	Risque	Capacités d'adaptation	Niveau de Vulnérabilité
Zones pélagiques	**Probable** (probabilité de 50/50)	**Majeures** (Des espèces clés ou des fonctions clés subissent des changements majeurs et perdent de la valeur)	Elevée	Score: 1 à 2,3 **Faibles**	Elevée
Littoral	**Probable** (probabilité de 50/50)	**Modérées** (Certaines espèces peuvent décliner et les fonctions peuvent diminuer, donc l'habitat se dégrade, mais subsiste)	Elevée	Score: 2,4 à 3,6 **Modérées**	Modérée
Eaux néritiques	**Presque certain** (probabilité de plus de 50 %)	**Mineures** (L'habitat demeurera fonctionnel, mais des activités comme le rétablissement seront touchées)	Modérée	Score: 2,4 à 3,6 **Modérées**	Modérée

Source : Travaux de terrain, 2024

L'analyse des données contenues dans ce tableau présente les différents niveaux de vulnérabilité au niveau des différents écosystèmes. D'après les résultats, la vulnérabilité est élevée dans les zones pélagiques contrairement au littoral et aux eaux néritiques où elle est modérée. En définitive, la vulnérabilité des écosystèmes marins et côtiers est modérée. Réduire cette vulnérabilité nécessite la mise en place de stratégies d'adaptation durables. Le renforcement de la capacité d'adaptation est nécessaire pour permettre l'élaboration de stratégies plus efficaces. La perception des communautés de pêcheurs est essentielle dans le ressenti des effets et la définition des stratégies d'adaptation.

2.5.2. Perception des acteurs de la pêche sur les effets des changements climatiques sur les écosystèmes marins et côtiers et des communautés de pêcheurs

Les changements climatiques combinés aux facteurs anthropiques impactent négativement les écosystèmes marins et côtiers, les conditions de travail des pêcheurs par ricochet leurs conditions de vie. La figure 5 présente la perception des acteurs de la pêche sur les impacts des changements climatique sur le littoral togolais.

Figure 5 : Perception des acteurs de la pêche sur les effets des changements climatiques sur les écosystèmes marins et côtiers et des communautés de pêcheurs

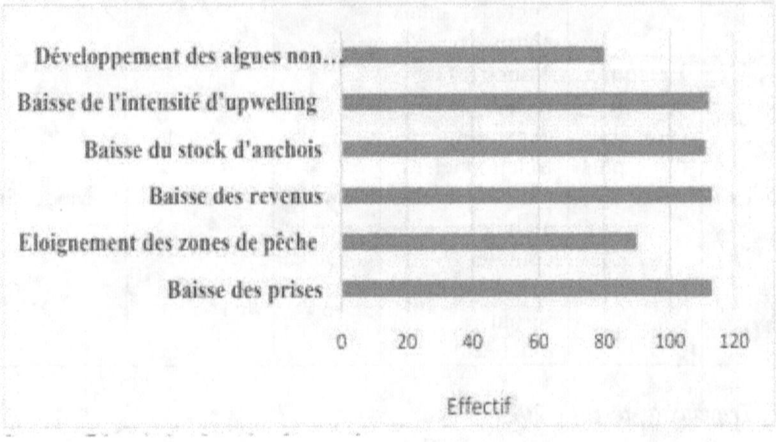

Source : D'après les données de terrain

Sur les 115 pêcheurs enquêtés, la majorité (90%) des acteurs est unanime sur la baisse des prises dans les pêcheries du littoral togolais, de l'éloignement des zones de pêche, de la diminution de stocks d'anchois et des revenus des acteurs. Des menaces en lien avec le développement des algues sont aussi évoqués par les pêcheurs.

Les acteurs de la pêche et les autorités togolaises ont mis en place des stratégies d'adaptation. Toutefois, ces stratégies, en particulier celles destructrices adoptées par les pêcheurs contribuent à accroître la vulnérabilité des écosystèmes. Il est cependant possible de renforcer la capacité d'adaptation en élaborant des stratégies plus appropriées. Les stratégies résilientes actuelles sont modérées, mais elles pourraient avoir un impact positif sur la réduction de la vulnérabilité.

2.6. Stratégies d'adaptation des communautés de pêcheurs face aux effets des changements climatiques sur les écosystèmes marins et côtiers

Face aux effets des changements climatiques sur l'environnement marin et côtier et activité de pêche en général, et les communautés de pêcheurs en particulier, les pêcheurs ont mis en place des stratégies pour amoindrir les effets de ces conséquences sur leurs activités. Ces stratégies sont de nature d'une part destructrices et d'autre part, résilientes.

2.6.1 Stratégies d'adaptation destructrices

En effet, confrontés depuis plusieurs décennies à une crise mondiale liée aux changements climatiques, qui ne cesse de s'accentuer, les pêcheurs artisans utilisent des techniques de pêche destructrices de la ressource aux fins d'accroître leur production et subvenir aux besoins de leur famille. Ces stratégies destructrices se manifestent par l'utilisation de filets moustiquaires, de la lumière en dans les zones de pêche. Ils se servent également des produits chimiques pour maximiser les captures de poissons en mer. Selon K. A. Fiagan, (2020, p. 416), les mailles des filets sont de plus en plus réduites dans l'optique d'une meilleure prise compte tenu de la dégradation des pêcheries tant décriée par la Fédération Nationale des Unions de Coopératives de Pêche du Togo (FENUCOOPETO). Aussi, la surpêche est devenue courante ces dernières décennies, en raison de la baisse des prises [1] due à l'épuisement des stocks. Cela se traduit par une augmentation de l'effort de pêche. Toutes ces pratiques s'inscrivent dans le cadre de la pêche illégale. La baisse des prises oblige les pêcheurs à s'aventurer plus loin

[1] La production est stagnante, tourne autour de 22 000 tonnes, alors que l'effort de pêche augmente et les techniques de pêche s'améliore et sont dans la prédation

de leurs lieux de pêche habituel, les exposant ainsi à des risques de collision avec des navires et à des conditions météorologiques plus difficiles ces dernières années.

2.6.2 Stratégies d'adaptation résilientes

L'accentuation des houles et tempêtes rendent difficiles voire impossible les sorties en mer. Cette situation laisse les acteurs les pêcheurs, les mareyeuses et les femmes transformatrices, dans une situation vulnérable. Pour surmonter ces difficultés, ils misent sur la sensibilisation et les sanctions. L'utilisation des sondeurs permet de cibler des espèces de poissons de grande valeur commerciale. L'adoption de la cogestion participe à une gestion participative du secteur de la pêche. L'élection des délégués de pêcheurs s'inscrit dans cette optique de gestion inclusive du secteur de la pêche. Sur les 115 personnes interrogées, 25% migrent vers d'autres sites moins impactés.

Le gouvernement togolais avec l'appui des partenaires techniques et financiers a bénéficié des projets de protection des côtes contre l'érosion côtière et la mise au point des instruments légaux pour le développement d'une économie bleue durable. Ces grands axes stratégiques ont pour objectifs de mettre en place les outils de développement d'une économie multisectorielle, durable et rationnelle de la zone côtière. Le projet WACA Resip avec l'appui de la Banque Mondiale a financé diverses activités de développement économique afin d'assurer la résilience des communautés du littoral face aux effets du changement climatique. Parallèlement aux travaux de reboisement de la côte et des berges du système lagunaire. Les pouvoirs publics aspirent ont initié le reboisement des plages de cocotiers. Dans le but d'augmenter la productivité des eaux marines, le gouvernement se projette de créer avec le Bénin, une aire marine protégée.

2.6.3. Stratégies d'adaptation basées sur les trois R

Dans ce contexte, les stratégies d'adaptation proposées reposent sur trois R : la résistance, la résilience et la réponse. Cette approche vise à envisager trois types de réactions face aux changements climatiques. Elle s'est basée sur les résultats de l'évaluation de la vulnérabilité afin de concevoir des actions efficaces pour atténuer les impacts des changements climatiques sur les écosystèmes marins et côtiers. Le tableau 5 présente les stratégies d'adaptation aux changements climatiques basés sur le modèle 3R.

Tableau 5 : Stratégies d'adaptation aux changements climatiques basés sur le modèle 3R

Facteur de stress/de vulnérabilité	Élévation du niveau de la mer	Augmentation de la température	Accentuation de la dynamique des courants marins et des houles sur les côtes
Résistance	**Construction de digues et de barrières côtières** Renforcer l'application de l'interdire de l'extraction du sable et du gravier marin sur le littoral **Restauration des zones humides** : Préserver ou restaurer les zones humides côtières, comme les mangroves, les marais et les estuaires, qui jouent un rôle naturel de barrière contre la montée des eaux. **Pompage et drainage des sédiments sur les côtes en souffrance**	Réduire les émissions des GEZ par le reboisement **Réduction des émissions locales de gaz à effet de serre** par la mise en place des initiatives pour réduire les activités humaines qui aggravent les effets des changements climatiques, **Renforcement des barrières naturelles** : Reboiser les côtes avec des plantes adaptées comme les mangroves et les cocotiers	**Construction d'infrastructures de protection** : Installer des ouvrages de défense côtière tels que des digues, des brise-lames et des épis pour réduire l'impact des courants marins et des houles. **Stabilisation des plages** : Utiliser des techniques comme le rechargement artificiel des plages, en apportant du sable pour compenser l'érosion causée par la dérive littorale. **Création de récifs artificiels** : Déployer des récifs artificiels sous-marins pour atténuer l'énergie des vagues avant qu'elles n'atteignent le rivage, ce qui réduit l'impact des houles et stabilise les courants marins tout en créant des habitats pour la faune marine.
	Mettre en place des zones tampons à partir du rivage pour tout futur projet.	Réduire les émissions des gaz à effet de serre **Gestion adaptative des pêches** :	**Aménagement souple des côtes** **Pratiques de gestion adaptative des plages** : Mettre en

Résilience	Déplacer les communautés côtières. Renforcer le système d'alerte sur les conditions météorologiques marines. **Aménagement souple des côtes** : la régénération des plages, la reconstitution des dunes, etc. **Urbanisme résilient** : concevoir des infrastructures résistantes aux inondations, comme des bâtiments sur pilotis ou des quartiers flottants, permettant aux communautés côtières de continuer à fonctionner malgré la montée du niveau de la mer. **Reboisement et renforcement des barrières naturelles**	Encourager des pratiques de pêche durable **Création de récifs artificiels** : Installer des structures sous-marines pour favoriser la biodiversité marine et permettre aux écosystèmes de s'adapter aux nouvelles conditions marines, y compris les courants plus forts et les températures élevées. **Aménagement écologique des côtes** : Plutôt que de lutter contre la dérive littorale de manière uniquement mécanique, promouvoir des solutions souples comme la régénération des plages	place des systèmes de gestion dynamique des sédiments, comme des programmes de surveillance des déplacements de sédiments causés par la dérive littorale. L'objectif est d'adapter continuellement la gestion des plages pour minimiser les pertes de sable et les impacts sur l'environnement côtier **Urbanisme résilient** : Encourager la construction d'infrastructures résilientes qui tiennent compte des risques de houles et de courants, comme des bâtiments sur pilotis ou des constructions modulaires dans les zones côtières à risque et des houles
Réponse	Maintenir et/ou intensifier la connectivité des habitats pour faciliter la migration des espèces : mettre à jour le zonage marin pour assurer la connectivité des récifs. **Relocalisation planifiée des populations** : Encourager et organiser la migration des communautés les	Promouvoir l'aquaculture. Financer les acteurs à se tourner vers d'autres activités génératrices de revenus Développer de méthodes durables adaptées aux nouveaux environnements marins **Relocalisation des infrastructures** : Déplacer les infrastructures	**Relocalisation planifiée des infrastructures et des communautés** : Relocaliser les communautés et les infrastructures situées dans les zones les plus vulnérables aux courants marins et aux houles vers des endroits plus sûrs. Cela peut inclure la planification de nouvelles villes ou quartiers plus en retrait du littoral pour

	plus vulnérables vers des zones moins exposées à l'élévation du niveau de la mer. Relocaliser les infrastructures dans des zones moins exposées aux inondations. **Redéfinition des zones à risque** **Révision des activités économiques** : Réorienter les activités économiques côtières (tourisme, pêche) vers des formes plus adaptées aux changements à venir, comme l'aquaculture ou le tourisme lié aux écosystèmes résilients, tout en réduisant la dépendance économique des zones menacées.	côtières et les communautés à risque vers des zones moins exposées aux effets des courants marins et de la dérive littorale. **Diversification des activités économiques** : **Révision des zones marines protégées** : Délimiter de nouvelles zones marines protégées dans des zones moins exposées à l'augmentation de la température et aux courants marins, afin de préserver les écosystèmes marins les plus fragiles	minimiser les impacts à long terme. **Conversion des zones les plus exposées** : Identifier les zones côtières qui ne peuvent plus être protégées de manière durable et les convertir en zones naturelles protégées ou en zones tampons écologiques. Cela permet de réduire les risques pour les populations tout en créant des écosystèmes capables de résister aux courants et aux houles. **Diversification des activités économiques**

3. Discussion

L'analyse des paramètres climatiques sur les écosystèmes marins et côtiers du littoral togolais montre que l'évolution du climat a été significative dans ces dernières décennies, ces résultats s'inscrivent dans la logique des travaux du MERF (2022) et du QCNCC (2019, p. 27) sur la question. Les effets du changement climatique sur les écosystèmes marins et côtiers et des communautés de pêcheurs ont été également démontré par certains chercheurs. En effet, les travaux réalisés par REEM (2022, p.71), K-A Fiagan (2020) et MERF, PNUD (2019) confirment aussi la baisse des prises dans les pêcheries du littoral togolais, de l'éloignement des zones de pêche, de la diminution de stock d'anchois et des revenus des acteurs. Par ailleurs, la réduction des formations de mangroves est significative. Les rapports de la FAO en témoignent davantage. Ainsi, la perte des habitats naturels avec la régression de la superficie de la mangrove au Togo estimée à 1 500 ha en 1980 (FAO, 1994) et à 112,53 hectares (FAO, 2020), cité par MERF (2020, p. 142).

Les acteurs sont unanimes sur la surexploitation des ressources halieutiques. Pour le rapport du MERF (2022, p.142), les ressources halieutiques sont en situation de surpêche. Pour une biomasse du stock pélagique de 25 000 tonnes dont 19 000 tonnes sont exploitables, le Togo exploite réellement aujourd'hui plus de 24 000 tonnes, ce qui place les ressources halieutiques directement en situation de surpêche. Les pollutions des eaux côtières sont une réalité. Plusieurs rapports du ministère de l'environnement attestent de cette réalité.

Pour MERF (2022, p.143), les pollutions et la dégradation de la qualité des eaux côtières sont dus à la mauvaise gestion des déchets industriels et ménagers et du transport maritime. L'exploitation et le traitement des phosphates engendre plus de 2 millions de tonnes de déchets miniers boueux phosphatés riches en métaux lourds (Cd, Cr, Ni, Cu, Fe, Al, Zn, U, REE, etc.).

Les résultats de l'étude aboutissent à la conclusion selon laquelle, les écosystèmes marins et côtiers présentent un réchauffement global et une vulnérabilité dans l'ensemble modérée dans l'ensemble. Ces résultats sont en adéquation avec ceux des études réalisées depuis plus de trois décennies au Togo, (MERF, 2022 ; MERF, PNUD, 2020 ; K-A Fiagan, 2020). Pour la FAO (2022, p. 222), les écosystèmes marins et côtiers dans certains pays du golfe de Guinée présentent un niveau de vulnérabilité modéré. Les stratégies d'adaptation face à la vulnérabilité des écosystèmes marins et côtiers dans le contexte du changement climatique sont variées et dans les adaptations aux changements climatiques sont de deux ordres. La première est associée aux mesures d'atténuation comme les ouvrages physiques de protection, mais qui sont de plus en plus délaissés en raison des risques d'augmentation de l'érosion et de leurs coûts élevés. Le deuxième fait plutôt référence à des actions d'adaptation comme les aménagements (règlements de zonage), le retrait, les changements de comportement individuel et les approches écologiques ou les techniques douces.

L'une des stratégies proposées par la FAO (2022, p. 225) portent sur les approches de gestion spatiale. Elles offrent un cadre efficace de planification, d'adaptation et d'atténuation face aux possibilités et aux risques actuels et futurs liés au climat dans les secteurs de la pêche. En l'absence de planification et de gestion spatiales efficaces, on assistera, avec le réchauffement et l'acidification des océans, à une modification de la répartition géographique des espèces et de leurs habitats, à de nouveaux schémas d'apparition et de propagation des maladies, et à une aggravation des conflits sociaux entre les utilisateurs des eaux continentales ou des océans – trois exemples parmi la myriade de changements liés au climat. Les initiatives incluant les communautés sont plus porteuses d'externalités positives que des solutions toute faite qui ont réussies ailleurs (FIDA, 2016, p. 6).

Conclusion

L'étude des vulnérabilités des écosystèmes marins côtiers face au changement climatique met en lumière la fragilité de ces environnements essentiels à la survie de nombreuses communautés de pêcheurs. Les effets conjugués de la hausse des températures, de l'acidification des océans et de la montée du niveau de la mer exacerbent les pressions déjà existantes sur ces écosystèmes. Toutefois, il ressort également que les communautés de pêcheurs ne sont pas passives face à ces défis. Elles développent des stratégies d'adaptation variées, allant de la diversification des activités économiques à la mise en œuvre de pratiques de pêche durables.

Ces efforts, bien qu'insuffisants sans une action climatique plus globale, montrent la résilience de ces populations et soulignent la nécessité de politiques publiques renforçant la gestion durable des ressources marines. Malgré les stratégies mises en place pour surmonter les effets du changement climatique sur le secteur de pêche, ce secteur demeure toujours vulnérable.

Pour assurer la pérennité des écosystèmes marins et côtiers et la sécurité économique des pêcheurs et alimentaire des populations, une approche de gestion intégrée des zones côtières (GIZC) associant mesures locales et initiatives internationales et de la planification spatiale marine constituent des approches de gouvernance des territoires littoraux et marins visant un développement durable.

Références bibliographiques

BANKATI Bolagbédé, NAPO Gbati, 2022, « Vulnérabilité et stratégies de résilience des populations de la zone côtière du Togo face aux effets du changement climatique », *Djiboul,* n° 004, vol.2, p. 364 -383.

BLIVI Adoté Blim, 2000, « Vulnérabilité de la côte togolaise à l'élévation du niveau marin : une analyse de prévision et d'impact », *Collection Patrimoines*, n°11, p. 643-660.

BLIVI Adoté Blim, ADJOUSSI Pessièzoum, 2004 « La cinématique du trait de côte au Togo vue par télédétection », *Geo-Eco-Trop*, 2004, 28, vol 1, n° 2, p. 27-38.

CCE, 2017, Outil d'évaluation rapide de la vulnérabilité des aires marines protégées d'Amérique du Nord, Commission de coopération environnementale, Montréal, Canada.

DUBOIS Catherine, 2021, Une nouvelle méthode pour évaluer les risques climatiques des bâtiments faisant partie d'un grand parc immobilier, Société québécoise des infrastructures (SQI), Rapport de recherche – Ouranos, Montréal.

FAO, 2022, La Situation mondiale des pêches et de l'aquaculture 2022. Vers une transformation bleue. Rome, FAO, [En ligne] URL : https://doi.org/10.4060/cc0461fr

FIAGAN Koku-Azonko, 2020, « Changements climatiques et vulnérabilité de la pêche artisanale sur le littoral togolais », In : *Journal de Recherche Scientifique*, Université de Lomé, Togo, vol 22, n° 3, p. 411-426.

FIDA, 2016, Note pratique : pêche, aquaculture et changement climatique. Guide des mesures d'adaptation et d'atténuation, Environnement et changement climatique.

GUELLY Kudzo, PEREKI Hodabalo et DJIWA Oyétoundé, 2020, Cartographie des acteurs et des écosystèmes de mangrove du littoral togolais. Lomé, [En ligne] URL : https://doi.org/10.4060/ca8640f

MERF, 2014, Étude de vulnérabilité et adaptation Aux changements climatiques. La zone côtière du Togo. Rapport final de la troisième communication nationale du Togo à la convention-cadre des nations unies sur les changements climatiques (TCN- CCNUCC).

MERF, 2015, Troisième communication nationale du Togo sur les changements climatiques

MERF, 2017, Plan National d'Adaptation aux Changements Climatiques du Togo (PNACC), Togo.

MERF, 2019, Rapport final du Quatrième Communication Nationale et Deuxième Rapport Biennal Actualise du Togo sur les changements climatiques : Scénarios climatiques, 2019, Lomé, Togo.

MERF, 2022, Premier rapport sur l'état de l'environnement marin (REEM) du Togo. ANGE-PASIET.

PENCOO GEEJ, 2018, *Changement climatique et Pêche : Expériences des projets USAID/COMFISH et USAID/COMFISH Plus*.

PLANTE Steve, VASSEUR Liette et SANTOS SILVA Julia, 2018, « Adaptation des communautés côtières aux effets des changements climatiques sous l'angle de la résilience : lier la gouvernance locale au développement durable », *Vertigo* [En ligne] URL : http://journals.openedition.org/vertigo/22079

PNUE-PAM-CAR/ASP, 2010, « Impact des changements climatiques sur la biodiversité en Mer Méditerranée », *CAR/ASP Edit*, Tunis, p. 1-28.

TOGO, 2020, Évaluation de la vulnérabilité de la zone côtière aux effets et impacts néfastes des changements climatiques. Rapport final, CCNUCC, GEF-PNUD.

ECONOMIE BLEUE DURABLE ET INCLUSIVE AU BURKINA FASO : PERCEPTION DES ACTEURS

SIMTAGNA Yao et ADJOUSSI Pessièzoum

Résumé

L'économie bleue durable et inclusive constitue une alternative pour répondre à de multiples objectifs écologiques, économiques et sociaux auxquels les pays africains font face. Ce concept semble s'appliquer dans les contextes des pays côtiers qu'à ceux de l'hinterland. Or, pour l'Union africaine, l'économie bleue comprend l'ensemble des activités et ressources dérivées des écosystèmes marins et aquatiques, y compris les océans, les mers, les côtes, les cours d'eau, les lacs et les eaux souterraines. L'objectif de cette recherche est d'étudier les perceptions sur l'économie bleue et de montrer que les pays enclavés comme le Burkina Faso disposent de potentialités pour promouvoir ce concept émergent. La démarche méthodologique s'est appuyée sur l'observation des pratiques de développement de l'économie au Burkina Faso, une revue documentaire et des entretiens individuels approfondis avec 35 acteurs de l'économie bleue. En outre, la méthode SWOT a été utilisée pour analyser les forces, les faiblesses, les opportunités et les menaces de l'économie bleue au Burkina Faso. Les résultats de la recherche révèlent que le Burkina Faso dispose d'un potentiel pour exploiter son économie bleue. Le pays a construit des barrages sur tout le territoire pour développer des activités de contre-saison et les exploite pour l'aquaculture. Les enquêtés perçoivent que les espaces aquatiques (bassins, barrages, les retenues d'eau, les cours d'eau) offrent potentiellement la possibilité de loisir et du bien-être physique et psychologique comme services de l'économie bleue dominants. Des mesures de renforcement de la filière de l'économie existante et la création d'autres activités s'imposent.

Mots-clés : Espace aquatique, économie bleue, politiques, stratégies, Burkina Faso.

SUSTAINABLE AND INCLUSIVE BLUE ECONOMY IN BURKINA FASO: PERCEPTION AND PERSPECTIVES OF STAKEHOLDERS

Abstract

The sustainable and inclusive blue economy represents an alternative to address the multiple ecological, economic, and social challenges faced by African countries. This concept appears to be more readily applicable to coastal nations than to landlocked ones. However, for the African Union, the blue economy encompasses all activities and resources derived from marine and aquatic ecosystems, including oceans, seas, coasts, rivers, lakes, and groundwater. The objective of this research is to explore perceptions of the blue economy and to demonstrate that landlocked countries such as Burkina Faso possess the potential to promote this emerging concept. The methodological approach relied on observing economic development practices in Burkina Faso, a literature review, and in-depth individual interviews with 35 stakeholders in the blue economy. Additionally, the SWOT method was employed to analyze the strengths, weaknesses, opportunities, and threats of the blue economy in Burkina Faso. The research findings reveal that Burkina Faso has significant potential to harness its blue economy. The country has constructed dams across its territory to support off-season activities and utilizes them for aquaculture. Respondents perceive that aquatic spaces (dams, reservoirs, rivers) offer potential opportunities for recreation and physical and psychological well-being as dominant services of the blue economy. Measures to strengthen existing economic sectors and create new activities are essential.

Keywords: Aquatic spaces, blue economy, policies, strategies, Burkina Faso

Introduction

Les océans, les fleuves, les rivières, les lacs, les berges, les cours d'eaux, les eaux douces, les nappes souterraines constituent une immense richesse ainsi qu'un fort potentiel pour la croissance de l'économie bleue, l'emploi et l'innovation en Afrique. Selon l'OCDE, l'économie bleue pourrait apporter jusqu'à 1 500 milliards de dollars à l'économie mondiale si elle était gérée de manière efficace et durable (OCDE, 2016). L'agenda 2063 de l'Union Africaine intègre l'économie bleue dans ses « objectifs et domaines prioritaires des dix prochaines années » et considère son exploitation comme la première aspiration d'une « Afrique prospère ».

Pour la Commission Économique pour l'Afrique (CEA), l'économie bleue peut jouer un rôle essentiel dans la transformation structurelle de l'Afrique, la croissance économique durable et le développement social. Elle embrasse un éventail d'activités, directes ou dérivées, qui vont de la pêche à l'exploitation minière sous-marine en passant par l'aquaculture, le tourisme, les transports, la construction navale, l'énergie ou la bioprospection (CEA, 2016). L'économie bleue, souvent définie comme un modèle de développement durable basé sur l'exploitation des ressources marines et côtières, suscite un intérêt croissant en Afrique de l'Ouest. Alors que les pays côtiers ont

traditionnellement été les principaux bénéficiaires de cette approche, il est essentiel d'examiner comment les nations de l'hinterland peuvent également tirer profit de cette dynamique régionale.
En effet, l'économie bleue représente une opportunité essentielle pour l'Afrique et permet de concilier le développement économique et la préservation des ressources aquatiques. Cependant, elle est plus considérée aujourd'hui comme réservée aux pays côtiers et non des pays de l'hinterland. La plupart des études (mémoires, revues, articles) et offre de formation comme celle de Senghor (économie bleue durable et maritimisations) parlent uniquement des mers et océans dans e contexte de l'économie bleue. Or, dans le contexte africain, l'économie bleue basée sur de la nature regroupe toutes les activités économiques menées dans les rivages, les fleuves, les lacs, les berges, les cours d'eau, les eaux douces, les nappes souterraines, les mers, les fonds marins, les océans, etc. Selon la CEA (2016), en améliorant ses connexions avec les autres secteurs d'activités, l'économie bleue consacre les secteurs liés aux mers et à l'eau comme chaîne des services écosystémiques intégrés, basés sur l'exploitation des ressources biologiques et non biologiques, au bénéfice de tous les États qu'ils soient côtiers, insulaires ou enclaves. Aussi, la stratégie de l'économie bleue de l'Afrique (2021-2025) élaborée par l'Union Africaine a pour objectif de guider le développement d'une économie bleue inclusive et durable qui contribue de manière significative à la transformation et à la croissance du continent, en faisant progresser les connaissances sur les biotechnologies marines et aquatiques, la durabilité environnementale, la croissance d'un secteur des transports maritimes panafricain, le développement du transport maritime, fluvial, lacustre et de la pêche ainsi que l'exploitation et la valorisation des ressources minérales et autres en haute mer.
Le Burkina Faso, a mise en place sa stratégie de l'économie bleue en 2022. Cependant, malgré plus d'une année de mise en place et la vaste potentialité bleue que regorge le pays, le secteur tarde à amorcer un réel développement. Ce constat est de même au Mali et au Niger. Ces pays et plus particulièrement le Burkina Faso disposent d'énormes potentialités pour le secteur de l'économie bleue. En effet, le Burkina Faso dispose d'importants réseaux de bassin, soit 274 030 km^2 (DGRE, 2019). Sur ces bassins, se trouvent des sources, des mares, des lacs naturels et des barrages construits pour divers usages (DGRE, op. cit). Il faut noter que le Burkina Faso, tout comme les deux autres pays, dispose d'importantes nappes souterraines en Afrique de l'Ouest

(PREAMO, 2018). Ces ressources font partie des ressources citées dans la définition de l'économie bleue en Afrique par l'Union Africaine. On y trouve au Burkina Faso, des activités de l'économie bleue comme la pêche, l'aquaculture, le transport lacustre, l'écotourisme, l'exploitation de l'eau de surface et souterraine pour l'agriculture et le maraîchage, etc. Cette potentialité bleue, bien que pour la plupart soient à promouvoir, montre que dans le contexte africain du développement de l'économie bleue durable, le Burkina Faso doit mettre en place des stratégies visant le développement de l'économie bleue.
L'observation de la CEA est que de plus en plus d'États africains formulent des stratégies d'économie bleue pour diversifier leurs économies et catalyser la transformation socioéconomique, en se basant sur leur expérience acquise de mise en œuvre des principes de l'économie verte pour une transition vers une économie bas carbone. Dans ce contexte, un aspect important pour cette dynamique est la manière dont les acteurs sur le terrain perçoivent l'économie bleue. C'est le constat au Burkina Faso et après plus d'une année de l'élaboration de la stratégie, l'on constate que les acteurs sur le terrain ont des perceptions différentes de l'économie bleue et des ressources bleues. Alors, comment expliquer cela ? Est-ce qu'il existe des ressources bleues au Burkina Faso ? C'est à cette question que cet article tente de répondre. Cet article vise à étudier les perceptions sur l'économie bleue et de montrer que les pays enclavés comme le Burkina Faso disposent de potentialités pour promouvoir ce concept émergent.

1. Matériel et méthodes

Cette rubrique présente la zone d'étude et la méthodologie de recherche.

1.1. Zone d'étude

Situé au cœur de l'Afrique de l'Ouest, le Burkina Faso a un réseau hydrographique assez important, surtout dans sa partie méridionale. Le réseau hydrographique se rattache à trois bassins internationaux qui sont les bassins de la Volta, de la Comoé et du Niger. Ces trois bassins sont eux-mêmes subdivisés en 4 bassins versants nationaux : le Nakanbé, le Mouhoun, le Niger et la Comoé comme le montre la carte1.

Carte 1 : Carte hydrographique du Burkina-Faso

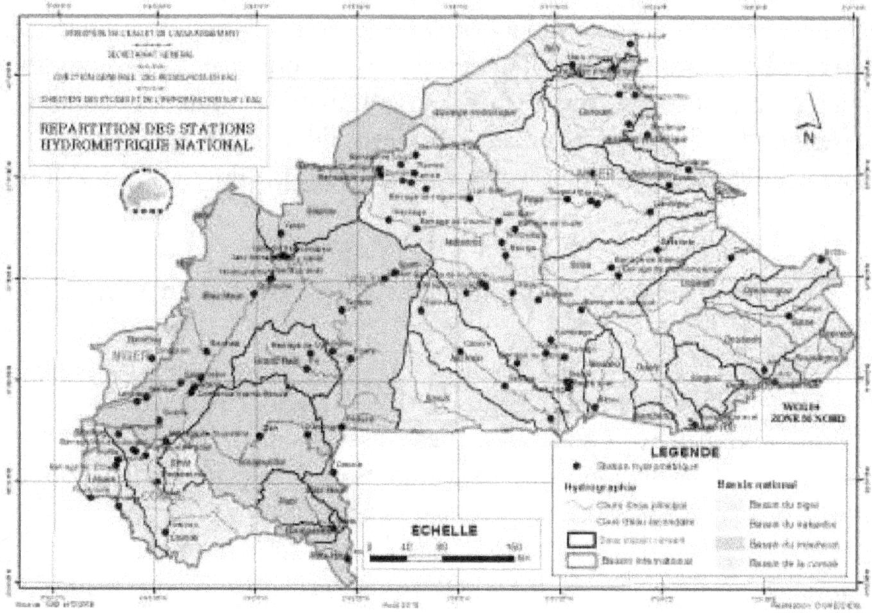

Source : auteur

Le réseau hydrographique de chaque Bassin Versant National (BVN) est brièvement présenté ci-après.

1.1.1 Réseau hydrographique du bassin national de la Comoé

Le bassin national de la Comoé avec ses 17 620 km^2 représente 6,4 % de la superficie du pays (DGRE, 2019). Il contient un seul sous-bassin national (Comoé - Léraba). La Comoé est un des grands fleuves d'Afrique occidentale. La superficie totale de son bassin versant à l'embouchure est de 76 500 km^2.Il s'étend sur le Burkina Faso, la Côte-d'Ivoire, le Ghana et le Mali. La portion burkinabè de ce bassin international est répartie sur les provinces de la Comoé, de la Léraba, du Houet, du Kénédougou et du Poni. Elle est composée de deux unités hydrographiques comportant chacune un cours d'eau pérenne : la Comoé à l'Est et la Léraba à l'Ouest du Bassin. (Cf. Rapport d'État des lieux des ressources en eau du bassin de la Comoé, MCA-BF- AD9.1, 2012). Sur le Bassin, se trouvent des sources, des mares, des lacs naturels et des barrages construits pour divers usages. Les écoulements sont permanents et les débits d'étiage soutenus sont largement exploités. La pluviométrie relativement abondante de ces régions confère à ces rivières, un régime nettement soudanien, avec une augmentation des débits dès le mois de juin et des débits de crue en août-septembre pouvant atteindre 500 m^3/s. Le volume moyen interannuel écoulé sur la période 1955-2019 est de 2,116 milliards de m^3. La capacité totale de stockage des barrages-réservoirs est de 106,8 millions de m^3(DGRE, 2019).

1.1.2 Réseau hydrographique du bassin national du Mouhoun

Le bassin du Mouhoun est un sous-bassin de la Volta Noire partagé par le Mali au nord (Sourou), la Côte d'Ivoire et le Ghana au sud. Le réseau hydrographique du cours d'eau est assez dense et comporte de nombreux affluents. Les derniers affluents en rive gauche du Mouhoun proviennent de sous-bassins versants ghanéens et ivoiriens. D'une longueur totale d'environ 1 000 km au Burkina Faso, le Mouhoun draine, au niveau national, les territoires de 6 régions. Il couvre presque entièrement la région de la Boucle du Mouhoun (99%), la plus grande partie des régions des Hauts-Bassins (95%) et du Sud-Ouest (93%), des portions importantes des régions du Centre-Ouest (56%) et du Nord (44%) et une portion moindre de la région des Cascades (17%) (DGRE, 2019).. Le bassin du Mouhoun peut être subdivisé du point de vue hydrologique en plusieurs parties : Le Mouhoun supérieur issu du même massif gréseux que la Comoé mais s'écoulant vers le nord-est, présente dans sa partie amont des débits pérennes avec des étiages qui sont rarement inférieurs à 2 m^3/s aussi bien à la station de Samandéni que sur le Kou à Nasso.

Limité au confluent du Sourou, le bassin versant du Mouhoun supérieur et ses principaux affluents (Plandi, Kou, Siou, Vou-Houn) atteint 20 800 km^2 et fournit un débit moyen qui est cependant très irrégulier. Le Sourou draine l'ancienne plaine lacustre du Gondo dont le bassin versant de 15 200 km^2 ne fournit que de faibles ruissellements. À l'état naturel, lors des crues, le Mouhoun alimente son affluent le Sourou. En temps de décrue, le Sourou alimente le Mouhoun. Depuis 1976, des ouvrages de contrôle installés à l'amont de la confluence du Sourou et du Mouhoun au village de Léri permettent de stocker 360 Mm3 d'eau dérivés des crues d'hivernage du Mouhoun dans la dépression du Sourou et de restituer dans le cours aval du Mouhoun un débit

écologique de 3 à 4 m^3/s pendant la saison sèche. Un canal complété en 1984 permet une dérivation du Mouhoun, qui se traduit par le détournement de la totalité des débits en provenance de la partie amont de la boucle du Mouhoun.
Le Mouhoun inférieur changeant brusquement de direction après la boucle du Sourou, il coule vers le sud-est, puis plein Sud, formant la frontière avec le Ghana à partir de Ouessa. L'aménagement du Sourou et les prélèvements au fil de l'eau (Ténado, Poura) perturbent le régime naturel aussi bien en étiage qu'en crue. Les affluents de rive droite du bassin inférieur sont : le Karokuy, le Petit Balé, le Grand Balé, la Bougouriba, le Poni, la Bambassou et la Pouéné. En rive gauche dans le bassin inférieur, les affluents sont : le Vranso sur lequel est construit le barrage du Soum, le Bulkiemdé, le Bolo, le Kabouti et le Kabarvaro. Les derniers affluents en rive gauche du Mouhoun proviennent de sous-bassins versants ghanéens et ivoiriens. Le bassin est caractérisé par les cours d'eau pérennes : Mouhoun, Kou, et la vallée du Sourou. On y trouve d'autres cours d'eau permanents ainsi que des lacs : la mare aux crocodiles de Sabou dans la province de Boulkiemdé, la « Guingette » (source du Kou) dans la province du Houet. C'est également le bassin national qui abrite le plus grand nombre des eaux et forêts classées. Le bassin abrite un peu plus de 400 lacs naturels et barrages dont le barrage de Samendéni, situé sur le Mouhoun Supérieur avec une capacité au plan d'eau normal de 1 050 mm^3, le Sourou (608 mm^3) et le barrage de Soum sur le Vranso (83 mm^3). Le volume moyen interannuel écoulé sur la période 1955-2019 est de 4,858 milliards de m^3. La capacité de stockage des barrages réservoirs est de 1 851,340 millions de m^3 (DGRE, 2019).

1.1.3 Réseau hydrographique du bassin national du Nakanbé

Le cours d'eau Nakanbé (ex. Volta Blanche), prend sa source à l'est d'Ouahigouya dans une région qui reçoit en moyenne 500 à 600 mm d'eau par an. Il draine un bassin versant d'environ 41 407 km^2 avec la Nouhao et couvre toute la partie centrale et le nord du plateau central. Il ne coule que pendant la saison des pluies. Les premiers écoulements intermittents peuvent se produire en mai, mais ce n'est qu'en juillet/août que les débits deviennent permanents à la station de Wayen et se renforcent vers l'aval. Cependant les écoulements sont devenus permanents à la station de Bagré Aval, compte tenu des turbinages et des lâchées de débits environnementaux. Deux affluents du Nakanbé:

le Nazinon (ex Volta Rouge) et la Sissili drainent la partie sud-ouest du plateau central avec un bassin versant de 18 929 km². Leur régime hydrologique est similaire à celui du Nakanbé. Le cours d'eau Pendjari forme la frontière sud-est du Burkina avec le Bénin et reçoit en rive droite trois affluents (le Doudodo, le Singou et la Kompienga) dont les bassins versants totalisent 21 595 km². Ces affluents apportent moins de 30% du débit moyen de la Pendjari qui elle-même tarit au moins une année sur deux à partir du mois d'avril au niveau de Porga (Bénin). Cependant, les écoulements sont devenus permanents à l'aval du barrage de la Kompienga compte tenu des turbinages et des lâchées de débits environnementaux. Le volume moyen interannuel écoulé sur la période 1955-2019 du bassin national du Nakanbé est de 2,97 milliards de m^3 (DGRE, 2019). La capacité de stockage des barrages-réservoirs du bassin national du Nakanbé est de 4 4817 milliards de m3 (DGRE, 2019).

1.1.4 Réseau hydrographique du bassin national du fleuve Niger

Le bassin versant du Niger au Burkina Faso, d'une superficie totale de 83 442 km^2, se compose de deux parties séparées et situées à deux extrémités du pays : Le bassin versant du Banifing, affluent du Bani qui est lui-même un des affluents majeurs du fleuve Niger. Ce bassin est situé à l'ouest du pays où la pluviosité moyenne interannuelle est évaluée à 950 mm. D'une superficie totale de 5 441 km^2, le bassin du Banifing est drainé au Sud par le Sélédogo et le Sangoué et à l'Est par une multitude de rivières (Dougo, Konga, Dougbè) dont la confluence forme le Séssé. Le Tessé ou Longo, principal affluent, reçoit les cours d'eau du sud, et conflue avec le N'Gorlaka qui constitue la frontière avec le Mali sur une centaine de kilomètres. Le bassin des affluents en rive droite du fleuve Niger au Nord du pays couvre une superficie de 78 001 km². Les bassins de ces affluents burkinabè du Niger occupent tout le tiers nord du pays. Ils peuvent être subdivisés en deux groupes : les affluents les plus septentrionaux qui sont le Béli, le Gorouol, le Goudébo et le Dargol couvrent une superficie de 24 839 km² ; ils sont en grande partie endoréiques 1 mais peuvent provoquer des crues ponctuelles importantes. Les affluents soudano-sahéliens que sont la Faga, la Sirba, la Bonsoaga, la Diamangou et la Tapoa couvrent une

[1] Dont l'écoulement se perd dans une cuvette ou sur un relief extrêmement plat, par infiltration et par évaporation.

superficie de 53 162 km² ; ils ont des régimes un peu moins irréguliers et contribuent à la crue soudanienne du fleuve Niger qui se produit en septembre.
Le volume moyen interannuel écoulé (1970-2019) du bassin national du Niger est de 3,93 milliards de m^3. La capacité de stockage des barrages-réservoirs est de 156,503 milliards de m3 (DGRE, 2019). Le tableau 1 donne un récapitulatif des ressources en eau des 4 bassins versants nationaux. En résumé, les volumes moyens stockés dans les retenues et écoulés aux sorties du pays peuvent être évalués respectivement à 4,66 et 13,87 milliards de m^3 (DGRE, 2019) ; ce qui indique un bon potentiel de ressources en eau de surface mobilisable.

Tableau 1: Récapitulatif des ressources en eau des différents bassins versants nationaux

Bassins Versants Nationaux	Superficie (en km^2)	Capacité totale au Plan d'eau Normal de barrages (en Milliards de m^3)	Volume moyen mobilisé des principaux barrages (en Milliards de m^3)	Volume écoulé aux sorties du pays (en Milliards de m^3)
Comoé	17 620	0,1068	0,08544	2,116
Mouhoun	91 036	1,8513	1,481	4,858
Nakanbé	81 932	4,4817	2,97	2,96
Niger	83 442	0,1565	0,1252	3,93
Total Burkina	**274 030**	**6,5963**	**4,66**	**13,87**

Source : Synthèse du suivi des ressources en eau (DGRE 2019)

1.2 Méthodologie de recherche

L'approche méthodologique de cette étude intègre l'observation du terrain, la recherche documentaire et une série d'entretiens semi-structurés. L'observation a permis d'apprécier l'espace aquatique et les activités économiques qui s'y déroulent et de prendre des photos. La recherche documentaire quant à elle, a aidé à la consultation des études et travaux antérieurs sur l'économie bleue au monde et en Afrique (C. Dupont, 2021 ; E. Douvere, 2009 ; L. Menegon *et al.*, 2018 ; MSPGlobal, 2017 ; P. Adjoussi, 2020; Y. Simtagna, 2022, CEA, etc.).

À l'aide d'un guide, les entretiens ont privilégié du personnel de l'autorité de bassin de la Volta, des décideurs politiques, des représentants de la société civile, des pêcheurs et des chercheurs. Au total, 35 acteurs, sur la base d'un choix raisonné, sont soumis à guide d'entretien. Il faut noter que ce choix s'explique par le fait que les zones humides où réside une grande partie des acteurs étaient inaccessibles vue le contexte sécuritaire. Cette situation a fait que nous avons interrogé des potentiels acteurs se trouvant dans la zone accessible. Les données recueillies ont été analysées à la lumière des principes de durabilité, d'inclusion sociale et de gouvernance transparente, afin de mettre en évidence les convergences et les divergences de points de vue au sein de la communauté des parties prenantes conformément aux objectifs de l'étude. Le modèle SWOT (Strength, Weaknesses, Opportunities and Threats), encore appelé FFOM, c'est-à-dire Forces, Faiblesses, Opportunités et Menaces, a permis de faire un diagnostic du secteur de l'économie bleue au Burkina Faso.

2. Résultats

Les résultats portent sur le diagnostic du secteur de l'économie bleue au Burkina-Faso, la cartographie des activités en lien avec le secteur ainsi que les acteurs qui interviennent, les photos issues des observations et les données issues des entretiens.

2.1 Diagnostic du secteur de l'économie bleue

Cette section fait l'analyse des Forces, Faiblesses, Opportunités et Menaces (FFOM)/SWOT du secteur de l'économie bleue au Burkina-Faso.

Analyse FFOM du secteur de l'économie bleue au Burkina Faso

Forces	Faiblesses
Présence d'une stratégie de l'économie bleue, Une vaste potentialité de l'économie bleue (environ 1200 plans d'eau), d'importants réseaux de bassin, soit 274 030 km2 ; Projet de formation et installation de 1000 jeunes dans la production des poissons ; Projet aquaculture sur les barrages de Samangbeni et de Bagre (cage flottant) ; Amélioration du cadre juridique et institutionnel de la gestion de l'eau et de la GIRE ; Capacité d'autofinancement des projets développés par le gouvernement actuel ; La capacité de maîtrise de l'eau de surface disponible ; Les formations dans le secteur de l'eau comme 2e.	Faible niveau d'implication de l'ensemble des acteurs de la stratégie, Absence d'un cadre institutionnel spécifique à l'économie bleue. L'insécurité dans les zones à fort potentialité bleues (Bassin de Mouhoun par exemple) Divergence sur la connaissance et les atouts du Burkina Faso sur l'économie bleue Faible niveau de connaissance des acteurs ainsi que des populations riveraines de l'économie bleue Insuffisance de la stratégie favorisant le suivi-évaluation des prises de poissons au niveau des barrages et lacs, Épuisement du stock de poissons dans certains lacs comme celui de Bagré et du barrage de Tanghin, Chute du chiffre d'affaires des pêcheurs, Occupation anarchique des berges par les maraîchers, Pollution des eaux entraînant la mort des poissons, Faible niveau d'entrepreneuriat dans le domaine, Carence de formation professionnelle et de la recherche dans le domaine de l'économie bleue, Non évaluation environnementale et sociale des effets effectifs de l'aménagement des infrastructures routières des zones urbaines (pollution, destruction des espèces aquatiques).
Opportunités	**Menaces**
Présence d'une pluralité d'investisseurs dans le secteur maritime ; stratégie de l'économie bleue d'Afrique (2021-2025). Possibilité de mettre en place un mécanisme de financement des projets de la stratégie par ces investisseurs.	Le changement climatique, les risques et catastrophes naturelles, sècheresse, l'insécurité du au terrorisme. Mise en cause de la qualité de la stratégie par les organisations sous-régionales, régionales et internationales, Doutes des investisseurs sur la cohérence, la transparence, l'efficacité, la prévisibilité et la stabilité des actions de la stratégie.

Source : Données enquête de terrain, mars, avril 2024

2.2. Cartographie des ressources, activités et acteurs de l'économie bleue au Burkina-Faso

Le tableau ci-dessus montre une cartographie des ressources, activités et acteurs de l'économie bleue au Burkina-Faso

Tableau1 : Cartographie des ressources, activités et acteurs de l'économie bleue au Burkina-Faso

Ressources bleues	Activités	Acteurs
Milieu aquatique des bassins	Pêche	Pêcheurs
	Exploitation Minière	Sablonnier, exploitant d'or
	Transport	Piroguier
	Maraichage	Maraîchers,
Fleuves	Pêche	Pêcheurs
	Exploitation Minière	Sablonnier, exploitant d'or
	Transport	Piroguier
	Aquaculture	Aquaculteurs, l'état
	Exploitation énergétique	L'état (hydroélectricité)
	Maraichage	Maraîchers,
Lacs	Pêche	Pêcheurs
	Exploitation Minière	Sablonniers, exploitant d'or
	Transport	Piroguiers
	Aquaculture	Aquaculteurs, l'état
	Exploitation énergétique	L'état (hydroélectricité)
	Maraichage	Maraîchers,
	Tourisme	Entrepreneurs en hôtellerie et loisire
Mayos	Exploitation minière (sables)	Sablonniers
Barrage	Pêche	Pêcheurs
	Exploitation Minière	Sablonniers, exploitant minière
	Transport	Piroguiers
	Aquaculture	Aquaculteurs, l'état

Source : Données enquête de terrain, mars, avril 2024

Un planché de photo prise lors de l'observation des activités dans différente zones de maraichage.

Photo 1 : l'activité de maraichage dans le barrage de Boulmiougou où un jardinier et une commerçante évalue les planchés de laitue et des fraises.

Photo2 : l'activité de pêche à pirogue dans le barrage de Tanguin. Ici l'on observe deux pêcheurs en plein activité.

Photo 3 : l'activités de pêche au lancé de filet et du maraichage dans le barrage de tanguin à Ouagadougou

Photo 4 : La disposition des pirogues montrant les activités de transport lagunaire et de pèches à Bagré prise en mai 2024

Planché photographique montrant quelque extrait des activités bleues au Burkina Faso

Source *: données enquête de terrain, mars, avril 2024*

2.3 Existence des ressources aquatiques au Burkina-Faso

Plusieurs ressources bleues existent au Burkina Faso. Et plusieurs acteurs ont la connaissance de ses ressources. C'est ce qui est présenté dans la figure suivante.

Figure 1 : Existence des ressources aquatiques au Burkina Faso

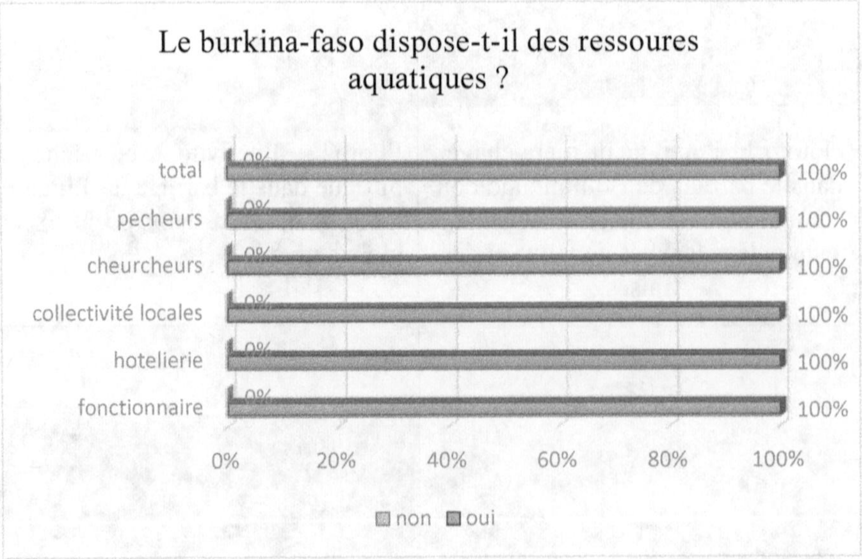

Source : Données enquête de terrain, mars, avril 2024

D'après la figure 1, tous les acteurs, soit 100 %, affirment que le Burkina Faso dispose de plusieurs ressources aquatiques. Cela suggère de l'utilité et les données concernant la disponibilité de ces ressources dans le pays. Un des enquêté affirmait à cet effet ce qui suit :

> *La plupart des points d'eau sont occupés par des jardiniers qui font le maraîchage et parfois même dans les lits des points d'eau, surtout en période de sécheresse. Il faut noter cependant que ces activités ne sont pas comptabilisées dans l'économie du pays.*

La présence de réponses binaires (Non/Oui) suggère qu'il y a également une dimension qualitative dans l'évaluation de l'existence des ressources aquatiques.

2.4. Connaissance de l'économie bleue par les acteurs

L'économie bleue fait généralement référence à l'utilisation durable des ressources océaniques et aquatiques pour la croissance économique, l'amélioration des moyens de subsistance et la santé des écosystèmes océaniques et aquatique.

Graphique 2 : Connaissance de l'économie bleue

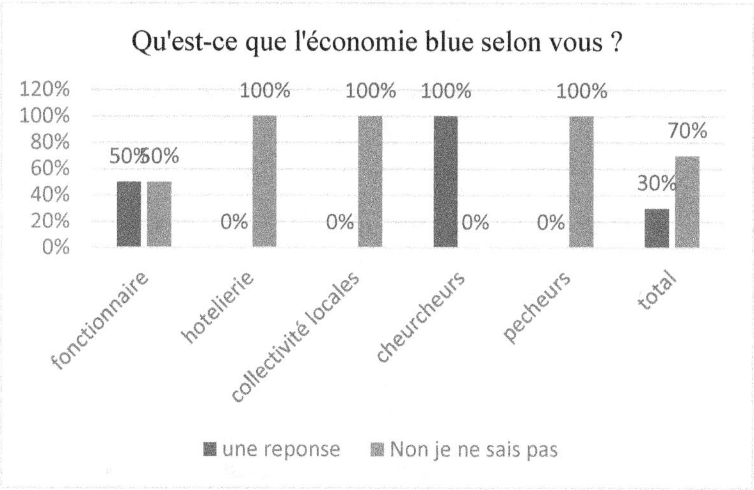

Source : données enquête de terrain, mars, avril 2024

À la question de savoir ce qu'est l'économie bleue, seulement 50% des fonctionnaires (décideurs) et 100% des chercheurs enquêtés ont une connaissance de l'économie bleue. La majorité des enquêtés soit 70 % n'ont pas connaissance de ce qu'est l'économie bleue. La variabilité des réponses pourrait indiquer des différences dans la manière dont ce concept est perçu ou appliqué dans différents secteurs ou l'utilité de la ressource par chaque acteur. Un enquêté (chercheur) nous confiait à ce sujet ce qui suit :

> *..... Il faut noter que ce concept est nouveau et dont la définition crée des divergences. Je prends l'exemple de la définition de l'Union Européenne et de l'Union Africaine qui n'est pas la même. Je pense qu'il faut d'abord former des jeunes en la matière et multiplier des recherches comme vous le faites déjà ; ce faisant, l'on saura comment valoriser durablement l'économie bleue au Burkina-Faso et diversifier l'économie.*

Cette divergence en matière de l'économie bleue est liée en partie aussi par la perception des acteurs.

2.5 Perception de l'économie bleue pour le Burkina Faso

Le niveau de compréhension reste un élément essentiel de toute action de développement. Parlant du secteur de l'économie bleue au Burkina-Faso, le niveau de connaissance de l'économie bleue diffère par catégories d'acteurs. Le graphique ci-dessous illustre bien cet état de fait.

Graphique 3 : Perception de l'économie bleue au Burkina Faso

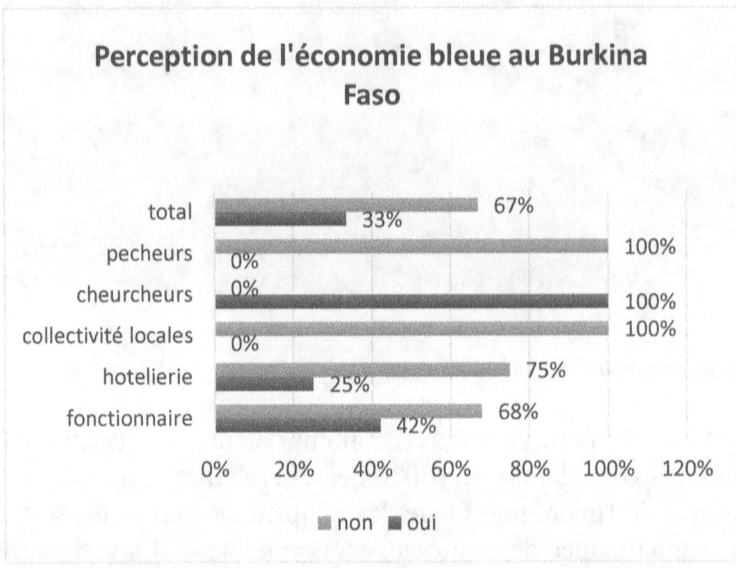

Source : données enquête de terrain, mars, avril 2024

D'après le graphique ci-dessus, à la question de savoir si on pouvait parler de l'économie bleue au Burkina Faso, plus de la moitié, soit 68 % des fonctionnaires (décideurs), affirment qu'on peut parler de l'économie bleue au Burkina Faso. En revanche, 42 % affirment qu'elle est réservée aux pays côtiers. C'est le cas pour 75 % des entrepreneurs dans le secteur de l'hôtellerie qui pense que l'économie bleue ne concerne pas le Burkina Faso. C'est également le cas pour ceux travaillant au niveau des collectivités locales où 100% des enquêtés affirment non à la question posée car le pays ne dispose pas de la mer ni l'océan. Cependant tous les chercheurs soient 100% enquêtés pensent qu'on peut parler de l'économie bleue au Burkina Faso. En revanche, tous les pêcheurs pensent qu'on ne doit pas parler de l'économie bleue. En somme, la majorité des enquêtés soit 67% perçoivent l'économie bleue une conception qui n'est pas réserve pour le Burkina Faso et 33% pense que l'économie bleue concerne aussi le Burkina Faso.

3. Discussion

L'économie bleue durable et inclusive reste un secteur qui intéresse de plus en plus d'acteurs du fait de son caractère nouveau et des potentialités démontrées par la CEA (2015), l'OCDE (2016), l'AGENDA 2063 de l'Union Africaine, la CEDEAO. Les résultats de ce travail, quant à eux, s'intéressent à la perception et perspective des acteurs, surtout ceux des pays de l'hinterland. Il ressort globalement que les pays de l'hinterland, souvent ignorés dans les discussions internationales sur les questions de l'économie bleue, regorgent des potentialités énormes pour la promotion d'une économie bleue durable et aussi favorisent une diversification de l'économie nationale. L'un des facteurs ne favorisant pas une réelle promotion de l'économie bleue dans sa globalité est la perception qu'ont les acteurs vis-à-vis de ce secteur. En effet, le niveau de gestion et d'entretien d'une ressource varie aussi avec le niveau de perception des acteurs. Cela s'explique par la gestion et l'entretien des ressources de l'économie bleue par plusieurs acteurs étatiques, chercheurs, privés, associations qui sont semblables aux travaux de (L. Geoffroy et *al.*, 2017, p. 11) qui montrent que du moment qu'il existe plusieurs acteurs, notamment les services étatiques, dans la gestion et l'entretien des espaces verts, ceux-ci ne bénéficient ni de la même intensité ni de la même nature de soins. Cette multiplicité des intervenants, selon (H. Kabanyegeye et *al.*, 2020, p. 10), porte préjudice à l'entretien et à la gestion en raison de la divergence de leurs intérêts. Le cas du Burkina-Faso ne fait pas exception. En effet, plusieurs acteurs au Burkina Faso n'ont pas connaissance de ce qu'est l'économie bleue, ses ressources et son importance. Ce qui explique également la lenteur dans la mise en œuvre effective de la stratégie de l'économie bleue au Burkina-Faso. Un enquêté décideur affirmait en ces termes :

Selon moi, du fait que nous n'avons pas accès directs à l'océan ne doit pas nous amener à parler de l'économie bleue et cela peut aussi alourdir les dispositions administratives pour rien... il faut continuer comme on le fait déjà sans toutefois parler de l'économie bleue...

Les acteurs enquêtés ont signalé à l'unanimité que le Burkina Faso dispose des ressources aquatiques, mais le problème reste au niveau de la valorisation et de l'implication effective de tous les acteurs dans les prises de décisions visant la promotion de l'économie bleue. Or, lors de la première conférence mondiale sur l'économie bleue durable, qui s'est tenue à Nairobi (Kenya) du 25 au 28 novembre 2018, les participants ont convenu que l'économie bleue durable vise à libérer toutes les potentialités économiques des océans, des mers, des lacs, des rivières et des autres ressources aquatiques grâce à des investissements qui veillent à la participation effective de toutes les parties concernées, tout en protégeant les ressources pour les générations actuelles et futures et la résilience des écosystèmes».

À cet effet, ils ont pris des engagements autour de neuf domaines prioritaires :

i) L'expédition maritime intelligente, les ports, les transports et la connectivité au niveau mondial ;
ii) la création d'emplois et l'éradication de la pauvreté ;
iii) les villes, le tourisme, les côtes résilientes et l'infrastructure ;
iv) l'énergie durable, les ressources minières et les industries innovantes ;
v) la gestion et la durabilité de la vie marine, la conservation et les activités économiques durables ;
vi) l'élimination de la faim, la sécurisation des approvisionnements en nourriture et la promotion de la bonne santé et de pêches durables ;
vii) l'action en faveur du climat, la gestion des déchets de l'agriculture et de la pêche, ainsi que des océans non pollués ;
viii) la sécurité, la sûreté et l'application de la réglementation maritime ; ix) les peuples, la culture, les communautés et les sociétés, pour l'économie bleue inclusive.[2]

---

[2] La déclaration d'intention de Nairobi sur la promotion d'une économie bleue durable à l'échelle mondiale, Nairobi, 26-28 novembre 2018, p. 2, <http://www.blueeconomyconference.go.ke/wp-content/uploads/2018/11/French-

L'exploitation optimale de ces espaces, détenus majoritairement par une pluralité d'acteurs à la base, est fortement liée à leur perception. Si on s'en tient à l'étendue de l'économie bleue donnée à cette première conférence, les pays de l'hinterland doivent mettre en place des stratégies de développement de l'économie bleue durable ; Cependant, (A.J.M. Rabary., 2018) souligne que pour ce faire diverses approches et idées peuvent être considérées dans ce concept de l'économie bleue. Ainsi, plusieurs critères et plusieurs contextes sont à inclure dans l'implémentation d'une économie bleue durable. Il s'agit bien là des critères de stabilité au niveau pays, les potentialités à mettre en valeur, la culture, la formation, la perception, etc. Que ce soit pour les pays de l'hinterland ou les pays côtiers, pour plusieurs acteurs, l'économie bleue est un concept très flou mais très utile en ce qui concerne la valorisation et la conservation de la biodiversité marine et aquatique. Les espaces aquatiques du Burkina Faso, tout comme des autres pays de l'hinterland et même des pays côtiers, ont une même caractéristique ; ce sont des espaces aux multiples enjeux et acteurs, avec des logiques d'emploi, des conflits d'usages et d'intérêts à des échelles différentes. Cette situation peut entraîner une utilisation non durable de ces ressources comme l'épuisement du stock des poissons, la pollution des eaux, l'exploitation des espaces et des ressources de manière inégale, etc. comme on le constate au Burkina Faso.

En parallèle, la pluralité d'acteurs dans la vision de l'État à travers la mise en place de la stratégie de l'économie bleue laisse craindre une course à l'exploitation et en même temps des possibilités de conflits d'exploitation. Sur le domaine maritime, pour éviter ce conflit d'intérêt et de l'exploitation non durable des ressources, la Planification de l'Espace Maritime (PEM ou Maritime Spatial Planning - MSP) est plébiscitée par de nombreuses institutions autour du globe comme une approche à même de soutenir un développement plus durable en mer: optimisation des usages de l'espace, réduction des risques et des conflits, protection des ressources et des écosystèmes (E.Douvere, 2009 ; L. Menegon *et al.,* 2018 ; MSPGlobal, 2017). C'est notamment le cas en Europe, où sa mise en œuvre est imposée aux États-Membres côtiers depuis 2014 avec l'adoption de la directive cadre éponyme (DCPEM-2014/89/UE). Cette planification rime avec celle de la Gestion Intégrée des Zones Côtières (GIZC) prônée il y a quelques années et reste très

---

Version-Nairobi-Statement-of-Intent-Advancing-Global-Sustainable-Blue-Economy.pdf>, consulté le 1er octobre 2019.

utilisée pour la gestion des zones aquatiques. Cependant, certains acteurs des pays au Burkina Faso ont la crainte en ce qui concerne la spatialisation et le partage d'espace, laissant penser à une possibilité de mettre en place un outil comme 'une planification des espaces aquatiques', synonyme du PEM dans les zones marines, qui selon (S. Barale, 2011, p.9), en premier lieu, vise à coordonner l'utilisation de l'espace et à équilibrer les intérêts de ses nombreux usagers.
Finalement, si une dominance apparaît à travers l'enquête, c'est bien celle du secteur de la pêche, du fait de son pouvoir d'influence auprès des acteurs locaux, mais aussi au sein de l'État. Le maintien du statu quo, c'est-à-dire la non-remise en cause des zones d'activités, apparaît en effet à son avantage dans ce contexte (C. Dupont, 2021, p. 174). Ceci se confirme au Burkina Faso où, dans sa vision de l'offensive agroalimentaire, l'État lance de vastes campagnes aquacoles (cas des cages flottantes sur le barrage de Samgbeni et de Bagré où existait la pêche traditionnelle), des possibilités de conflits d'occupation. Ceci est également démontré dans les travaux (H. M. Bakaï,2017, p. 47 et 59) ; (Y. Simtagna 2022, p. 6). Pour ceux, au Togo, il existe des conflits d'usage de la mer entre les pêcheurs locaux et les chalutiers.
Concernant le niveau d'implication des acteurs dans l'élaboration de la stratégie de l'économie bleue, (P. Adjoussi, 2020, p. 71) insiste qu'au Togo, tous les acteurs soient impliqués et mis sous la responsabilité du ministère de l'économie maritime, de la pêche et de la protection côtière. En effet, la mise en place d'un cadre unique et spécifique à la promotion de l'économie bleue permet non seulement de mieux menacer l'action mais de mieux gouverner l'économie bleue. Dans ce sens le Burkina Faso tout comme les pays de l'hinterland dans leurs volontés de promouvoir l'économie bleue doivent mettre en place une entité spécifique pour mieux gouverner et promouvoir ce secteur.
L'approche durable de l'économie bleue dans les pays de l'hinterland est en partie liée à la perception des acteurs. En effet, si les acteurs ont une bonne perception des ressources bleues et par ricochet à la l'économie bleue, cette dernière est durable. Selon les travaux de (A. Lahlou *et al.*, 2011, p. 4), Les modèles actuels en réhabilitation sont souvent technocentrés et ne tiennent pas assez compte du comportement et des perceptions des occupants. Des sociologues et anthropologues comme (C. Beslay et *al.*, 2015, p. 12) ou (G. Brisepierre, 2012, p. 20) ont montré l'importance de rendre les habitants acteurs de leur cadre de vie, en intégrant leurs besoins dans les décisions de rénovation. Cette approche à la fois inclusive et durable montre que dans la prise de

décision pour le développement d'un secteur comme l'économie bleue au Burkina-Faso, il faut tenir compte de la perception qu'ont les acteurs vis-à-vis de cette économie. L'inclusion des usagers dans la conception des solutions durables pour l'économie bleue des pays de l'hinterland, particulièrement du Burkina Faso, ne répond pas uniquement à un objectif de satisfaction, mais optimise aussi l'efficacité des interventions techniques en rendant les solutions mieux adaptées et donc plus acceptées. Le développement durable et inclusif de l'économie bleue doit être associé à une vision globale, mais nécessite une traduction territoriale concrète. Cela met en évidence que l'implication de toutes les catégories d'acteurs locaux est cruciale pour atteindre les objectifs du développement durable des Nations unies.

Conclusion

Cet article s'est penché sur la perception des acteurs sur l'économie bleue durable au Burkina Faso. Il en a ressorti les forces, les faiblesses, les opportunités et une pluralité d'acteurs, leurs utilisations de la ressource et leurs perceptions de l'économie bleue. Le Burkina Faso est le seul pays de l'hinterland en Afrique de l'Ouest à disposer d'une stratégie de l'économie bleue. Il convient de souligner que la stratégie de développement de l'économie bleue suscite des interrogations sur le niveau d'implication des acteurs et la gouvernance de cette stratégie.

Plusieurs travaux sur l'économie bleue en Afrique et partout d'ailleurs s'intéressent plus aux pays côtiers, marginalisant ainsi les pays de l'hinterland. Cela a renforcé la perception des acteurs selon laquelle, l'économie bleue n'est pas l'affaire des pays de l'hinterland. Cela ne favorise pas l'atteinte des objectifs et la vision du gouvernement burkinabè dans la promotion de l'économie bleue, la valorisation des ressources inexploitées et une gestion durable. Il convient alors d'articuler le développement de l'économie bleue et la préservation de l'environnement des bassins versants, des lacs, plans d'eaux et des barrages au Burkina-Faso par une unité ou entité de coordination supra-ministérielle spécifique à ce secteur. La planification multisectorielle, multi-niveau et multi-acteurs ; un renforcement des capacités locales sur l'étendue de l'économie bleue ; un renforcement des capacités du système éducatif par la mise en place des formations et des recherches - développement sur l'économie bleue et ses sous-secteurs doit être prise en en compte par les décideurs afin de faire de l'économie bleue du Burkina Faso un pilier de développement. Il faudrait également mettre en place des outils de répartition spéciale de ces espaces pour éviter les conflits d'occupation. Aussi, dans la prise de décision en matière de l'économie bleue, souligner l'importance de cogestion et codécision impliquant un maximum d'acteurs afin d'avoir une politique/stratégie bleue durable et inclusive et intégrer le changement climatique dans la stratégie de l'économie bleue. Ces recommandations pourront contribuer à promouvoir durablement l'économie bleue et le développement de manière plus inclusive.

Références bibliographiques

ADJOUSSI Pessièzoum, 2020, « Dynamique côtière de Gbétsogbe a Kossi-Agbavi (côte du Togo) à la suite de nouveaux aménagements portuaires et des effets du changement climatique », *Revue Leïdi, Dynamique des territoires et développement*, p. 218-232.

BAKAI Matchonnnawe Hubert, 2017, *La délimitation des espaces maritimes du Togo au service de la sécurité des ressources marines pour le développement économique et en faveur d'une gouvernance maritime régionale,* Master 2 de Droit de l'Environnement, des Espaces et Ressources Maritimes Et de l'Aménagement du Littoral.

CEA, *l'économie bleue, c'est l'avenir de l'Afrique*, Addis-Abeba, CEA, 3 mars 2015.

CEA, *L'économie bleue en Afrique : Guide pratique*, CEA, Addis-Abeba, mars 2016.

CHARLES Ehler, DOUVERE Fanny, 2009, *Marine Spatial Planning: a step-by-step approach toward ecosystem-based management. Intergovernmental Oceanographic Commission and Man and the Biosphere Programme*, UNESCO, [Enligne] URL: https://development.oceanbestpractices.net/han dle/11329/459 consulté le 01/02/2024.

COMMISSION DE L'UNION AFRICAINE, *AGENDA 2063 : L'Afrique que nous voulons. Cadre stratégique commun pour une croissance inclusive et un développement durable, Premier plan décennal de mise en œuvre 2014-2023*, Addis-Abeba, septembre 2015

DUPONT Clément, 2021, *Contribution des données de surveillance maritime à la Planification de l'Espace Maritime français AIS, VMS, Radar : Entre potentiels techniques et contraintes politiques*, Thèse de doctorat de géographie, Université de Bretagne Occidentale, Loire, France.

GEOFFROY David, 2017, *Biodiversité urbaine : quelle biodiversité observée et quelle biodiversité perçue sur les espaces verts et les espaces marginaux ? Biodiversité et Ecologie*, Mémoire d'étudiant. Ecole pratique des hautes études. 124 p.

HARDING Alan, PALSON Gylfi, RABALLAND Gaël, 2007, *Ports et transport maritime en Afrique de l'Ouest et du Centre : les défis à relever*, Document de travail du SSATP, New York.

KABANYEGEYE Henri, Useni Sikuzani Yannick, Bogaert Jan, 2020, « Perception sur les espaces verts et leurs services écosystémiques par les acteurs locaux de la ville de Bujumbura (République du Burundi) », *Tropicultura*, volume 38 (2020), Numéro 3-4, [En ligne] URL: https://doi.org/10.25518/2295-8010.1655.

LAHLOU Ahmed , EL AMRANI Mohamed, FAYSSE Nicolas, 2011, *Vers une gestion durable des nappes : Analyse de la perception des acteurs dans le cas du Saïs,* Document de travail du Ground water, Orléand-France.

MENEGON Stefano, DEPELLEGRIN Daniel, FARELLA Giulio, 2018, "Addressing cumulative effects, maritime conflicts and ecosystem services threats through MSP-oriented geospatial webtools", *Ocean & Coastal Management*, vol. 163, p. 417-436 [En ligne] URL: https://doi.org/10.1016/j.ocecoaman.2018.07.009

NATIONS UNIES, 2018, *La déclaration d'intention de Nairobi sur la promotion d'une économie bleue durable à l'échelle mondiale*, [En ligne] URL : http://www.blueeconomyconference.go.ke/wp-content/uploads/2018/11/French-Version-Nairobi-Statement-of-Intent-Advancing-Global-Sustainable-Blue-Economy.pdf

SCHAEFER Nicole., Barale Victtorio, 2011, "Maritime spatial planning: opportunities & challenges in the framework of the EU integrated maritime policy", *Journal of Coastal Conservation*, Vol. 15, No.2, p. 237-245.

SIDE EVENTS, 2016, *Sommet extraordinaire de l'Union Africaine sur la sécurité et la sûreté maritimes et le développement en Afrique : Protégeons nos Océans*, Dossier du participant, Lomé.

SIMTAGNA Yao, 2022, *Planification et gestion de l'espace maritime togolais dans la perspective de développement de l'économie bleue*, Mémoire de Master 2 en Planification de développement, Faculté des Sciences Economiques et de Gestion, Université de Kara.

UNESCO-COI/COMMISSION EUROPEENNE, 2021, *Guide international de MSPglobal sur la planification de l'espace marin/maritime*, Paris, UNESCO [En ligne] URL : https://www.mspglobal2030.org/wp-content/uploads/2022/06/MSPglobal_InternationalGuideMSP_FR_HighRes_042022.pdf

UNION AFRICAINE - BUREAU INTERAFRICAIN DES RESSOURCES ANIMALES (UA-BIRA), *Annexe 5. Politiques, institutions et gouvernance, emploi, création d'emplois et éradication de la pauvreté, financements innovants dans le cadre de l'économie bleue de l'Afrique*, Nairobi, Kenya.

ADAPTATION AU CHANGEMENT CLIMATIQUE

STRATEGIES D'ADAPTATION DES FEMMES TRANSFORMATRICES DE POISSONS DE LA PREFECTURE DES LACS AU TOGO FACE AUX CHANGEMENTS CLIMATIQUES

Gbati NAPO et Nandja Tchaboré TCHAYE

Résumé

Au Togo, le secteur de la pêche joue un rôle socio-économique considérable en ce sens qu'il emploie plus de 22 000 personnes et contribue pour 4,5% au PIB agricole et pour 1,3% au PIB national. Les pêches maritimes artisanales et lagunaires quant à elles emploient plus de 12 000 mareyeuses et transformatrices de poissons. Aujourd'hui, la baisse du volume des captures de pêches due en partie aux effets des changements climatiques contribue énormément à l'accroissement de la vulnérabilité de ces femmes transformatrices de poissons, notamment celles de la préfecture des Lacs. L'objectif de la recherche est d'analyser les effets des changements climatiques sur les conditions socioéconomiques des femmes transformatrices de poissons de ladite préfecture. A partir d'une démarche qualitative (revue documentaire, observation, entretiens individuels et de groupes avec des personnes ressources) et quantitative (enquêtes par questionnaire), les résultats montrent une dégradation des conditions de vie des femmes transformatrices de poissons du fait de la baisse continue des productions halieutiques. Néanmoins, celles-ci, loin d'abdiquer, développent de nombreuses stratégies d'adaptation et de résilience. Au nombre de ces stratégies, on note l'importation du poisson de l'extérieur du pays, la diversification des activités génératrices de revenus, l'adoption des technologies améliorées de fumage de poissons ainsi que la création des coopératives et tontines.

Mots clés : Adaptation, changements climatiques, conditions socioéconomiques, résilience, vulnérabilité.

ADAPTATION STRATEGIES OF WOMEN FISH PROCESSORS IN THE LACS PREFECTURE OF TOGO IN THE FACE OF CLIMATE CHANGE

Abstract

In Togo, the fisheries sector plays a considerable socio-economic role in that it employs more than 22,000 people and contributes 4.5% to agricultural GDP and 1.3% to national GDP. Artisanal and lagoon marine fisheries employ more than 12,000 fishmongers and fish processors. Today, the decline in the volume of fish catches due in part to the effects of climate change contributes enormously to the increased vulnerability of these women fish processors, particularly those in the Lacs prefecture. The objective of the research is to analyze the effects of climate change on the socio-economic conditions of women fish processors in the said prefecture. Based on a qualitative approach (documentary review, observation, individual and group interviews with resource persons) and quantitative approach (questionnaire surveys), the results show a deterioration in the living conditions of women fish processors due to the continuous decline in fish production. However, far from giving up, they are developing numerous adaptation and resilience strategies. These strategies include importing fish from outside the country, diversifying income-generating activities, adopting improved fish smoking technologies, and creating cooperatives and tontines.

Keywords: Adaptation, climate change, socioeconomic conditions, resilience, vulnerability.

Introduction

Depuis quelques décennies, le mythe d'une Afrique continentale qui tourne le dos à la mer semble être totalement révolu. Le développement des grandes métropoles côtières depuis le temps colonial a fait du littoral de l'Afrique de l'Ouest un véritable pôle de concentration humaine et des activités économiques dont l'une des plus importantes est la transformation des produits de pêche. Cependant, la santé des océans et des eaux continentales est aujourd'hui affectée par les changements climatiques dont les conséquences sont entre autres l'augmentation des températures des eaux de surface, l'augmentation des zones de carence en oxygène, l'acidification et la modification des courants océaniques ainsi que l'assèchement ou l'envasement des cours d'eau.

Le Togo à l'image des autres pays de l'Afrique de l'Ouest n'est pas épargné par les effets des changements climatiques. Le secteur agricole qui se caractérise par sa fragilité et son extrême sensibilité aux aléas climatiques est le secteur le plus touché. Les productions végétales, animales et halieutiques demeurent très faibles sur l'ensemble du pays. Le secteur halieutique revêt pourtant une importance stratégique particulière pour la sécurité alimentaire et nutritionnelle du pays car il représente l'une des sources de protéines d'origine animale la plus accessible pour les consommateurs. La pêche est essentiellement artisanale et se pratique aussi bien en mer que sur les plans d'eau continentaux. La production annuelle de poissons est estimée à 25 000 tonnes contre un besoin de consommation de plus de 100 000 tonnes par an (SNDDPA, 2024).

Le secteur de la pêche joue également un rôle socio-économique considérable en ce sens qu'il emploie plus de 22 000 personnes et contribue pour 4,5% au PIB agricole et pour 1,3% au PIB national. Les pêches maritimes artisanales et lagunaires quant à elles emploient plus de 12 000 mareyeuses et transformatrices de poissons (idem). Malgré l'importance du secteur de la pêche dans l'économie nationale, il subit sans cesse les impacts des changements climatiques à travers la hausse des températures, les sécheresses, les pluies tardives ou excessives, les inondations, etc. Ces impacts sont de plus en plus ressentis sur le stock halieutique ainsi que sur la structure et la composition des écosystèmes.

Selon les informations issues de la direction des pêches et de l'aquaculture (2024), la baisse des captures de pêches (32 201 tonnes en 2016 contre 24 229 tonnes en 2023) due en partie aux effets des changements climatiques contribue énormément à l'accroissement de la vulnérabilité des femmes transformatrices de poissons. Mais le constat fait est que celles-ci, loin d'abdiquer multiplient de nombreuses stratégies d'adaptation et de résilience.

Ce constat suscite l'interrogation suivante : quelles sont les conséquences des effets des changements climatiques sur les conditions socioéconomiques des femmes transformatrices de poissons de la préfecture des Lacs ? L'objectif de l'étude est d'analyser les effets des changements climatiques sur les conditions sociales et économiques des femmes transformatrices de poissons de la préfecture des Lacs. Elle part du présupposé que face aux effets des changements climatiques qui contribuent sans cesse à l'accroissement de leur vulnérabilité, les femmes transformatrices de poissons de la préfecture des Lacs multiplient des stratégies d'adaptation et de résilience. Partant de l'interrogation principale, et pour saisir tout l'intérêt de la présente démarche et comprendre l'idée autour de laquelle elle s'organise, la présente étude a été structurée en quatre (4) parties. D'abord, il importe (i) de présenter la zone d'étude, ensuite (ii) de présenter le cadre théorique et la démarche méthodologique, (iii) de présenter les résultats et en dernière partie (iv) soumettre ces résultats à une discussion.

1. Présentation de la zone d'étude

Située dans la partie méridionale Est de la Région Maritime, la préfecture des Lacs est limitée au Nord par la préfecture de Bas-Mono, au Sud par l'océan atlantique, à l'Ouest par les préfectures de Vo et du Golfe et à l'Est par le Bénin. Elle couvre une superficie de 433 km² et jouit d'un climat du type équatorial guinéen avec des alternances de saisons pluvieuses et de saisons sèches. Elle est sous l'influence de deux grands vents :

- l'harmattan ou alizé continental du Nord - Est, vent sec et chaud provenant des hautes pressions du Sahara, soufflant en décembre, apporte la brume sèche et les particules fines des régions de l'intérieur du pays ;
- la mousson du Sud-Ouest soufflant de juin à septembre, chaud et humide apportant la pluie.

La préfecture est baignée des lacs (lacs Togo et Zowla), des lagunes et du chenal « Gbaga » (d'Aného à Agbanakin). Le fleuve Mono qui arrose l'Est de la préfecture sert de limite avec la République du Bénin. Des bassins marécageux existent tout au long du Mono et dans la dépression de la Lama. Les eaux souterraines sont constituées des nappes du sédimentaire côtier à Anfoin et Aklakou.

Selon le dernier recensement général de la population et de l'habitat (RGPH-5, 2022), l'effectif de la population de la préfecture des Lacs s'élève à 241 247 habitants dont 115 468 hommes et 125 779 femmes. Cette population est inégalement répartie dans les différentes communes que compte la préfecture à savoir la commune de Lacs 1 (52 994 habitants), la commune de Lac 2 (42 855 habitants), la commune de Lacs 3 (108 176 habitants) et la commune de Lacs 4 (37 222 habitants).

La population de la préfecture des Lacs est majoritairement rurale. Néanmoins, on note une forte augmentation de la population urbaine à Aného (chef-lieu de la préfecture). C'est une population cosmopolite avec en majorité les Guin et les Mina. On y retrouve aussi les ouatchi, les Kotafon, les Péda, les Xwla, les Fons, les Yourouba et autres. Plusieurs croyances religieuses sont également rencontrées dans la préfecture. La figure 1 présente la subdivision administrative de la Préfecture des Lacs.

Figure 1 : Carte administrative de la préfecture des Lacs

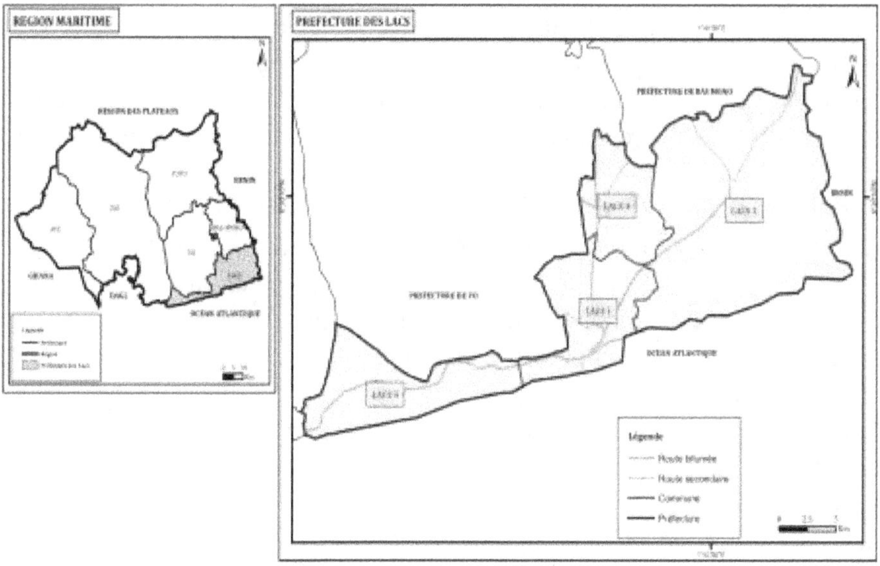

Source : *INSEED, 2024*

2. Cadre théorique de référence et approche méthodologique de la recherche

L'étude est réalisée en référence à la théorie de la vulnérabilité de R. Castel (1994) et à la théorie de la résilience communautaire de C. Moore, (2020). Elle s'est appuyée sur les méthodologies utilisées en sciences sociales.

2.1 Cadre théorique de référence

L'étude est réalisée en référence à un cadre théorique basé sur la théorie de la vulnérabilité de R. Castel (1994) et la théorie de la résilience communautaire de C. Moore (2020).
Etant donné que les changements climatiques, en impactant les productions halieutiques contribuent à l'accroissement de la vulnérabilité des femmes transformatrices de poissons, la théorie de la vulnérabilité de R. Castel a été convoquée. Cette dernière soutient que l'insécurité financière accroit la vulnérabilité qui peut conduire à l'exclusion sociale. Selon R. Castel (1991), un individu confronté à la baisse du pouvoir d'achat évolue progressivement d'une zone d'intégration (stabilité sociale) vers une zone de vulnérabilité avec le

risque de finir dans une zone de désaffiliation. La désaffiliation étant un processus traduisant le passage de l'individu de l'intégration à l'exclusion sociale, avec un problème d'accès au logement, au crédit bancaire et donc aux activités sociales et de loisirs.
La théorie de la résilience communautaire quant à elle soutient que ce n'est pas la nature de l'adversité qui est la plus importante, mais la manière dont nous y faisons face. Lorsque nous faisons face à l'adversité, au malheur ou à la frustration, la résilience nous aide à rebondir, à survivre, et même à prospérer face au malheur (C. Moore, 2020). La résilience communautaire (ou résilience collective) désigne donc la capacité d'une communauté de continuer à vivre, fonctionner, se développer et s'épanouir après un traumatisme ou une catastrophe.
La théorie de la résilience communautaire permet alors de mieux comprendre comment les femmes transformatrices de poissons de la préfecture des Lacs continuent à vivre et à fonctionner malgré l'ampleur des effets néfastes des changements climatiques sur les productions halieutiques qui sont pourtant considérées comme la principale source de revenus de ces femmes. Elle permet également de montrer que malgré les impacts des changements climatiques, les femmes transformatrices de poissons ont toujours des capacités de réagir face aux chocs climatiques et font face dans la mesure du possible aux incidences que ces derniers produisent.

2.2. Approche méthodologique de la recherche

La présente recherche s'est appuyée sur les méthodologies utilisées en sciences sociales. Pour mieux cerner la problématique, une approche méthodologique mixte (quantitative et qualitative) a été retenue dans le cadre de cette recherche. De ce fait, les techniques appropriées de collecte de données ont été mises à contribution. Il s'agit notamment de l'analyse documentaire, de l'observation directe, de l'enquête par questionnaire et des entretiens individuels auprès des personnes ressources telles que la directrice de l'environnement, les experts de la direction des pêches et de l'aquaculture (3 experts) ainsi que les directeurs préfectoraux de l'environnement et de l'agriculture de la préfecture des Lacs. Parallèlement aux entretiens individuels, trois (3) entretiens de groupes ont été réalisés sur les principaux sites de débarquement et de transformation de poissons avec les sociétés coopératives (Scoop) La Grâce à Aneho, Amenouvévé à Goumoukopé, et N'tifafa à Adissem.

Dans l'optique de mieux cerner les contours de la présente recherche, nous avons choisi de nous situer à l'échelle microsociale en prenant la préfecture des Lacs comme champ d'étude. L'enquête par questionnaire s'est déroulée les 13 et 14 septembre 2024 et a couvert les principaux sites de débarquement de poissons de la préfecture (Adissém, Agbodrafo, Kpémé, Goumoucopé, Docondji, Avémé, Djamadji, N'lessi, Mairie, Payemé, Pédacomé, Djassemé, Dégbénou, Vitocondji, Glidji, Zalivé, Assoucopé, Zowla). Les agents de l'ONG AVOTODE (Association des volontaires togolais et togolaises pour le développement) basée à Aného et quelques étudiants du département de Sociologie en fin de formation ont été sollicités pour la réalisation de cette enquête.

Les différents enquêteurs ont au préalable reçu une formation afin de leur permettre de maitriser et de comprendre le questionnaire par rapport aux objectifs de la recherche. Il s'agissait également de renforcer leurs capacités en matière de collecte de données quantitatives. L'enquête quantitative a été complétée par des entretiens individuels et de groupes qui se sont déroulés dans les mois de septembre et d'octobre 2024.

Les données collectées à travers l'analyse documentaire, l'observation directe, l'enquête par questionnaire et les entretiens auprès des personnes ressources ont été analysées en fonction des grandes thématiques de l'étude. Les données quantitatives ont été dépouillées et analysées avec les outils appropriés (Excel et SPSS) en vue de produire des informations statistiques conduisant à la présentation des tableaux et des graphiques. Quant aux données qualitatives, elles ont subi une analyse de contenu des entretiens (individuels et de groupe) et les données recueillies ont été présentées au niveau des résultats sous la forme des varbatim. Ce qui a permis de ressortir la vulnérabilité, les attitudes et pratiques, les perceptions et les stratégies d'adaptation et de résilience des femmes transformatrices de poissons de la préfecture des Lacs face aux effets des changements climatiques.

Les outils utilisés pour la collecte des données sont le questionnaire, la grille d'observation du milieu physique et humain de la zone d'étude et les guides d'entretiens. En l'absence d'une base de données fiable, l'effectif des femmes transformatrices de poissons de la préfecture des

Lacs a été estimé à 500 personnes par les experts de la direction des pêches et de l'aquaculture.
En ce qui concerne le taux de sondage, il est admis que plus l'univers est important, moins l'échantillon est étendu. Il est de l'ordre de 1/10000 ou 1/50000 (C. Javeau, 1982). Cette règle est inversée pour les populations moins importantes. Dans ce cas, un taux de sondage de 10% est assez représentatif. Au total, 50 femmes transformatrices de poissons de la préfecture des Lacs ont été interrogées.

3- Résultats de la recherche

La préfecture des Lacs est une zone fortement exposée aux effets des changements climatiques dont les manifestations sont multiformes. Face à cette situation qui impacte considérablement les productions halieutiques et qui contribue à l'accroissement de la vulnérabilité des femmes transformatrices de poissons, ces dernières ont développé de nombreuses stratégies d'adaptation et de résilience. Avant d'examiner ces stratégies d'adaptation, il s'avère judicieux d'analyser les différentes perceptions des communautés concernées des manifestations des effets des changements climatiques.

3-1 Perceptions des femmes transformatrices de poissons de la préfecture des Lacs des changements climatiques

Les manifestations des effets des changements climatiques sont multiformes et la perception de l'évolution du climat par les populations est déterminante dans la mise en place des stratégies d'adaptation et de résilience. Ainsi les enquêtes de terrain relatives à la perception des changements climatiques par les femmes transformatrices de poissons et les personnes ressources interrogées ont pris en compte la pluviométrie et la température qui constituent les deux paramètres climatiques sur lesquels l'on peut faire une appréciation sans forcément recourir à un instrument de mesure.

3.1.1 Perception des femmes transformatrices de poissons de la préfecture des Lacs de la pluviométrie

Dans la préfecture des Lacs comme partout ailleurs dans le Sud-Est du Togo, la pluviométrie connaît de nombreuses perturbations depuis quelques années. Le tableau 1 ci-dessous indique la perception des femmes transformatrices de poissons des manifestations des perturbations pluviométriques.

Tableau 1 : Répartition des enquêtées suivant leur perception des manifestations des perturbations pluviométriques

Manifestations des perturbations pluviométriques	Fréquence	Pourcentage
Démarrage tardif des pluies	50	100
Arrêt précoce des pluies	49	98
Irrégularité des pluies	48	96
Faux départs pluviométriques	43	86
Hausse des températures	47	94
Baisse des pluies	43	86
Sécheresses	39	78
Pluies excessives/Inondations	42	84
Autres	1	2
TOTAL	362	-

Source : Enquêtes de terrain, septembre 2024

Selon les populations enquêtées, les perturbations pluviométriques se présentent sous diverses formes. Ainsi, les femmes interrogées estiment que les perturbations pluviométriques se manifestent par le démarrage tardif des pluies ou l'arrêt précoce des pluies, soit respectivement 100% et 98%.

De enquêtés estiment que les perturbations pluviométriques se manifestent également par la hausse des températures (94%) et l'irrégularité des pluies (96%).

Les inondations sont aussi perçues par les femmes transformatrices de poissons de la préfecture des Lacs comme faisant partie des plus grandes manifestations des perturbations pluviométriques (84%). Ces statistiques sont confirmées par les propos du directeur de l'environnement de la préfecture des Lacs en ces termes : « Dans la préfecture des Lacs, les perturbations pluviométriques se caractérisent le plus souvent par les faux départs pluviométriques, l'arrêt précoce des pluies, les sécheresses, le décalage des saisons et les pluies excessives qui sont souvent sources des inondations ».

3.1.2 Perception des femmes transformatrices de poissons de la préfecture des Lacs de l'évolution de la température

Outre la pluviométrie, l'augmentation des températures constitue l'un des signes les plus frappants des changements climatiques. En effet, depuis l'industrialisation jusqu'à nos jours, les activités humaines ont entraîné un accroissement de la concentration des gaz à effet de serre (GES) dans l'atmosphère avec pour corollaire la rétention d'une quantité de chaleur beaucoup plus grande. Ce qui entraîne le réchauffement climatique ou l'augmentation de la température moyenne à la surface de la Terre.

Le secteur de la pêche reste l'un des secteurs le plus touché par les effets des changements climatiques qui modifient les performances physiologiques et le comportement des espèces en affectant leur croissance, leur cycle de reproduction, leur habitat et en augmentant leur vulnérabilité aux pathogènes, diminuant ainsi potentiellement leur survie (Beaugrand et Kirby, 2018 ; Burge *et al.*, 2014 ; Doney *et al.*, 2012).

Selon les populations enquêtées, il ressort de leur propos que « les températures ne cessent d'augmenter depuis quelques années ». Ce constat est évoqué par la totalité (100%) des femmes transformatrices de poissons interrogées. D'après 88% de ces femmes interrogées, l'augmentation de la température des eaux sous l'effet des changements climatiques entraîne la perturbation du cycle de croissance des poissons. Aussi, certaines espèces de poissons sont contraintes de migrer en profondeur ou vers les zones plus froides à cause du réchauffement climatique selon 92% des femmes enquêtées. Il s'en suit alors une baisse significative du volume des captures de poissons avec toutes les conséquences fâcheuses que cela suppose. A cet effet une femme transformatrice de poissons déclare :

> *Depuis quelques années il fait de plus en plus chaud. Les nuits, nous avons de la peine à dormir compte tenu de la chaleur accablante. Les conséquences de cette situation pour nos activités sont nombreuses. Par exemples, les poissons qui vivent à la surface de la mer n'arrivent pas à supporter cette chaleur étouffante. Ce qui entraîne leur fuite en profondeur vers les zones beaucoup plus froides, rendant ainsi les pêches mauvaises car nos pêcheurs n'ont pas les équipements requis pour les pêches en profondeur.*

Et une autre de renchérir en ces termes : « pendant ces périodes d'intenses chaleur, nos activités sont au ralenti et le poisson coûte cher au marché, parfois on ne trouve pas certaines espèces pour les clients ».

3.2 Conséquences des changements climatiques sur le secteur de la pêche

Les effets des changements climatiques sont multiformes et affectent de nombreux secteurs de la vie. Au nombre de ces secteurs, la pêche occupe une place prépondérante avec d'énormes conséquences aussi bien sur le milieu biophysique que sur le milieu humain.

3.2.1- Conséquences sur le milieu biophysique

La pluviométrie est un paramètre environnemental qui joue un rôle déterminant dans la reproduction des poissons. En effet, une mauvaise pluviométrie entraîne la faible inondation des zones de frayères et réduit de ce fait le succès de la reproduction chez certaines espèces de poissons. La faiblesse des pluies entraîne également la réduction des débits entrant dans le delta des cours d'eau conduisant ainsi à l'amenuisement de la durée des submersions, une diminution des surfaces en eau, des zones de protection et de la nourriture offerte aux poissons. Les conséquences immédiates qui découlent de cette situation sont entre autres la baisse de la reproduction des poissons, le ralentissement de la croissance, l'augmentation des taux de mortalité naturelle et finalement un recrutement de moindre qualité.

Dans les régions tropicales par exemple où les variations de la photopériode et de la température sont moins importantes, l'augmentation de la température de l'eau influe sur la reproduction et la croissance des poissons. La hausse des températures constitue donc un facteur limitant la multiplication des poissons et par conséquent une des causes de la baisse du volume des captures de pêches. Il faut aussi souligner que l'augmentation des températures au-delà de certains seuils réduit fortement la fertilité et la survie des œufs de certaines espèces de poissons comme le saumon atlantique. La durée de vie et la taille des poissons sont également compromises. La hausse des températures a aussi des effets sur la qualité de l'eau car l'oxygène qui s'y retrouve est de faible quantité, compromettant ainsi la survie des organismes aquatiques.

Outre l'augmentation de la température de l'eau, les changements climatiques affectent la disponibilité de la ressource en eau. Le débit moyen des rivières diminue sous l'effet du réchauffement climatique et les étiages sont de plus en plus sévères et plus longs. Ce qui impacte fortement sur la capacité des poissons migrateurs à se déplacer.
En définitive, les conséquences des changements climatiques les plus récurrentes sur les pêcheries sont les suivantes :

- la perte ou la dégradation des habitats ;
- la diminution potentielle de la production des ressources marines due à l'acidification des océans ;
- la diminution des teneurs en oxygène dans l'eau et l'augmentation du nombre de « zones mortes » ;
- l'augmentation des espèces invasives, des maladies et des algues toxiques ;
- la disparition de certaines espèces de poissons ;
- la diminution des stocks de ressources halieutiques due à de fortes perturbations dans les cycles de productivité des poissons ;
- les fréquentes migrations de certaines espèces de poissons en profondeur et une diminution du volume des ressources pélagiques à cause de l'augmentation de la température d'eau de surface de la mer ;
- la réduction du succès du recrutement ;
- la baisse du volume des captures de pêches.

Le tableau 2 montre l'évolution de la production halieutique nationale entre 2013 et 2023.

Tableau 2 : Evolution de la production halieutique nationale de 2013 à 2023

Activités	Volumes en tonnes										
	2013	2014	2015	2016	2017	2018	2019	2020	2021	2022	2023
Pêche maritime artisanale	14 862	14 714	16 372	25 772	20 545	18 142	18 960	11 817	11 567	14 910	15799
Pêche maritime industrielle	153	148	125	76	75	118	149	85	117	93	128
Pêche continentale	5 000	5 000	5 000	6243	6 248	6360	6417	6 132	6 300	6 502	6734
Pisciculture	23	25	68	110	132	290	1000	730	835	1151	1568
TOTAL	**20 038**	**19 887**	**21 565**	**32 201**	**27 000**	**24 910**	**26 526**	**18 764**	**18819**	**22 656**	**24229**

Source : Direction des Pêches et de l'Aquaculture, 2024

L'analyse du tableau 2 montre que de 2013 à 2023, la production halieutique nationale a connu une évolution en dents de scie. 2020 est l'année qui a enregistré la plus faible production avec 18 764 tonnes alors que l'année 2016 est celle qui a connu la plus grande production halieutique avec 32 201 tonnes. Contrairement aux productions des années 2016, 2017, 2018 et 2019, les productions halieutiques nationales ont connu une baisse considérable au cours des années 2020, 2021 et 2022, soit respectivement 18 764 tonnes, 18 819 tonnes et 22 656 tonnes.

3.2.2- Conséquences sur le milieu humain

Aujourd'hui les changements climatiques constituent une menace mondiale dont les conséquences touchent tous les systèmes de production, notamment les productions végétales, animales et halieutiques. Cette situation compromet la vie socioéconomique ainsi que la sécurité alimentaire et nutritionnelle de nombreux Etats, notamment les plus vulnérables.

Au Togo, la pêche est un secteur très important pour l'économie nationale en ce sens qu'elle contribue avec l'aquaculture à hauteur de 4,5% du PIB du secteur primaire et fait travailler plus de 22 000 personnes dont 12 000 femmes. La pêche artisanale constitue une véritable source d'emplois et une activité très importante dans le pays. Le poisson est également la protéine la plus accessible aux couches sociales les plus défavorisées et se trouve être la protéine animale la plus consommée (SNDDPA, 2024).

Cependant, le secteur de la pêche fait face à de nombreux défis au nombre desquels les changements climatiques occupent une place prépondérante. Les acteurs intervenant dans ce secteur, notamment les femmes transformatrices de poissons subissent de plein fouet les répercussions de ce phénomène planétaire. D'après Cheung et *al.* (2009), les pertes subies par la pêche en raison des changements climatiques pourraient atteindre 25 milliards d'USD par an dans les pays en développement, contre seulement 11 milliards d'USD par an dans les pays développés qui sont mieux préparés à faire face aux effets des changements climatiques.

Dans la préfecture des Lacs, la transformation du poisson est faite par des femmes dans les maisons, généralement à l'aide des fours traditionnels utilisant du bois ou du charbon de bois. Le niveau d'organisation et de formation de ces femmes est très faible et le savoir-faire est souvent transmis par filiation (de mère en fille).

En ce qui concerne les conditions socioéconomiques des acteurs de pêche en général et des femmes transformatrices de poissons en particulier, les changements climatiques, de par leurs impacts augmentent le déficit des moyens d'existence et par conséquent aggravent la pauvreté des populations dont la survie dépend fortement des activités de pêches. La conséquence immédiate qui découle de cette situation est l'accroissement de la vulnérabilité des acteurs de pêches qui sont de plus en plus exposés à la misère et à l'insécurité alimentaire et nutritionnelle.
Le graphique 1 ci-dessous indique la répartition des enquêtés suivant leur perception des conséquences des changements climatiques sur le secteur de la pêche.

Graphique 1 : Répartition des enquêtés suivant leur perception des conséquences des changements climatiques sur le secteur de la pêche.

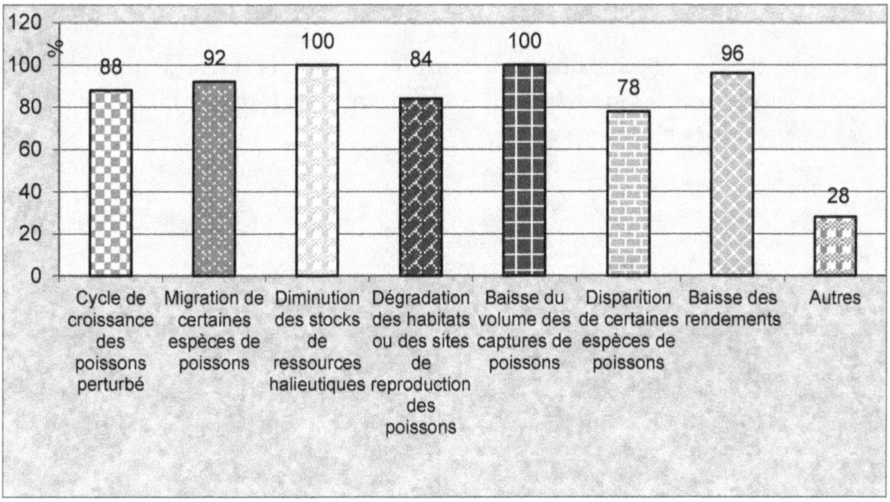

Source :Enquêtes de terrain, septembre 2024

Selon les femmes transformatrices de poissons enquêtées, les conséquences des changements climatiques sur le secteur de la pêche se présentent sous diverses formes. Ainsi, la totalité des enquêtés estiment que la baisse du volume des captures de pêches est une conséquence immédiate des effets des changements climatiques. De nombreuses enquêtés (96% des personnes interrogées) estiment également que les changements climatiques ont pour conséquence la baisse des rendements. Cette situation affecte considérablement le pouvoir d'achat des femmes transformatrices de poissons et accroît leur vulnérabilité qui se manifeste par la précarité, la fragilité relationnelle et l'exclusion sociale.

3.3 : Stratégies d'adaptation des femmes transformatrices de poissons de la préfecture des Lacs face aux changements climatiques

En réponse aux effets néfastes des changements climatiques qui contribuent à la baisse du volume des captures de pêches et à l'accroissement de leur vulnérabilité, les femmes transformatrices de poissons ont développé de nombreuses stratégies d'adaptation et de résilience. Le graphique 2 ci-dessous renseigne davantage sur les stratégies d'adaptation développées par les femmes transformatrices de poissons interrogées.

Graphique 2 : Répartition des femmes transformatrices de poissons enquêtées suivant les stratégies d'adaptation développées face aux effets des changements climatiques

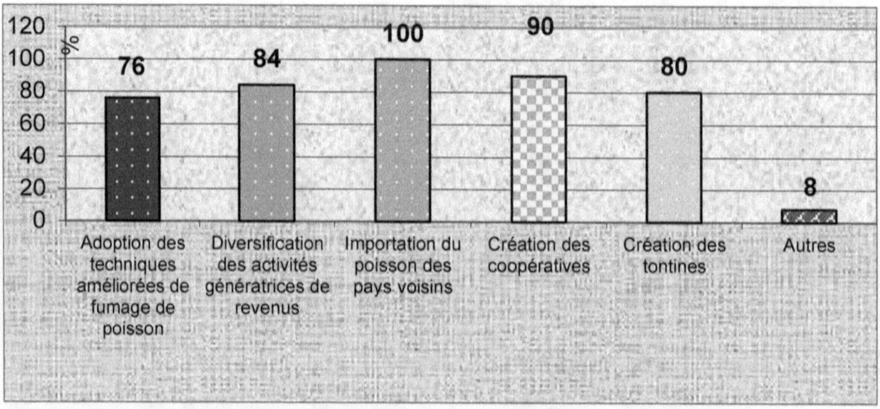

Source : Enquêtes de terrain, septembre 2024

Suivant les résultats des enquêtes de terrain, les stratégies d'adaptation développées par les femmes transformatrices de poissons face aux effets des changements climatiques sont les suivantes : importation du poisson de l'extérieur du pays, adoption des techniques améliorées de transformation de poissons, création des coopératives et des tontines et diversification des activités génératrices de revenus. Ces stratégies s'inscrivent dans une forme de rationalité développée par les femmes afin de poursuivre certains buts et satisfaire certains besoins primaires.

3.3.1 Importation du poisson de l'extérieur du pays

L'une des stratégies utilisées par les femmes transformatrices de poissons pour faire face à la baisse des captures de pêches due en partie aux effets des changements climatiques est l'importation du poisson de l'extérieur du pays. En effet, la production halieutique est déficitaire au Togo et cette situation entraîne une augmentation des importations des produits de pêches. Le niveau élevé des importations pour combler la demande en perpétuelle croissance traduit la faiblesse de la production nationale.

Les produits congelés importés sont essentiellement de petits pélagiques tels que le Chinchard, le Maquereau, la Sardinelle et le Hareng. Ils proviennent des pays d'Afrique (Maroc, Mauritanie et Sénégal), d'Europe (Espagne, Chilie) et d'Asie (Chine, Inde, Japon, Thaïlande, Taiwan).
Les produits transformés proviennent du Ghana, du Sénégal et du Bénin et sont composés de produits fumés, frits, séchés et fermentés. Les crustacés (crevettes, langoustes, gambas et crabes) importés proviennent en grande partie du Benin (SNDDPA, 2024). Le tableau 3 ci-après renseigne sur les quantités des produits halieutiques importées entre 2010 et 2023.

Tableau 3 : Quantités des produits halieutiques importées de 2010 à 2023

Année	2010	2011	2012	2013	2014	2015	2016	2017	2018	2019	2020	2021	2022	2023
Qté (t)	36502	50580	48676	51641	56288	56989	72559	60943	61810	73638	60930	71174	57037	70671

Source : INSEED, 2024

Le tableau 3 montre que les données relatives à l'importation des produits halieutiques sont très irrégulières sur la période 2010 à 2016. Mais à partir 2013, on enregistre une croissance soutenue des importations qui passe de 51 641 à 73 638 tonnes en 2019. Au cours de ces dernières années, les quantités importées ont également augmenté très sensiblement (60 930 tonnes en 2020 à 70 671 tonnes en 2023). Ceci s'explique d'une part, par le niveau de production nationale très faible et d'autre part par les changements des habitudes alimentaires de la population togolaise qui font augmenter progressivement le niveau de consommation des produits halieutiques (SNDDPA, 2024). Cependant, par arrêté interministériel N° 0069/18/MAEP/MCPSP du 16 avril 2018 portant interdiction provisoire d'importation de tilapia au Togo,

> *l'importation, la détention en vue de la vente, la mise en vente, la vente, l'exposition et la distribution à titre gratuit de poisson tilapia*

sauvage ou d'élevage, vivant, sous forme d'œufs, de juvéniles, de géniteurs ou de poisson tilapia mort sous forme congelée ou dérivé sont interdites sur le territoire national.

Cette décision vise entre autres à protéger les bassins togolais du virus du tilapia lacustre.

3.3.2. Adoption des techniques améliorées de transformation de poissons

Face aux effets des changements climatiques, les femmes transformatrices de poissons adoptent de plus en plus des techniques améliorées de transformation de poissons, notamment en ce qui concerne le fumage du poisson qui est considéré comme la principale activité post-capture.

Les activités post-captures sont des activités appliquées aux produits de pêches après leur sortie de l'eau. Il s'agit des différents types de transformation de poissons et de leur vente. Ces activités sont généralement dévolues aux femmes. Selon la FAO (2020), la transformation touche plus de 90 % des produits de pêches marins frais. Environ 75 % de ces produits passent au fumage et les 25 % restants sont destinés au séchage, à la salaison-séchage, à la friture et au faisandage (fermentation).

Le fumage est essentiellement traditionnel et est réalisé à l'aide des fours traditionnels en argile de forme ronde, en ciment ou en tonneau coupé. Cette technique de transformation du poisson occasionne une grande consommation du bois de chauffage et expose les femmes qui la pratiquent à la fumée et à la chaleur. Elle favorise également la formation à partir de la fumée des particules toxiques, notamment les hydrocarbures aromatiques polycycliques (HAP, résidus cancérigènes qui se déposent sur les produits). Les modes de fumage pratiqués nécessitent d'être améliorés en vue d'obtenir des produits finis de meilleure qualité qui répondent aux normes sanitaires. En ce qui concerne le séchage des poissons, notamment des petits pélagiques, il se fait au soleil sur des grilles fines ou sur des claies ou à même le sol. L'inconvénient de ce mode de séchage est qu'il expose les produits séchés à la contamination physique, chimique et microbiologique.

Les différents modes de transformation du poisson cités par les femmes interrogées se résument dans le graphique 3 ci-après.

Graphique 3 : Répartition des enquêtés suivant leurs connaissances des modes de transformation de poissons les plus utilisés.

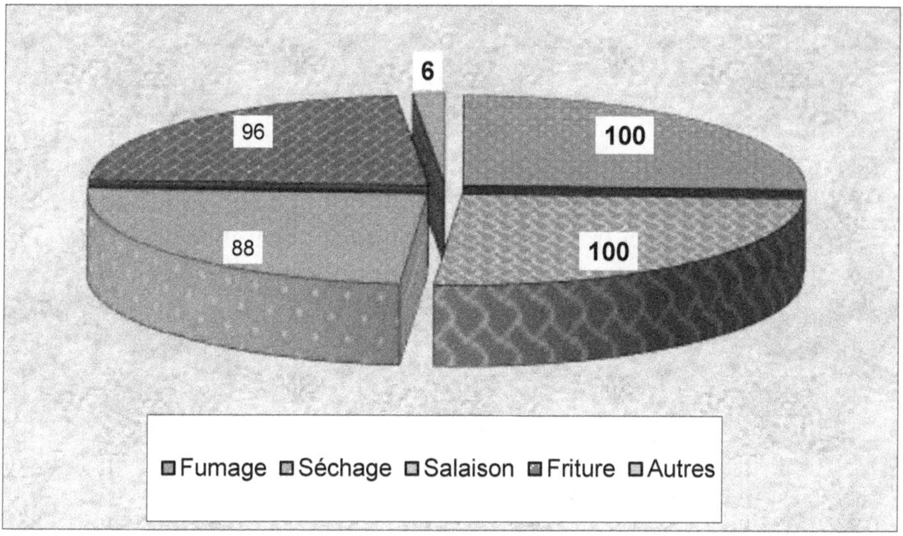

Source : Enquêtes de terrain, septembre 2024

D'après le graphique, le fumage et le séchage sont des techniques de transformation de poissons citées par toutes les femmes enquêtées. Ces techniques sont suivies par la friture (96%) et la salaison (88%).

Les poissons fumés sont constitués de petits ou gros pélagiques (sardinelles, anchois, carangues, bonites, etc.) et des démersaux (capitaines, brochets, pageot ou daurade royale, etc.). Cependant, depuis quelques années, le gouvernement, avec l'appui des partenaires techniques et financiers encourage les femmes transformatrices de poissons à l'usage des fours Chorkors améliorés qui sont gratuitement construits à certaines femmes. L'utilisation de ces fours améliorés facilite entre autres le contrôle de la température du four lors du fumage.

Ainsi, dans le cadre de la mise en œuvre des activités du projet d'appui au secteur agricole (PASA), l'Etat togolais a financé la construction de 108 fours améliorés au profit des femmes fumeuses de poissons de Katanga et de Nangbeto. Il a également construit une plate-forme de référence de fumage des produits halieutiques au profit de l'union des groupements de femmes transformatrices de poissons (UGFETRAFO) de Katanga au port de pêche de Lomé. L'Etat a aussi construit 50 fours Chorkors améliorés au profit des femmes transformatrices de poissons de la zone côtière dans le cadre de la mise en œuvre du projet de renforcement par des AGR de la résilience des femmes et des jeunes de la zone littorale du Togo face aux changements climatiques (Projet AGR-FAO) et 20 fours Chorkors améliorés au profit des femmes transformatrices de poissons de la préfecture des Lacs dans le cadre de l'exécution du projet FFEM WACA.

Contrairement aux fours traditionnels dont le produit fini est plus foncé avec certaines parties sombres présentant un goût de poisson calciné, les produits obtenus des fours améliorés sont plus secs, de couleur dorée, satisfaisants et très appréciés par les consommateurs.
Selon les femmes transformatrices de poissons interrogées, les fours améliorés présentent de nombreux avantages dont les plus importants sont les suivants :

- cuisson rapide ;
- gain en temps et en énergie ;
- possibilité de fumage d'une grande quantité de poissons ;
- produit fini de meilleure qualité ;
- faible dégagement de fumée ;
- faible impact sur la santé ;
- faible impact sur l'environnement (taux de réduction de la consommation du bois de l'ordre de 30 à 40% selon 76% des femmes interrogées).

Ces résultats sont confirmés par les propos d'une femme transformatrice de poissons résident à N'lessi (Aného) en ces termes :

> « Au départ, j'utilisais les fours traditionnels que m'a cédé ma maman. Le travail était pénible et le fumage dégageait beaucoup de fumée qui inondait nos yeux. Mais depuis que l'Etat a construit gratuitement un four Chorkor amélioré pour moi, comme pour la plupart de mes consœurs, je me fatigue moins car la cuisson est rapide, je peux fumer une grande quantité de poissons dans la journée et en plus, le produit fini est de très bonne qualité ».

Le graphique 4 résume la perception des femmes transformatrices de poissons des avantages liés à l'utilisation des fours Chorkors améliorés.

Graphique 4 : Répartition des enquêtés suivant leur perception des avantages liés à l'usage des fours Chorkors améliorés

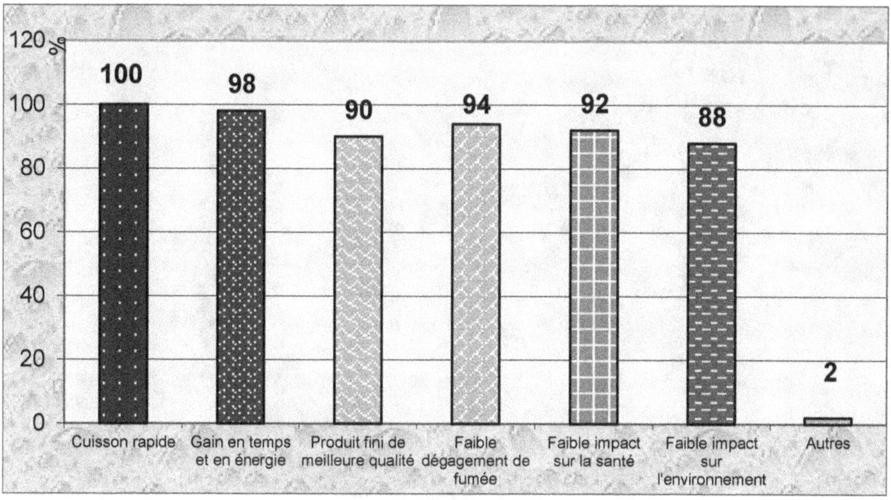

Photo °1 : Four traditionnel à N'lessi (Aného) **Photo 2 : Four Chorkor amélioré (Localité d'Adissem)**

Source : auteurs de l'article, 2024

Source : auteurs de l'article, 2024

Photo 3 : Poisson de mer (brochet) acheté pour la transformation (fumage)

Source : auteurs de l'article, 2024

Les fours traditionnels, de par leur conception laissent échapper une grande quantité de l'énergie de cuisson. Ce qui rend la cuisson moins rapide. Contrairement aux fours Chorkors améliorés qui ont la possibilité de conserver pour une longue durée l'énergie de cuisson en ce sens qu'ils sont hermétiquement fermés, l'utilisation des fours traditionnels demande une grande quantité de bois. L'usage de ces fours traditionnels entraîne donc une pression sur les forêts. Ce qui contribue à la déforestation qui est considérée comme l'une des principales causes du réchauffement climatique.

3.3.3 Création des coopératives et des tontines

L'une des meilleures stratégies d'adaptation des femmes transformatrices de poissons face aux effets des changements climatiques qui contribuent à la baisse des productions halieutiques est la multiplication des coopératives et tontines.

A l'image des autres femmes transformatrices de poissons du Togo, les femmes transformatrices de poissons de la préfecture des Lacs sont organisées en coopératives ou en unions de coopératives. Les organisations professionnelles les plus actives selon les informations fournies par les experts de la direction des pêches et de l'aquaculture sont les sociétés coopératives (Scoop) La Grâce, Mawupedzro, la Victoire à Aneho, Dieu merci et Amenouvévé à Goumoukopé, N'tifafa et Noussédodo à Adissem.

Les poissons transformés sont achetés auprès des pêcheurs à des prix élevés. Ces femmes sont donc le plus souvent confrontées au problème de financement de leurs activités. Elles prennent pour la plupart du temps du crédit auprès des institutions de microfinances à des taux très élevés qui sont difficiles à supporter en raison de la baisse des pouvoirs d'achat essentiellement due à la diminution des productions halieutiques. D'où la naissance et le développement des associations d'épargne.
Selon la FAO (2020), les associations ci-après sont les plus sollicitées par les acteurs de pêches :

(i) les "Yes-Yes" qui sont des systèmes d'épargne servant à financer les activités de pêche. Les acteurs qui les pratiquent, versent 200 à 500 FCFA par personne et par jour ;
(ii) les tontines quant à elles sont hebdomadaires ou mensuelles et le montant varie de 10 000 à 30 000 FCFA par personne et par mois ;
(iii) les caisses d'entraide. Elles sont professionnelles ou familiales et se limitent souvent au niveau du quartier. Les membres payent des droits d'adhésion, versent régulièrement et obtiennent en retour de petits crédits à faibles taux d'intérêt.

3.3.4 Diversification des activités génératrices de revenus

L'une des stratégies utilisées par les femmes transformatrices de poissons pour faire face à la baisse du volume des captures de pêches due en partie aux effets des changements climatiques est la diversification des activités génératrices de revenus (AGR). Ainsi, 78% des femmes enquêtées déclarent ne pas se contenter des revenus issus de la transformation du poisson. Outre la vente du poisson transformé, elles s'adonnent à d'autres activités génératrices de revenus pour compenser un tant soit peu le manque à gagner dû à la baisse des captures de pêches. Au nombre de ces activités, le petit commerce (82%), l'élevage (44%), l'artisanat (33%) et le maraîchage (18%) sont les plus dominantes comme l'indique le graphique 5 ci-après.

Graphique 5 : Répartition des enquêtés suivant les AGR exercées en complément à la transformation du poisson

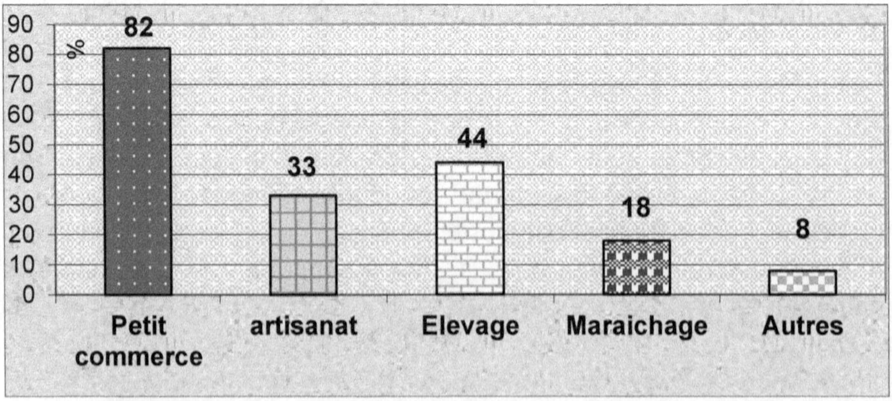

Source : Enquêtes de terrain, septembre 2024

Ces différents résultats sont confirmés par les propos d'une femme transformatrice de poissons en ces termes :

> *En dehors du fumage de poissons, moi je vends du sodabi (boisson locale fabriquée à partir du palmier), des céréales et des condiments pour s'occuper de mes enfants et de mon mari qui ne va plus en mer à cause des problèmes de santé. Je fais aussi l'élevage des porcs et des chèvres que je vends en cas de besoin d'argent.*

4. Discussion des résultats

Au Togo comme partout ailleurs, les changements climatiques sont une réalité qui impactent de nombreux secteurs de la vie. Le secteur des pêches est l'un des secteurs le plus touché et les acteurs développent de nombreuses stratégies pour y faire face. La présente recherche portant sur les changements climatiques, vulnérabilité et stratégies d'adaptation des femmes transformatrices de poissons de la préfecture des Lacs a montré que ces dernières perçoivent les manifestations des changements climatiques à travers la hausse des températures, les irrégularités des pluies, les arrêts précoces des pluies, les sécheresses et les pluies excessives qui sont sources des inondations. Ces résultats sont conformes à ceux de Agossou et *al.*, (2012) et de Yegbemey et *al.*, (2014) qui ont noté des perceptions similaires chez les agriculteurs au Bénin.

Les résultats de notre recherche soulignent également un lien entre les perceptions des enquêtés et les stratégies d'adaptation aux changements climatiques. Ces résultats rejoignent ceux de Cairns et *al.*, (2013) et de Kouassi et *al.*, (2015) qui soulignent dans leurs études l'étroitesse des relations entre les perceptions des populations et les stratégies d'adaptation.

Il ressort aussi de cette recherche que les femmes transformatrices de poissons, en raison de leur vulnérabilité subissent de plein fouet les effets des changements climatiques. Bien souvent la raréfaction du poisson les contraint à des chômages techniques. Cette situation affecte considérablement leurs conditions socioéconomiques et accroît leur vulnérabilité qui se manifeste par la précarité, la fragilité relationnelle, la désaffiliation, le sceau de l'incertitude et l'émiettement des liens sociaux. Ces résultats s'inscrivent dans un cadre théorique basé sur la théorie de la vulnérabilité de R. Castel (1994) qui soutient que la zone de la vulnérabilité correspond à une double fragilisation : la fragilisation des statuts dans la sphère de l'emploi avec le développement de l'emploi temporaire, du chômage, notamment du chômage de longue durée et la fragilisation des liens sociaux.

Par ailleurs, en réponse aux effets des changements climatiques qui contribuent à la dégradation des conditions de vie et à l'accroissement de leur vulnérabilité à travers la baisse du volume des captures de pêches, les femmes transformatrices de poissons de la préfecture des Lacs développent de nombreuses stratégies d'adaptation et de résilience. Ces stratégies vont de l'importation du poisson, notamment des pays d'Afrique, d'Europe et d'Asie à l'utilisation des techniques améliorées de transformation de poissons en passant par la création des coopératives et tontines ainsi que la diversification des activités génératrices de revenus. Cette résilience développée par les femmes transformatrices de poissons s'inscrit dans la théorie de la résilience communautaire de C. Moore (2020) qui affirme que ce n'est pas la nature de l'adversité qui est la plus importante, mais la manière dont nous y faisons face. Lorsque nous faisons face à l'adversité, au malheur ou à la frustration, la résilience nous aide à rebondir, à survivre et même à prospérer face au malheur. La résilience communautaire (ou résilience collective) est donc la capacité d'une communauté de continuer à vivre, fonctionner, se développer et s'épanouir après un traumatisme ou une catastrophe.

Il convient également de rappeler que les différentes stratégies d'adaptation développées par les femmes transformatrices de poissons de la préfecture des Lacs sont à la fois réactives et anticipatives. Ces formes d'adaptation sont conformes à celles identifiées par Smit et al. (2000) qui distinguent deux formes d'adaptation : l'adaptation réactive et l'adaptation anticipative. L'adaptation réactive consiste à réagir ex post aux impacts adverses des changements climatiques lorsqu'ils se produisent et l'adaptation anticipative consiste à agir avant que les impacts ne se produisent afin de réduire la vulnérabilité à ces impacts et en limiter les conséquences.
L'adaptation anticipative utilise des ressources d'aujourd'hui pour prévenir des crises possibles dans le futur, liées aux effets des changements climatiques. À l'inverse, l'adaptation réactive utilise des ressources pour faire face aux événements au moment où ceux-ci se produisent.

Toutefois, l'effondrement du pouvoir d'achat des femmes transformatrices de poissons ne facilite pas une exploitation efficiente des diverses formes d'adaptation identifiées, vu les coûts élevés de leur mise en œuvre. La pauvreté étant un facteur important d'aggravation des impacts socio-économiques du climat (PNUD, 2004), les femmes transformatrices de poissons de la préfecture des Lacs voient leur vulnérabilité s'accroitre au jour le jour.

Conclusion

Les changements climatiques constituent de nos jours une menace mondiale dont les impacts touchent tous les systèmes de production, notamment les productions végétales, animales et halieutiques. Les impacts des changements climatiques menacent de ce fait la sécurité socioéconomique, alimentaire et nutritionnelle de nombreux Etats, en particulier les plus vulnérables.

Au Togo, les conséquences des changements climatiques les plus récurrentes sur les pêcheries sont entre autres la perte ou la dégradation des habitats aquatiques, la diminution des stocks de ressources halieutiques due à de fortes perturbations dans les cycles de productivité des poissons, les fréquentes migrations de certaines espèces de poissons en profondeur, une diminution du volume des ressources pélagiques à cause de l'augmentation de la température des eaux de surface, la baisse du volume des captures de pêches, l'accroissement de la pauvreté et de la vulnérabilité des acteurs de pêches.

La présente recherche est donc une contribution à l'analyse des effets des changements climatiques sur le secteur de la pêche en général et notamment sur les conditions socioéconomiques des femmes transformatrices de poissons de la préfecture des Lacs. Les résultats de la recherche montrent également que face aux effets des changements climatiques, les femmes transformatrices de poissons ont développé de nombreuses stratégies d'adaptation et de résiliences.

Dans la préfecture des Lacs, quatre formes de stratégies d'adaptation ont été identifiées. Il s'agit notamment de l'importation du poisson de l'extérieur du pays, de l'utilisation des techniques améliorées de transformation de poissons, de la création des coopératives et tontines ainsi que de la diversification des activités génératrices de revenus. Cependant, en raison de l'accroissement de la vulnérabilité des femmes transformatrices de poissons suite aux effets des changements climatiques sur les activités de pêches, il s'avère judicieux de s'interroger sur l'efficacité de ces stratégies d'adaptation et de résilience.

Références bibliographiques

BARRY Smit, BURTON Ian, KLEIN Richard, WANDEL Johanna, 2000, « An anatomy of adaptation to climate change and variability », *Societal Adaptation to Climate Variability and Change* », vol. 45, p. 223–251.

BEAUGRAND Grégory, KIRBY Richard, KIRBY John, 2018, « How do marine pelagic species respond to climate change? Theories and observations », *Annual Review of Marine Science*, vol.10, n°1, p.169-197.

BURGE Colleen, EAKIN Mark, FRIEDMAN Carolyn, 2014, « Climate change influences on marine infectious diseases: implications for management and society », *Annual Review of Marine Science,* vol. 6, n°1, p. 249-277

CAIRNS Jill, HELLIN Jon, SONDER Kai, ARAUS José Luis, MACROBERT John, THIERFELDER Christian, PRANNA Boddupalli Marhuti, 2013, « Adapting maize production to climate change in sub-Saharan Africa ». *Food Security*, vol. 5, n°3, p. 345-360

CASTEL Robert, 1991 « De l'indigence à l'exclusion, la désaffiliation. Précarité du travail et vulnérabilité relationnelle », *Face à l'exclusion, le modèle français*, p.137-168.
CASTEL Robert, 1994, « La dynamique des processus de marginalisation : de la vulnérabilité à la désaffiliation », *Cahiers de recherche sociologique*, n° 22, p. 11–27
CHEUNG William, LAM Vicky, SARMIENTO Jorge, 2009, « Large-scale redistribution of maximum fisheries catch potential in the global ocean under climate change », *Global Change Biology*, vol. 16, n°1, p. 24-35.
DONEY Scott, RUCKELSHAUS Mary, 2012, « Climate change impacts on marine ecosystems », *Annual Review of Marine Science*, vol. 4, p. 11-37.
FAO, 2020, *Evaluation des pertes après-captures dans les pêcheries maritimes artisanales du Togo,* Lomé.
JAVEAU Claude, 1982, *L'enquête par questionnaire, Manuel à l'usage du praticien*, Bruxelles, Edition de l'Université de Bruxelles, 138 pages
MINISTERE DE LA COOPERATION, DU DEVELOPPEMENT ET DE L'AMENAGEMENT DU TERRITOIRE, 2009, *Monographie de la préfecture des Lacs*, Lomé.
MINISTERE DE L'ENVIRONNEMENT ET DES RESSOURCES FORESTIERES, 2024, *Stratégie nationale de développement durable de la pèche et de l'aquaculture (SNDDPA) 2025-2030,* Lomé, 112 pages
PNUD, 2004, *Reducing disaster risk: a challenge for development*, New York, 146 pages
YEGBEMEY Rosaine Nerice, YABI Jacob Afouda, AIHOUNTON Ghislain Boris, PARAISO Armand, 2014, « Modélisation simultanée de la perception et de l'adaptation au changement climatique : cas des producteurs de maïs du Nord Bénin (Afrique de l'Ouest) ». *Cahiers Agricultures*, vol. 23, n°3, p. 177-187.

TENDANCE RÉGRESSIVE DU REGIME D'ECOULEMENT DE LA RIVIÈRE OTI ET IMPACTS SOCIO-ÉCONOMIQUES DANS SON BASSIN VERSANT DE LA PRÉFECTURE DE L'OTI AU NORD-TOGO

Konnegbéne LARE

Résumé

La rivière Oti, deuxième grand cours d'eau au Togo après le Mono, située au Nord-Togo, connait depuis plus de deux décennies, une tendance régressive de son régime d'écoulement caractérisée par la baisse du débit du fait des contraintes climatiques. Les activités socio-économiques qui sont exercées dans le bassin versant en lien avec l'eau de la rivière Oti en saison morte sont de plus en plus menacées, à cause de la baisse progressive de la quantité d'eau. L'objectif de cette recherche est d'analyser les facteurs explicatifs de la baisse progressive de la quantité d'eau de la rivière Oti et les conséquences socio-économiques induites dans son bassin versant. Pour mener à bien cette étude, la méthodologie adoptée est basée sur la collecte des données des séries chronologiques des moyennes mensuelles et annuelles de pluies, de températures, de l'évapotranspiration et de débits de la rivière Oti. D'autres données ont été collectées à travers la recherche documentaire, les observations directes, les enquêtes individuelles adressées à 152 personnes dont 100 maraîchers et 52 riziculteurs et les interviews qui ont été faites à 15 personnes ressources dans la préfecture de l'Oti. L'analyse des données hydro-climatiques montre que les températures, constamment élevées, entrainent de fortes chaleurs en saison sèche avec une forte insolation et l'accroissement de l'évapotranspiration ; ce qui rend déficitaire, le bilan hydrique. Les moyennes mensuelles et annuelles des pluies montrent une évolution en baisse se soldant par des sécheresses épouvantes qui réduisent constamment le régime d'écoulement du cours d'eau. Au cours de ces quatre décennies (1980-2020), la rivière Oti a connu des faibles écoulements ; ce qui explique la réduction importante de la quantité d'eau en saison sèche comparativement aux années 1970. Cette baisse accentuée de l'écoulement de la rivière Oti en saison sèche impacte négativement les activités agricoles, maraîchères et halieutiques de contre-saison et les revenus des exploitants du bassin versant.

Mots-clés : Rivière Oti, tendance régressive, régime d'écoulement, impacts socio-économiques, préfecture de l'Oti.

REGRESSIVE TREND IN THE FLOW REGIME OF THE OTI RIVER AND SOCIO-ECONOMIC IMPACTS IN ITS CATCHMENT AREA IN THE OTI PREFECTURE IN NORTH TOGO

Abstract

The Oti River, the second largest watercourse in Togo after the Mono, located in northern Togo, has been experiencing a regressive trend in its flow regime for more than two decades, characterised by a decrease in flow due to climatic constraints. The socio-economic activities that are carried out in the catchment area in connection with water from the River Oti in the off-season are increasingly under threat, due to the gradual decline in the quantity of water. The aim of this research is to analyse the factors behind the gradual decline in the quantity of water in the River Oti and the socio-economic consequences in its catchment area in the Oti prefecture. To carry out this study, the methodology adopted was based on the collection of time series data on monthly and annual averages of rainfall, temperature, evapotranspiration and flow in the River Oti. Other data were collected through documentary research, direct observations, individual surveys of 152 peoples, including 100 market gardeners and 52 rice growers, and interviews with 15 resource persons in the Oti prefecture. Analysis of the hydroclimatic data shows that the constantly high temperatures lead to very hot weather in the dry season, with high insolation and increased evapotranspiration, resulting in a deficit in the water balance. Monthly and annual rainfall averages show a downward trend, sometimes resulting in dreadful droughts. As a result, over the last three decades, the river Oti has experienced permanent low water levels with increasingly regular low flows. This sharp drop in the flow of the River Oti during the dry season has a negative impact on off-season farming, market gardening and fishing activities, and on the incomes of farmers in the catchment area.

Keywords: River Oti, regressive trend, flow regime, socio-economic impacts, Oti prefecture.

Introduction

L'Afrique subsaharienne est l'une des régions les plus vulnérables au changement climatique (B. Diwediga *et al*, 2012, p. 613). Durant ces quatre dernières décennies (1980-2020), la variabilité climatique a entrainé l'augmentation de la température, la sécheresse météorologique (correspondant à un déficit prolongé de précipitations) et le phénomène de sécheresse hydrologique avec pour conséquence directe, la baisse des débits annuels saisonniers des grands cours d'eau. Les impacts socio-

économiques de cet assèchement progressif en Afrique de l'Ouest en particulier, sont souvent au cœur des préoccupations scientifiques.
Le Togo, à l'instar des autres pays d'Afrique de l'Ouest, subit les manifestations du changement climatique marquées par la hausse des températures, l'irrégularité et la mauvaise répartition des pluies, les inondations, les sécheresses, le raccourcissement de la saison pluvieuse, etc.
La Région des Savanes, située à l'extrême Nord-Togo, au contact du domaine soudano-sahélien et dont le principal cours d'eau est l'Oti, est la plus touchée par les effets du changement climatique. L'insuffisance et de l'irrégularité des pluies, les fortes températures enregistrées, l'insolation et de l'évaporation élevées ont des répercussions sur l'hydrologie, notamment les eaux de surfaces.
La rivière Oti, deuxième grand cours d'eau au Togo après le Mono, situé dans cette région administrative du Togo, connaît au cours de ces trois dernières décennies, une tendance régressive de son régime d'écoulement liée à la péjoration climatique du régime des précipitations. La rivière Oti, avec son régime tropical irrégulier, est commandé par le rythme moyen saisonnier. Pendant la période de hautes eaux (août-septembre), il sort de son lit et rejoint d'importantes nappes d'eau stagnantes dans les cuvettes de débordement qui inondent de vastes étendues de terre. Dans ses périodes de basses eaux (mars-avril-mai) correspondant à la saison sèche, le régime d'écoulement de l'Oti est caractérisé par un débit faible marqué par la diminution d'eau le lit de la rivière et aggravée par une forte évaporation.
Durant cette période de l'année, le bassin versant de la rivière Oti fait face aux conséquences socio-économiques liées aux risques d'assèchement de cette rivière. Le terme bassin versant désigne en effet, le territoire sur lequel toutes les eaux de surface s'écoulent vers un même point appelé exutoire du bassin versant (O. Banton et M. L. Bangoy, 1997, p. 4). Ce bassin versant connaît plusieurs dynamiques naturelles et socio-économiques en lien avec le régime d'écoulement du cours d'eau. Il est aujourd'hui confronté à des phénomènes de variabilité climatique caractérisés par une baisse d'eau dans la rivière. Les activités agricoles (principalement rizicoles), maraîchères et de pêche de contre saison qui s'exercent dans ce bassin versant en lien avec l'utilisation d'eau de cette rivière sont de plus en plus menacées, à cause de la baisse progressive de la quantité d'eau en saison sèche. La question de recherche est : quels sont les facteurs explicatifs de la baisse progressive de la quantité d'eau de la rivière Oti et les conséquences socio-économiques dans son bassin versant

de la préfecture de l'Oti ? L'objectif de cette recherche est d'analyser les facteurs explicatifs de la baisse progressive du niveau d'eau de la rivière Oti et les conséquences socio-économiques induites dans son bassin versant.

1. Matériel et méthodes

Cette section présente la zone de recherche, la démarche méthodologie adoptée pour la collecte et le traitement des données. Le traitement des données hydro-climatiques a permis d'analyser l'évolution des paramètres climatiques qui influencent l'écoulement des eaux de surfaces principalement la rivière Oti. Quant aux données collectées auprès des exploitants du bassin versant, leur traitement a permis d'analyser le fonctionnement des activités agricoles et halieutiques de contre-saison.

1.1. Présentation de la zone d'étude

Le bassin versant de la rivière Oti est situé dans le Nord du Togo, dans le bassin du fleuve Volta et draine une partie des bassins versants des pays frontaliers avec le Togo à savoir le Burkina Faso, le Bénin et le Ghana.
À l'exutoire de Mango, le bassin de l'Oti couvre une superficie de 35 652 km² et est situé entre 11°22' et 10°00' latitude Nord et 0°3' et 0°50' de longitude Est (Carte 1) (MAEP, 2012).

Carte 1 : La situation de la zone d'étude

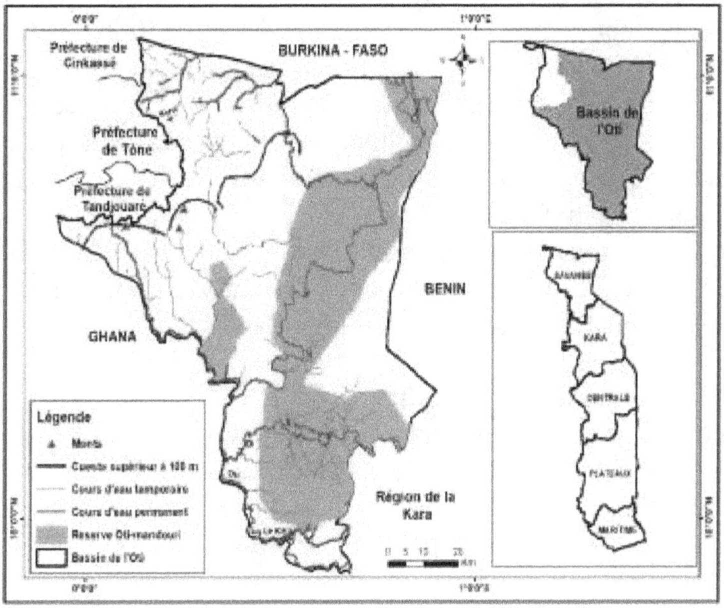

Source : D'après le fond de la carte topographique IGN Togo, 1998.

La topographie du bassin obéit à un relief dont la morphologie est composée de la pénéplaine du Gourma, les plateaux de Dapaong-Bombouaka et la plaine de l'Oti. Dans l'ensemble, les altitudes varient entre 106 et 506 mètres (K. Dambré *et al.*, 2003).

La rivière Oti, principal collecteur d'eau (long de 167 kilomètres au Togo), prend sa source au nord du Bénin sur le versant est de la chaîne de l'Atacora sous le nom de Pendjari. Il épouse une orientation Sud-Ouest-Nord-Est, traverse la région de l'Atacora puis s'inverse, revenant vers le Sud-Ouest, arrive au Togo où il prend le nom de l'Oti (K. Dambré *et al.*, 2003).

Le cours d'eau Oti a un régime tropical irrégulier. Il est commandé par le rythme moyen saisonnier. D'après L. Kankpenandja (2002), pendant la période de hautes eaux (août-septembre-octobre), il sort de son lit et rejoint, l'importante nappe d'eau stagnante dans les cuvettes de débordement ; ce qui engendre des ruissellements latéraux qui inondent de vastes étendues de terre. Dans ses basses eaux (février-mars-avril-mai) correspondant à la saison sèche, la rivière a un débit faible (0,11 m^3) à cause de l'absence des précipitations.

Topographiquement, le bassin de l'Oti est caractérisé par une pente faible dominé dans sa partie nord et sud-ouest par une immense plaine. Ce bassin versant regroupe une population de plus 830 000 personnes inégalement réparties sur l'ensemble du bassin avec une densité de 92 hbts/km^2 (INSEED, 2022). Plusieurs activités sont menées par ces populations. Il s'agit de l'agriculture, de l'élevage, de la pêche, de l'artisanat, du commerce, de l'extraction du sable et du gravier. Cependant, les activités de contre-saison les plus affectées par les faibles quantités d'eau en saison sèche sont le maraîchage, la riziculture irriguée et la pêche qui sont toutes exercées par une importante frange de la population et qui leur procure d'importants revenus.

1.1. Démarche méthodologique

La méthodologie adoptée pour réaliser cette recherche repose sur deux grands axes à savoir la méthode de collecte de données et les techniques de leur traitement.

1.2.1 Collecte des données

Pour la collecte des données nécessaires pour cette étude, quatre techniques ont été combinées. Il s'agit de la recherche documentaire, de la collecte des données hydroclimatiques, les rencontres d'échange avec les structures ressources et les enquêtes de terrain. La revue documentaire, qui a été faite principalement auprès des structures universitaires et publiques et en ligne sur internet, a permis d'avoir un aperçu sommaire du domaine étudié et d'identifier les points clés à approfondir dans la suite de la collecte des données.
Les données hydroclimatiques utilisées sont obtenues à la Direction Générale de la Météorologie Nationale à Lomé et ont concerné les stations Mango et Dapaong. A ce niveau, seules les moyennes annuelles de pluies de 1961 à 2017, les moyennes annuelles de températures de 1971 à 2019, les données de l'insolation thermique de Mango de 1993 à 2019 ont été collectées. Les données sur les débits d'écoulement de la rivière Oti de 1980 à 1916 ont été pris dans le document du Projet d'Aménagement des Terres Agricoles de l'Oti (MAEP, 2012).
Les données socio-économiques utilisées sont issues des enquêtes de terrain. Cette phase a été suivie de celles des interviews et de l'observation directe sur le terrain.
Les enquêtes proprement dites ont été menées dans le bassin versant de l'Oti à Mango et plus spécifiquement localisé dans la préfecture de

l'Oti. Le choix est porté sur cette préfecture du fait que les activités de contre-saison qui étaient très développées, ont connu une baisse importante et largement affectées par la diminution progressive de l'eau de la rivière. Pour ces enquêtes, un questionnaire, réalisé et portant sur la perception des paysans sur l'assèchement progressif de la rivière Oti et ses impacts socio-économiques sur les activités agricoles et halieutiques de contre saison et les revenus des exploitants a été administré aux producteurs ou exploitants identifiés. Compte tenu de l'absence d'une base de données sur les exploitants de contre-saison du bassin versant dans la préfecture de l'Oti et en vue de collecter les informations fiables, une pré-enquête avait été effectuée afin de pouvoir faire un échantillonnage spatial et démographique représentatif. A l'issue de cette pré-enquête, les personnes enquêtées et les localités choisies sont contenues dans le tableau 1.

Tableau 1 : Répartition géographique des personnes enquêtées dans le bassin de l'Oti de la préfecture de l'Oti

Localités	Nombre de ménages enquêtés	Proportion par rapport à la taille de l'échantillon (%)
Mango	56	45
Sadori	21	10
Payoka	46	35
Faré	29	10
	152	100

Source : Sur la base des données collectées lors de la pré-enquête

Au total, 152 personnes constituent l'échantillon interrogé. Pour la présente étude, le questionnaire a été adressé prioritairement au chef de ménage ou à défaut, à une personne du ménage âgée d'au moins dix-huit ans car, à cet âge, l'individu est censé répondre aux questions liées aux inondations et peut exercer diverses activités dans le secteur d'étude. De plus des interviews ont été faites et ont touché 15 personnes ressources des directions préfectorales de l'agriculture, de l'environnement, des responsables des ONG et des responsables des coopératives rizicoles, maraîchères et de pêche.

1.2.2 Traitement et analyse des données recueillies

Dans le cadre de cette étude, les données quantitatives et qualitatives obtenues ont été traitées avec le logiciel SPSS. Ces données sont ensuite transférées sur Microsoft office Excel pour la construction des différents graphiques ainsi que les tableaux. Quant à la cartographie, elle a été rendue possible grâce à l'utilisation des logiciels QGIS version 3.32. L'analyse des données recueillies après le dépouillement a permis d'avoir des résultats qui ont été discutés dans cette étude.

2. Résultats

Les résultats issus des travaux de terrain ont porté sur les variations interannuelles des températures et des précipitations dans le bassin versant de l'Oti, la variabilité interannuelle des débits de la rivière Oti à Mango et les impacts socio-économiques induits par ces évènements climatiques.

2.1 Les principales causes de la tendance régressive du régime d'écoulement de la rivière Oti

2.1.1 La péjoration climatique du régime des précipitations

Le changement climatique a occasionné une variation interannuelle pluviométrique dans le bassin versant de l'Oti. Les données pluviométriques de 1961-2017 montrent une tendance de cette indigence pluviométrique (figure 1).

Figure 1 : Evolution du cumul moyen des précipitations entre 1961 et 2017 à Mango

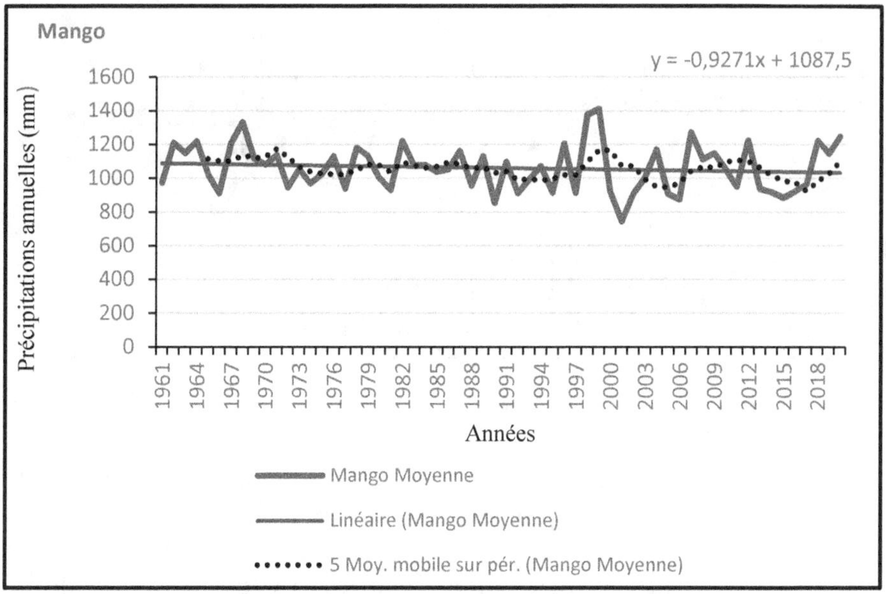

Source : Données de la DGMN, 2020.

L'analyse de la figure 1 montre qu'à Mango dans la préfecture de l'Oti, la baisse interannuelle des précipitations est importante. Au cours de la saison pluvieuse, les précipitations sont irrégulières, inégalement réparties, parfois avec des poches de sécheresse et des déficits de précipitations.

La représentation des indices par la méthode de Lamb permet de distinguer deux principales phases dans l'évolution de la pluviométrie à la station de Mango. Ainsi, i > 1 pour les années humides excédentaires (bleu), i < -1 pour les années sèches déficitaires (rouge) et -1 <i> 1 pour les années normales (noir) (figure 2).

Figure 2 : Représentation de l'indice de Lamb des données de pluviométrie à la station de Mango entre 1980 et 2019

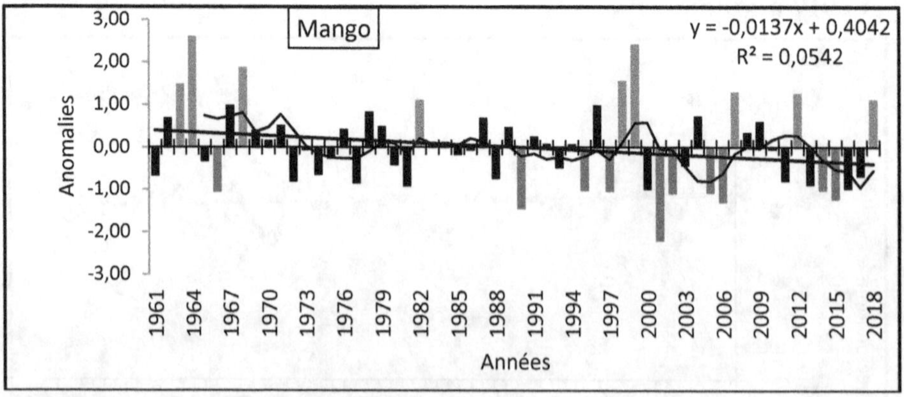

Source : Données de la DGMN, 2020

La figure 2 indique que l'évolution de la pluviométrie montre une tendance à la baisse avec plusieurs années déficitaires et de moins en moins d'années humides à la station de Mango. De 1989 à 2015, les précipitations sont en majorité déficitaires. La droite de tendance montre une tendance à la baisse des précipitations dans la préfecture de l'Oti. Cette situation peut se traduire par une péjoration pluviométrique en début de période, suivie d'une reprise dans le dernier tiers de la période. Les années où les précipitations sont déficitaires sont de plus en plus importantes dans la zone d'étude. Sachant que la pluviométrie représente l'unique apport en eau douce renouvelable de la région, cette baisse interannuelles conduit à une diminution du niveau d'eau des rivières en saison pluvieuse et qui s'aggrave en saison sèche avec des débits très faibles.

2.1.2 Une évolution à la hausse des températures de 1971-2019

La variation interannuelle des températures dans le bassin versant de l'Oti 1971-2019 est en hausse constante selon les données de la station météorologiques de Mango (figure 3).

Figure 3 : Évolution des températures moyennes annuelles entre 1980 et 2019 à Mango

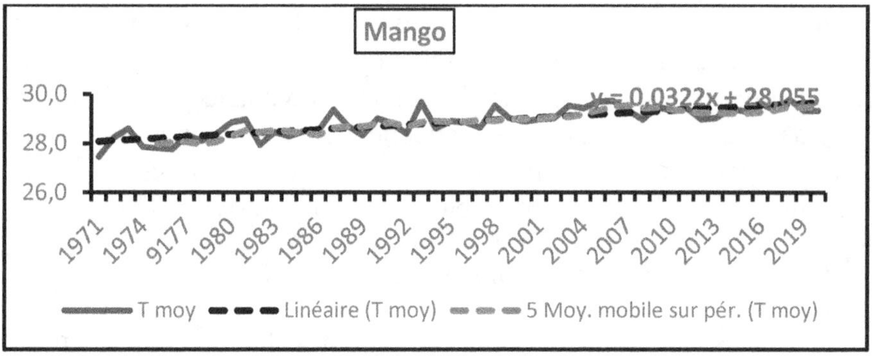

Source : Données de la DGMN, 2020

D'après la figure 3, les courbes de tendance, dont les coefficients de régression sont positifs, montrent que les températures augmentent de façon continue à Mango dans la préfecture de l'Oti. La représentation des indices de Lamb ; indices déterminés à partir des différentes données faites, dégage des années déficitaires et des années excédentaires dont la répartition permet de suivre l'évolution des paramètres climatiques. Ces indices thermométriques ont été déterminés : i < 1 pour les basses températures en bleu et i > 1 pour les hautes températures en orange, comme indiqué sur la figure 4.

Figure 4 : Représentation de l'indice de Lamb des données de température à la station de Mango entre 1980 et 2019

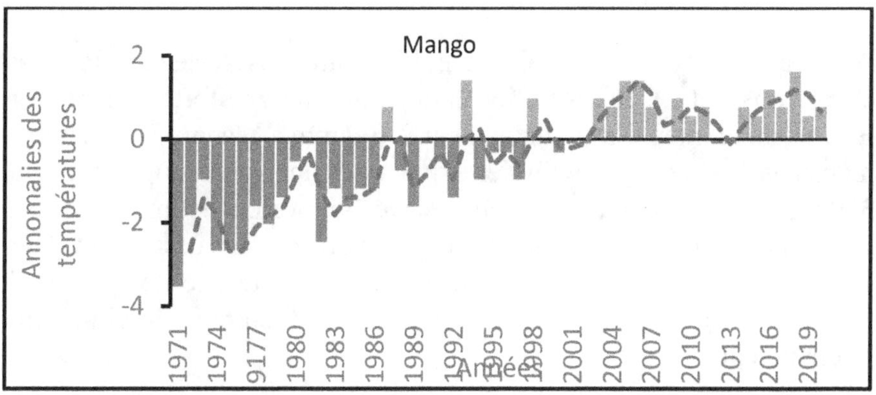

Source : Données de la DGMN, 2020

Comme l'indique la figure 4, les années les moins chaudes sont concentrées en début de série. A Mango, la croissance thermique est marquée par deux périodes : 1971-2000 et 2001-2019. La deuxième période est marquée par une succession d'excédents thermiques de plus en plus importants. Sur le plan thermique, la tendance est à la hausse dans la préfecture. Cette hausse graduelle des températures entraine une forte évaporation des eaux de surface, surtout en saison sèche, accentuant ainsi, la baisse du niveau d'eau dans la rivière Oti.

2.1.3 L'insolation et l'évaporation

Dans le bassin versant de l'Oti, l'insolation est forte. Elle est de 7h 30mn par jour en moyenne en 2013 (MPDAT, 2013). La durée de l'insolation est théoriquement estimée à 2555 heures en moyenne par an ; ce qui explique les fortes températures enregistrées dans ce bassin versant. La répartition de l'insolation dans ce bassin à Mango est illustrée dans le tableau 2.

Tableau 2 : Répartition interannuelle de l'insolation moyenne à Mango

Année	1994	1995	1996	1997	1998	1999	2010	2011	2012	2013	2044	2015	2016	2017	2018
Insolation (h/j)	6,8	7,2	7,3	7,5	7,7	7,1	7,4	7,7	7,5	7,6	7,8	8,2	8,5	8,7	8,8

Source : Données de la DGMN, 2020

Au regard des données du tableau 2, l'insolation est forte dans le bassin et est croissante. Cette forte insolation entraîne une forte évaporation. Elle est donc intense avec une valeur 2 400 mm à Mango. Les maximas mensuels se situent entre février et mai avec une valeur supérieure à de 300 mm et les minima en septembre avec une valeur estimée à 45 mm. En somme, le bilan hydrique est très défavorable dans ce bassin versant de l'Oti en raison de l'insuffisance et de l'irrégularité des pluies, de l'insolation et de l'évaporation élevées ; ce qui entraine la diminution interannuelle des débits.

2.1.4 Variabilité interannuelle des débits de la rivière Oti dans le bassin versant à Mango

L'évolution interannuelle du débit moyen de la rivière Oti à Mango est représentée par la figure 5.

Figure 5 : Evolution interannuelle du débit moyen de l'Oti à Mango (en m³/s)

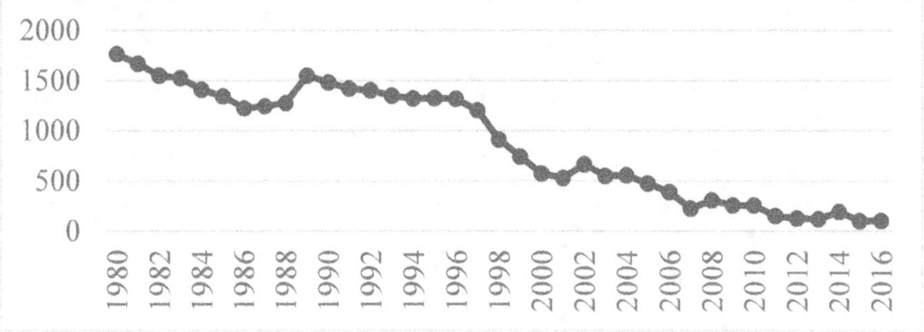

Source : MAEP, PATA- Oti, 2012

L'analyse de la figure 5 montre clairement une baisse la baisse des débits interannuels. On observe pendant la saison sèche, une baisse drastique du niveau d'eau dans la rivière Oti. Cette baisse engendre parfois, un manque pour la riziculture irriguée et le maraîchage. Des décennies passées, la rivière Oti connaissait de très forts débits et des crues pendant les périodes de fortes eaux (juillet-août-septembre). Mais au cours de ces deux dernières décennies, pendant ces périodes de hautes eaux, on observe un bas niveau de l'eau dans la rivière. Les travaux de terrain dans le mois d'août 2024, ont permis d'observer un niveau bas des eaux de la rivière à travers des vues prises à cette même période comme l'illustre la photo 1.

Photo 1 : Niveau bas de l'eau dans la rivière Oti, période de hautes eaux en août

Source : LARE K., Vue prise par en août 2024.

Le faible niveau de l'eau pendant cette priode des hautes eaux traduit la baisse des précipitations en cette période entrainant de ce fait, les faibles débits de la rivière et la baisse importante du niveau d'eau en saison sèche.

2.2 Impacts socio-économiques de la dynamique régressive de la rivière Oti

2.2.1 Perception des populations du bassin versant sur l'assèchement progressif de la rivière Oti

La perception des populations du milieu d'étude sur la régression progressive de la rivière Oti a été mesurée au cours des enquêtes de terrain. La totalité (100 %) des exploitants de la préfecture de l'Oti admet que les niveaux d'eau de la rivière, en périodes de hautes eaux ou de basses eaux, diminuent progressivement d'année en année. Quant à de cette diminution progressive de l'eau de la rivière, les enquêtés ont évoqué deux principales causes comme l'indique la figure 6.

Figure 6 : Principales causes de l'assèchement progressif de la rivière Oti selon les populations

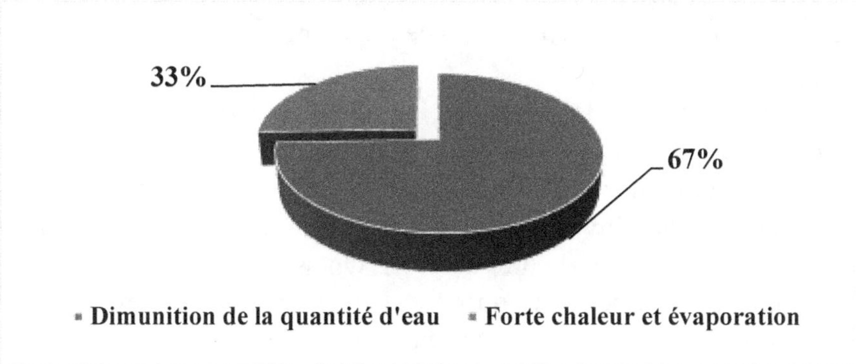

Sources : Enquête de terrain, mai 2024

La figure 6 montre que 67% des enquêtés affirment que la diminution de la quantité pluie annelle est la principale cause de la diminution progressive de la quantité d'eau dans la rivière Oti. Pour 33% des enquêtés, la température élevée et la forte évaporation conduisent à la diminution de la quantité d'eau dans la rivière Oti. Ces exploitants du bassin versant de l'Oti ont relevé que les domaines d'activités de contre-saison les plus touchés par l'assèchement progressif de la rivière comme le montre la figure 7.

Figure 7 : Répartition de la proportion des exploitants de l'impact de l'assèchement progressif de la rivière Oti sur les activités de contre-saison

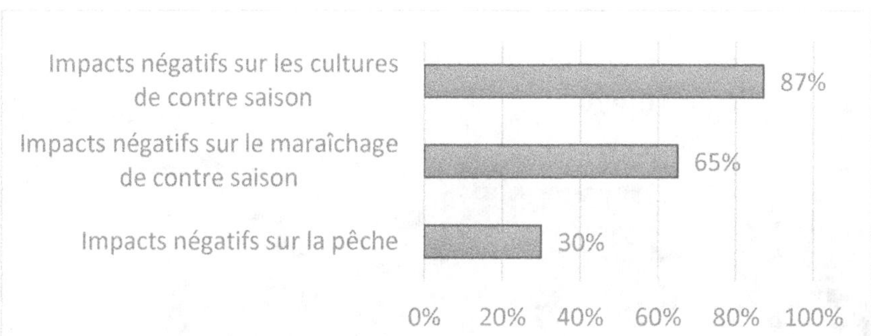

Source : Enquêtes de terrain, mai 2024

L'analyse des données de la figure 7 montre que 83% de la population enquêtée reconnaît l'assèchement progressif de la rivière. 50% et 70% relèvent des conséquences négatives sur les activités agricoles de contre-saison et de la pêche liées à ce phénomène.

2.3 Impacts sur la pêche et les activités agricoles de contre-saison dans le bassin versant de l'Oti

La baisse progressive de l'écoulement de la rivière Oti impacte négativement les activités agricoles, maraîchères de contre-saison et halieutiques dans la préfecture de l'Oti. On assiste de plus en plus à la diminution de la production du riz et des légumes de contre-saison et des quantités de poissons pêchées dans la rivière chaque année.

2.3.1 Impact sur la faune aquatique et la pêche

La baisse continuelle du débit et du niveau de l'eau de la rivière surtout en saison sèche, perturbe les fonctions naturelles pour la faune aquatique à savoir l'habitat, l'alimentation, la reproduction. Les zones de ponte des poissons se dégradent. Cette dynamique régressive de l'écoulement de la rivière Oti entraîne la mort des espèces aquatiques peu mobiles comme par exemple, les alevins de poissons ou certains batraciens mais aussi, une disparition d'espèces autochtones au profit d'espèces envahissantes plus résistantes.
La pêche sur la rivière Oti se pratique beaucoup plus en saison sèche. Au cours de l'entretien, les responsables des groupements de pêcheurs (planche de photos 1) ont affirmé que les quantités de poissons pêchées connaissent une diminution chaque année.

Planche de photos 1 : Entretiens avec les groupements à la poissonnerie de Mango

Source : LARE K., Vue prise en décembre 2024.

Il est observé que les quantités de poissons pêchées par les pêcheurs qui se sont constitués en groupement connaissent une diminution chaque année. Dans le secteur d'étude, on a pu enregistrer trois groupements de pêcheurs. Il s'agit des groupements Anochè, Sawari et Lamoya. Les enquêtes de terrain auprès de ces trois groupements de pêcheurs a permis de cerner l'évolution interannuelle des quantités de poissons pêchées dans la rivière Oti (figure 8).

Figure 8 : Évolution des quantités de poissons de 3 groupements de pêcheurs à Mango

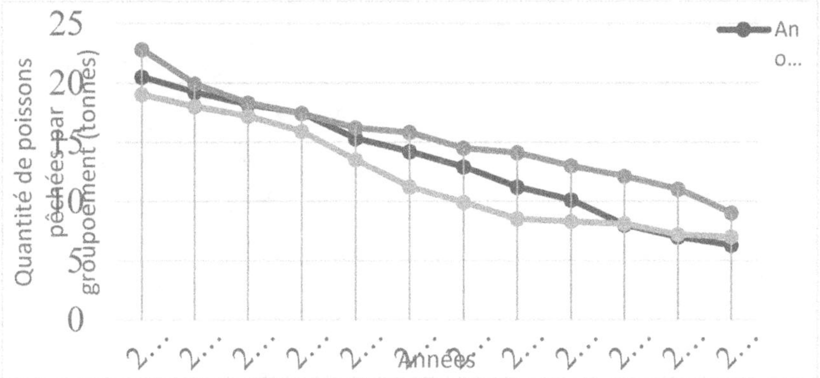

Source : Enquêtes de terrain, mai 2024.

L'analyse de la figure 8 à travers les trois courbes des quantités de poissons des 3 groupements de pêcheurs montre clairement que les quantités annuelles de poissons sont décroissantes. La totalité des pêcheurs affirment que la baisse du niveau d'eau et les fortes chaleurs réduisent la reproduction de la faune aquatique.

2.3.2 Impact sur la production maraîchère

Quatre principales activités sont affectées par la rivière Oti. Il s'agit de la pêche en saison sèche, du maraîchage de contre-saison, de la riziculture de contre-saison, de la culture du maïs et des légumineuses de contre-saison. La figure 9 présente cette évolution de la production de la tomate.

Figure 9 : Evolution de la production de tomate de trois groupements maraîchers en tonne

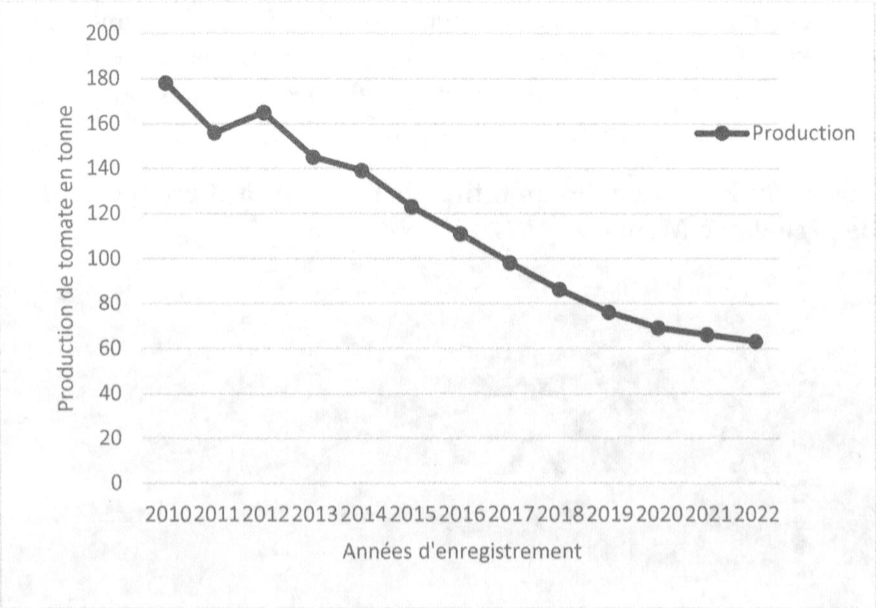

Source : Enquêtes de terrain, mai 2024.

Il ressort de l'analyse de la figure 9 que la production de la tomate, principale culture maraîchère de contresaison des groupements maraîchers dans la préfecture de l'Oti est en baisse. La réduction de la quantité d'eau en saison sèche a impacté négativement la production à cause des difficultés d'approvisionnement en eau. Mis à part les cultures maraîchères, la riziculture irriguée de contre-saison a connu une diminution importante de la production de contre saison.

2.2.3 Impact sur la production irriguée du riz de contre saison dans la préfecture de l'Oti

L'évolution de la production irriguée du riz en contre saison à Koubéloti située dans la basse vallée de la rivière dans la préfecture de l'Oti est traduite par la figure 10.

Figure 10 : Évolution de la production du riz en contre saison à Koumbéloti en tonne

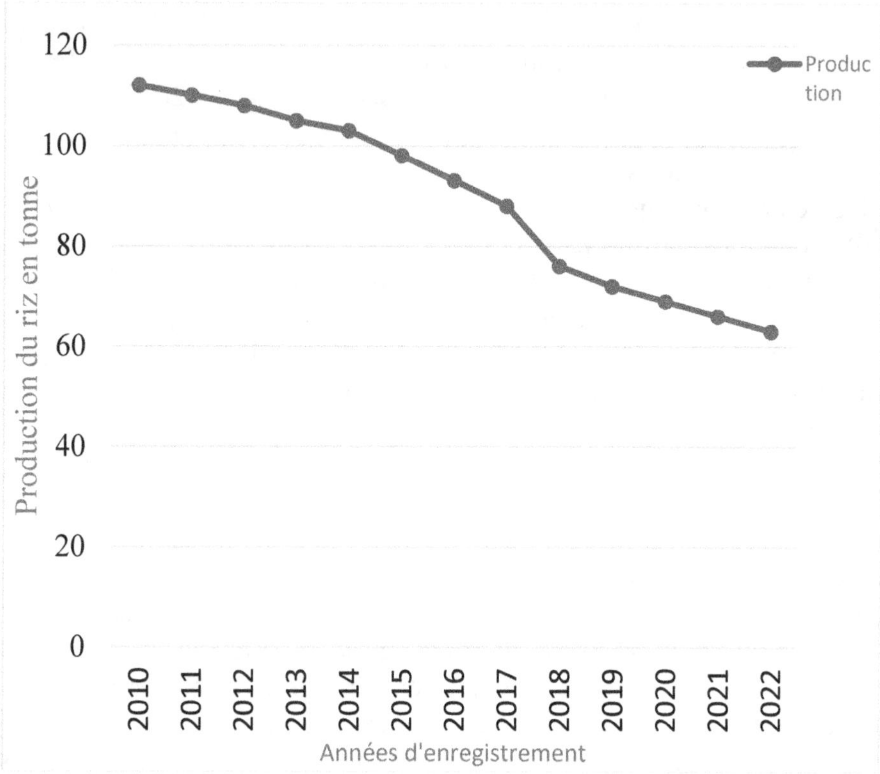

Source : Enquêtes de terrain, mai 2024.

L'analyse de la figure 10 montre clairement une diminution de la production du riz irriguée des deux grands groupements rizicoles de Koumbéloti. Le riz est une culture dont la production qui demande un apport important d'eau. Cette dégradation interannuelle de la production s'explique par la diminution de l'eau de la rivière en saison sèche entrainant un drainage moins important d'eau ; ce qui rend difficile l'obtention de bons rendements. Plus de 70% des riziculteurs ont affirme que la moitié des riziculteurs a abandonné cette activité à cause de la faiblesse des rendements due au manque d'eau en saison sèche.

3. Discussion

L'analyse des données hydro-climatiques, des stations météorologiques du bassin versant, confirme la persistance de la dégradation hydrologique enregistrée dans la rivière Oti de 1961 à 2017, soit depuis 56 ans. Les cumuls moyens de température de 1971 à 2019 montrent une augmentation continue de la température avec des années de plus en plus chaudes. Ces contraintes pluviométriques et thermiques dues au changement climatique ne sont pas spécifiques à notre secteur d'étude. Elles ont déjà fait l'objet d'étude au niveau mondial. L'évolution du climat mondial a eu des répercussions sur les régimes pluviométriques caractérisés par l'avènement des phénomènes hydro-climatiques extrêmes (GIEC, 2014, p. 4). Toutes les projections climatiques prévoient une intensification du réchauffement moyen, en plus de changement des précipitations et une plus grande fréquence et intensification des phénomènes extrêmes dont les sécheresses (GIEC, 2014, p. 6). Il est observé au cours de ces dernières décennies une augmentation significative des risques météorologiques attribuables aux changements climatiques (GIEC, 2012, p. 5).

Les moyennes mensuelles et annuelles des pluies dans le bassin versant de l'Oti montrent une évolution en baisse se soldant tantôt par des sécheresses qui réduisent constamment le régime d'écoulement de la rivière et de ses affluents avec une baisse importante du niveau d'eau, surtout en saison sèche. Dans les régions soudano-sahéliennes, les hauteurs annuelles de précipitation montrent une tendance à la baisse particulièrement accusée dès 1968 avec des valeurs presque toujours inférieures aux moyennes (G. Mahe *et al*, 1991, p. 163). Les travaux de O. Ghadbane (2022, p. 2), montrent qu'au Maroc, les périodes de tarissement sont marquées par une absence d'apports pluviométriques et durant lesquelles le débit des cours d'eau est réduit à l'apport des nappes souterraines. Dans les pays du sahel, la situation est plus extrême car la péjoration climatique des précipitations a conduit à des sécheresses hydrologiques. Plusieurs études ont montré que la baisse des débits annuels des grands fleuves africains est une conséquence directe de la réduction des pluies, cet ensemble se traduisant par le phénomène de sécheresse hydrologique qui a marqué les grands cours d'eau africains durant ces cinq dernières décennies (J. C. Olivry *et al.*, 1995 ; G. Orange *et al.*, 1997 ; J. C. Olivry *et al.*, 1998 ; A. Laraque *et al.*, 2001 et 2013 ; G. Mahe *et al.*, 2013 ; J. Runge et C. Nguimalet, 2005 ; C. Nguimalet et D. Orange, 2013). De même, le réchauffement

climatique de la planète et la diminution très importante des précipitations de la rive sud du bassin méditerrané se trouve particulièrement touché par le problème de la pénurie en eau. Cette situation s'observe sur l'ensemble des bassins versants du pays et s'aggrave pendant les périodes des étiages (O. Ghadbane 2022, p. 341).
La dynamique régressive du régime d'écoulement interannuel de la rivière Oti au cours de ces trois dernières décennies et particulièrement la baisse importante du niveau d'eau en saison sèche entraine l'augmentation de température de l'eau, la dégradation de la qualité de l'eau. La vie floristique et aquatique qu'elle abrite subit des modifications.
Du point de vue de la biodiversité, la baisse d'eau grave et répétée d'un cours d'eau impacte la végétation aquatique et perturbe les fonctions naturelles pour la faune aquatique : habitat, alimentation, reproduction (ainsi, les zones de frai des poissons sont dégradées ou deviennent inaccessibles) (P. Cle, 2007, p. 13).
La réduction importante de l'eau d'un cours d'eau peut entraîner la mort des espèces aquatiques peu mobiles, par exemple les alevins de poissons ou certains batraciens, mais aussi une disparition d'espèces autochtones au profit d'espèces envahissantes plus résistantes. Dans la rivière Oti, la diminution de niveau de l'eau et son réchauffement détruit la flore aquatique, la quantité des poissons est fortement réduite mettant en péril la pêche qui est une importante activité pratiquée par une partie de la population. La diminution de l'activité de pêche sur la rivière Oti en saison sèche est similaire dans les cours d'eau qui connaissent un assèchement. En France, sur le bassin versant de la Boutonne la pêche est pratiquée sur l'ensemble du bassin versant depuis le mois de mars (1ère catégorie piscicole seulement) mais l'activité décline globalement en période estivale sauf sur la portion Boutonne aval (2ème catégorie piscicole) (P. Cle, 2007, p. 8).
L'analyse de l'impact de la diminution de niveau d'eau sur la rivière Oti en saison sèche ne se limite pas seulement à la pêche. Les activités agricoles de contre-saison, notamment la riziculture irriguée et le maraîchage subissent le coup, entrainant une diminution des rendements. Les pêcheurs, les maraîchers et les riziculteurs voient leurs revenus réduits mettant leurs ménages dans une précarité totale.

Conclusion

Le réchauffement climatique de la planète et la diminution des précipitations dans le bassin versant de l'Oti observées durant les trois dernières décennies nous oblige de nous orienter vers la problématique de la baisse du niveau de l'eau. Le régime de la rivière Oti est très sensible aux variations climatiques. Le bassin versant de l'Oti est aujourd'hui confronté aux effets de variabilité climatique marquée par des périodes de sécheresse et une baisse des moyennes interannuelles des précipitations.

La rivière Oti située au Nord-Togo se trouve particulièrement touchée par le problème de la baisse interannuelle de la quantité d'eau surtout en saison sèche avec un très faible débit. Les sécheresses des années 1970 et 1980 ont modifié considérablement les débits de cette rivière. La rivière Oti apporte de plus en plus moins d'eau à la volta depuis 30 ans (MAEP, 2012). Les évolutions du climat régional continuent à modifier le régime de cette rivière dont la quantité d'eau qu'elle draine continue de diminuer. Cette régression du niveau d'eau est liée surtout à l'impact de la récession pluviométrique.

La diminution des précipitations a conduit à une réduction des quantités d'eau drainées par les principaux affluents de cette rivière. En plus de la baisse des débits interannuels, on observe pendant la saison sèche une baisse drastique du niveau de l'eau dans la rivière, parfois jusqu'à un manque pour l'irrigation des cultures de contre-saison. Au cours de ces dernières décennies, les périodes de basses eaux (janvier-février-mars-avril-mai) de la rivière sont marquées par de faibles débits aux conséquences socio-économiques défavorables pour les populations riveraines de la préfecture de l'Oti. Il faut retenir que les activités telles que la riziculture irriguée et le maraîchage de contre saison sont particulièrement touchées par la baisse des rendements de même que la pêche dans la préfecture de l'Oti. La baisse des rendements agricoles et de la quantité de poissons pêchés conduit à la baisse des revenus des exploitants dans cette préfecture.

Références bibliographiques

ARDOIN-BARDIN Sandra, DEZETTER Alain, SERVAT Eric, 2009, Using general circulation model outputs to assess impacts of climate change on runoff for large hydrological catchments, *West Africa. Hydrol. Sci. J.* 54(1), p. 77-89.

BANTON Olivier, BANGOY Lumony, 1997, *Hydrogéologie : Multiscience environnementale des eaux souterraines*, Presse de l'Université du Québec/AUPELF, Agence Universitaire de la Francophonie, Québec, 460 p.
CLE Plénière, 2007, *Historique des assèchements de cours d'eau Bassin versant de la Boutonne*, Rapport du 5 octobre, 87 p.
COSANDEY Claude, BIGOT Sylvain, DACHARRY Monique, GILLE Emmanuel, LAGANIER Richard, SALVADOR Pierre-Gil, 2003, *Les eaux courantes. Géographie et environnement, Géomorphologie : relief, processus, environnement* [En ligne], vol. 12 - n° 1 | 2006, mis en ligne le 01 juillet 2007, consulté le 02 février 2025. URL : http://journals.openedition.org/geomorphologie/490.
DAMBRÉ Koungbanane, LEMOU Faya, DJANGBEDJA Minkilabe et TOTIN Vodounon, 2003, Impacts socio-économiques et environnementaux des risques d'inondation dans le bassin versant de l'Oti au Togo (Afrique de l'Ouest). In, *VertigO, la revue électronique en sciences de l'environnement.* URL: http://journals.openedition.org/vertigo/40341
DIWEDIGA Badabaté, HOUNKPE Koffi, WALA Kpérkouma, BATAWILA Komlan, TATONI Thierry et AKPAGANA Koffi, 2021, agriculture de contre saison sur les berges de l'Oti et ses affluents. In: *African Crop Science Journal, Vol. 20, Issue Supplement s2*, p. 613 - 624
GHADBANE Omar, 2022, *Étiage et tarissement dans le bassin versant de l'oued Srou (amont Oum Er Rbia-Maroc) (1976-2019) : Détermination, analyse et impact*, Thèse de Doctorat de l'université Sultan Moulay Slimane (Beni Mellal, Maroc), https://theses.hal.science/tel-04174488 377 p.
GIEC, 2014, *Changements climatiques 2014 : Incidences, adaptation et vulnérabilité.* Résumés, foire aux questions et encarts thématiques. Contribution du Groupe de travail II au cinquième Rapport d'évaluation du Groupe d'experts intergouvernemental sur l'évolution du climat. Organisation météorologique mondiale, Suisse, Genève, 201 p.
GIEC, 2012, *Gestion des risques de catastrophes et de phénomènes extrêmes pour les besoins de l'adaptation au changement climatique*, résumé à l'intention des décideurs. Rapport des Groupes de travail I et II, Cambridge University Press, Cambridge et New York, 32 p.
GISCHER Loïc, HALLOT Eric, HOUBRECHTS Geoffrey, VAN Campenhout Jean et PETIT François, 2012, Analyse des débits en

période de tarissement : essai d'une typologie régionale appliquée à des rivières du bassin de la Meuse (belgique), p. 59-80 www.bsglg.be
INSEED, 2022, *Cinquième recensement de la population et de l'habitat du Togo*, résultats prioritaires, Togo, Lomé, 68 p.
KANKPENANDJA Laldja, 2002, *Contribution à l'étude géomorphologique de la plaine alluviale du Kpendjal (Région des Savanes)*, Mémoire de maîtrise en Géographie, Université de Lomé, Lomé, 136 p.
LARAQUE Alain, BELLANGER Marie, ADELE Georges., GUEBANDA Sylvain, GULEMVUGA Georges, PANDI Albert, PATUREL Jean Emmanuel, TATHY Jean-Pierre, YAMBELE Athanase, 2013, Évolutions récentes des débits du Congo, de l'Oubangui et de la Sangha. Geo-Eco-Trop, 37(1), pp. 93-100.
LARAQUE Alain, MAHÉ Gil, ORANGE Didier, MARIEU Bertrant, 2001, *Spatiotemporal variations in hydrological regimes within Central Africa during the twentieth century*, p. 104-117.
LEBAUT Sébastien, 2001, *L'apport de l'analyse et de la modélisation hydrologique de bassins versants dans la connaissance du fonctionnement d'un aquifère : Les grès d'Ardenne-Luxembourg.* Mosella, 26(1-2), 271 p.
MAHÉ Gil, LIENOU Gaston, DESCROIX Luc, PATUREL Jean Emmanuel, LARAQUE Alain, MEDDI Mohamed, HABAIEB Hamadi, ADEAGA Olusegun, DIEULIN Claudine, KOTTI Chahnez Fatma et KHOMSI Kenza, 2013, « The rivers of Africa: witness of climate change and human impact on the environnement », *Hydrological Processes* [En ligne] DOI:10.1002/hyp.9813
MAHE Gil et OLIVRY Jean Claude, 1991, Changements climatiques et variations des écoulements en Afrique occidentale et centrale, du mensuel a l'interannuel. *Hydrology for the Water Management of Large River Basins* (Proceedings of the Vienna Symposium, August 1991). IAHS Publ. no. 201, p. 163-171.
Ministère de l'agriculture, de l'élevage et de la pêche, 2012, *Etude de faisabilité technico-économique du projet d'aménagement des terres agricoles de la plaine de l'Oti*, Lomé, 421 p.
Ministère de la planification, du développement et de l'aménagement du territoire, 2013, *monographie de la Région des Savanes,* Rapport, Dapaong, 105 p.
NGUIMALET Cyriaque-Rufin, ORANGE Didier, 2013, Dynamique hydrologique récente de l'Oubangui à Bangui (Centrafrique) : impacts anthropiques ou climatiques ? *Geo-Eco-Trop, 37(1),* p.101-112.

OLIVRY Jean-Claude, BRICQUET Jean-Pierre, MAHE Gil, 1995, Les études du PEGI sur le bassin du Congo-Zaïre dans le contexte déficitaire des ressources en eau de l'Afrique Humide. In : *Actes du Colloque PEGI Grands Bassins Fluviaux Péri-Atlantiques : Congo, Niger, Amazone, INSU, CNRS, ORSTOM*, Paris, p. 3-12.
OLIVRY Jean-Claude, BRIQUET Jean-Pierre, MAHE Gil, 1998, Variabilité de la puissance des crues des grands cours d'eau d'Afrique intertropicale et incidence de la baisse des écoulements de base au cours des deux dernières décennies. *Water Resources Variability in Africa during the XXth Century (Proceedings of the Abidjan'98 Conference held at Abidjan, Côte d'Ivoire, November 1998). IAHS Publ.*, 252, p. 189-197.
ORANGE Didier, WESSELINK Anna, MAHE Gil, FEIZOURÉ Clément Thyrrell, 1997, The effects of climate changes on river baseflow and aquifer storage. In *Central Africa. Proceedings of Rabat Symposium, 5th IAHS Assembly. Sustainability of water resources under increasing uncertainty, IAHS Publ.*, 240, p. 113-123.
RUNGE Jurgen, NGUIMALET Cyriaque Rufin, 2005, Physiogeographic features of the Oubangui catchment and environmental trends reflected in discharge and floods at Bangui 1911-1999, Central African Republic. *In Tropical Rivers, Geomorphology, 70(3-4),* p. 311-324.

EXPLOITATIONS HALIEUTIQUE ET AGRICOLE DANS LE LAC GUESSABO (CENTRE-OUEST DE LA COTE D'IVOIRE), UNE PERSPECTIVE D'ECONOMIE BLEUE

Mohamed KANATÉ

Résumé

Dans l'Ouest de la Côte d'Ivoire, le bassin du Guessabo qui abrite un grand lac artificiel est durement frappé par d'innombrables sécheresses. Cette situation entraine des tarissements sévères et momentanés qui réduisent drastiquement la superficie de ce lac, modifiant ainsi, l'intensité et la rentabilité de l'activité de pêche. Pendant ce temps, son lit qui est mis à nu, est utilisé par des planteurs qui y font du maraîchage et de la riziculture en utilisant des intrants agricoles tels que les engrais et les pesticides. L'alternance de ces deux activités aquacole et agricole sur le même espace apparaît comme un sujet crucial dans le contexte de promotion de l'économie bleue où les ressources naturelles et économiques sont de plus en plus en dégradation. L'objectif de cette recherche est d'analyser les effets de l'alternance de la production halieutique et de la production agricole dans le bassin du Guessabo. Dans cet élan, une étude diachronique du plan d'eau du Guessabo a été faite sur différentes saisons. En outre, une revue documentaire, des enquêtes par questionnaires et entretiens ont permis de montrer que les mauvaises pratiques agricoles et halieutiques constituent une menace pour l'économie bleue. Notamment, les engrais et pesticides utilisés de manière abusive exterminent les ressources et espèces halieutiques et perturbent le cycle de vie de la flore et faune aquatique.

Mots clé : Guessabo, économie bleue, activités maraîchère et rizicole, variabilité climatique.

FISHING AND AGRICULTURAL EXPLOITATION IN LAKE GUESSABO (CENTRAL-WEST IVORY COAST), A BLUE ECONOMY PERSPECTIVE

Abstract

In western Ivory Coast, the Guessabo basin, with a large artificial lake, is hardly hit by countless droughts. This situation leads to severe and temporary drying up which drastically reduces the surface area of this lake, modifying thus the intensity and profitability of fishing activity. Its bed meanwhile is exposed and used by planters for market gardening and rice growing, using agricultural inputs such as fertilizers and pesticides. The alternation of both aquaculture and agricultural activities on the same space appears to be a crucial subject in promoting blue economy where natural and economic resources are increasingly deteriorating. The objective of this research is to analyze the effects of the alternation of fishery and agricultural productions in the Guessabo basin. In this view, a diachronic study of the Guessabo water body was carried out over different seasons. In addition, a documentary review, questionnaire surveys and interviews showed that poor agricultural and fishing practices constitute a threat to the blue economy. In particular, fertilizers and pesticides used improperly exterminate fishery resources and species and disrupt the life cycle of aquatic flora and fauna.

Key words: Guessabo, blue economy, market gardening and rice activities, climate variability.

Introduction

Le développement économique de la Côte d'Ivoire passe par la valorisation de toutes ses ressources naturelles, ainsi depuis son indépendance, elle a mis un accent particulier sur l'économie verte et bleue à travers la priorisation de ses activités agricoles et maritimo-portuaires. Ce concept d'économie bleue concerne les principales branches des activités économiques basées sur les étendues d'eau et les rives, qu'il s'agisse des océans et des mers, des côtes, des lacs, des cours d'eau et des nappes souterraines. Elle implique une série d'activités économiques telles que la pêche, l'aquaculture, le tourisme, les transports, la construction navale, l'énergie, la bioprospection et toutes les filières du secteur minier sous-marin. L'approche de l'économie bleue insiste aussi sur les interconnexions entre ces activités et les autres secteurs (Nations Unies, 2016, p.6). C'est le cas du lac Guessabo situé dans la région du Haut-Sassandra entre les longitudes 6°45'et 6°46'W et les latitudes 6°57'et 7°2' N. Il se trouve en amont du barrage de Buyo construit sur le fleuve Sassandra et couvrant une superficie de 27 km^2 avec des profondeurs, oscillant entre 0,5 et 20 m (K. B. Kouame, 2021, p.55). Ces atouts hydrographiques font de ce lac un pôle halieutique important dans la région du Haut-Sassandra. Ce plan d'eau admet quatre saisons hydro climatiques dont une période de décrue qui s'étend de décembre à janvier, une période d'étiage qui court de février à avril, une période post-étiage allant de mai à juillet et une grande période de crue d'août à novembre (O.B. Yapo et *al.*, 2008, p.92). Cette alternance de la période de crue et de décrue, est une occasion pour adopter des stratégies cohérentes et holistiques afin d'exploiter le plein potentiel de ce lac. Manifestement, sa superficie et sa diversité biologique représentent un atout remarquable pour l'économie bleue du pays. Ce qui fait de la sous-préfecture de Guessabo un important nœud dans la pêche continentale dans la région du Haut-Sassandra et même de la Côte d'Ivoire avec une production régionale 61,63 % (Direction Régionale des Ressources Animales et Halieutiques de Daloa, 2014). Par ailleurs, ses berges sont utilisées par les cultivateurs pendant la période d'étiage pour les cultures vivrières comme le riz, le maïs, l'arachide (K. S. Kra, 2014, p.43). C'est un apport multiforme de ce lac, conscient de sa contribution potentielle à un développement durable et inclusif depuis les années 1978, l'Etat de Côte d'Ivoire à travers son Ministère de l'économie, des finances et du plan l'avait valorisé en organisant des campagnes de sensibilisation pour amener les nationaux à s'intéresser à la pêche et procéder à la modernisation du secteur. Ceci pour répondre au désintérêt de la population locale face aux opportunités que représente ce plan d'eau car en effet, seulement 15 % des natifs de cette localité étaient pêcheurs (K. S. Kra, 2014, p.43). Cependant, l'utilisation des produits phytosanitaires (herbicide, insecticide, engrais…) par ces agriculteurs constitue une menace pour la pêche et les ressources aquatiques. Cette situation est un frein au développement durable par la dégradation de l'environnement et l'épuisement des ressources naturelles. L'alternance des activités aquacole et agricole dans le bassin du Guessabo est problématique dans ce contexte de variabilité climatique. Cette étude propose d'analyser la perspective d'interactions des activités en lien avec l'économie bleue dans le bassin du Guessabo. Cela a consisté à faire l'état des lieux des potentialités naturelles et anthropiques du bassin, ensuite d'évaluer les menaces environnementales sur les activités qui y sont pratiquées enfin de mettre celles-ci en lien avec les comportements et choix de ses acteurs.

1. Méthodologie

1.1. Cadre spatial de l'étude

Le bassin du Guessabo fait partie d'un grand ensemble qui est le lac de Buyo qui s'est constitué à la faveur de la construction du barrage de Buyo sur le fleuve Sassandra. C'est une portion aquatique placée sous la supervision et la compétence administrative du poste de production halieutique de Guessabo. Il y a plusieurs postes de production halieutique sur ce lac : les postes de Blenoumin, Bagoo, Guessabo, Guezon, Guiglo Ville, Gnizaon, Gbapleu, Iboguhé et Buyo. A la construction du barrage, il n'y avait que trois postes, ceux de Guessabo,

Guiglo et Buyo. Le plan d'eau objet de cette étude est encadré à sa rive gauche par la localité de Guessabo et à sa rive droite par la localité de Gueson sur une longueur de 50 km pour croiser le Buyo (Figure 1).

Figure 1 : Lac de Guessabo

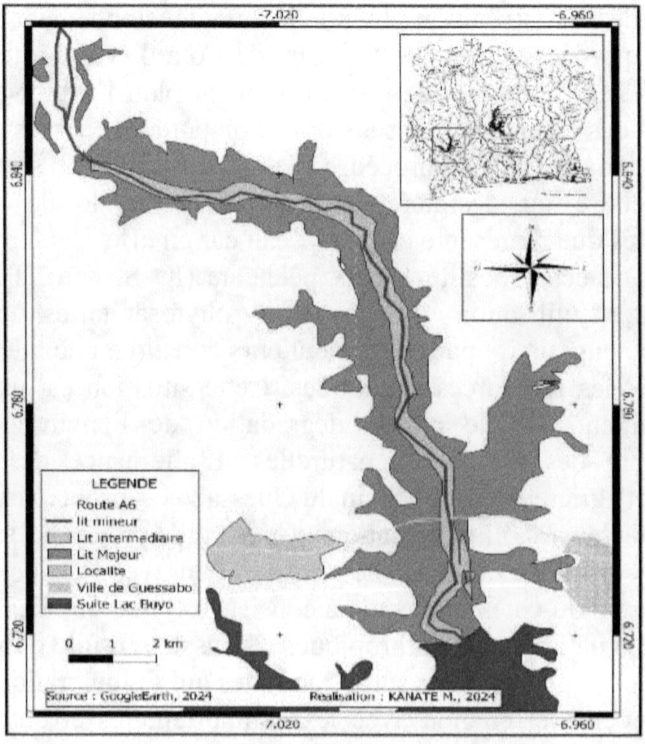

Source : auteur

1.2 Unités d'observation et variables d'analyse

Les observations sur le terrain ont été menées selon trois grandes unités qui sont la superficie de terres cultivées dans le bassin du Guessabo ; le nombre des acteurs avec leurs interactions et les éléments du climat, notamment la pluviométrie et la température. Les informations détaillées ont été collectées selon trois variables majeures, à savoir les variables sociodémographiques, les variables relatives aux impacts de la mono-activité et pluriactivité sur les acteurs et enfin la perception des populations sur le changement climatique. Celles-ci constituent les variables indépendantes. La variable dépendante de l'étude est le flux des acteurs dans les secteurs agricole et halieutique.

1.3 L'approche méthodologique

L'approche méthodologique de cette étude repose sur une démarche mixte. D'une part, la démarche quantitative nous a permis de disposer de données statistiques, climatiques, et démographiques, ce qui nous a permis de faire l'état des lieux de l'économie aquacole et agricole dans le bassin du Guessabo. Il n'est pas question de faire dans cette étude des interprétations climatologiques. Il s'agit plutôt de montrer les comportements et décisions des acteurs de la production halieutique et agricole dans le bassin du Guessabo en rapport avec les variations des éléments climatiques. Les éléments du climat considérés ici sont la température et la pluviométrie qui sont des notions sémantiquement et expérimentalement accessibles à tous nos enquêtés. Pour cela et d'autre part, une démarche qualitative a été menée par le recueil des opinions des acteurs de l'économie bleue et de l'économie agricole dans ce bassin. Pratiquement, leurs ressentiments sur les variabilités de ces éléments climatiques qui pourraient les amener à l'une ou l'autre forme d'économie, a permis de constituer une base de données qui a été traité statistiquement par une étude corrélationnelle. Principalement, un croisement bivarié a été fait entre le nombre de pêcheurs et d'agriculteurs qui embrassent l'autre secteur pour des raisons de variabilité thermique et/ou pluviométrique. Accessoirement, un recueil de facteurs motivant l'intérêt pour l'autre secteur a été réalisé à travers des entretiens et des focus group.

Cela a consisté à ressortir le degré de liens entre :

- D'une part, les variations pluviométriques et le nombre d'acteurs qui s'intéressent à l'agriculture ou à la pêche dans le bassin de Guessabo. Il s'agit donc ici de répondre à la question de savoir si la variation de la pluviométrie a-t-elle un impact sur l'intérêt des pêcheurs pour l'agriculture ; et vis-versa.
- D'autre part, les variations de températures et le nombre d'acteurs qui s'intéressent à ces secteurs d'activité. Il s'agit donc ici de répondre à la question de savoir si la variation de la température a-t-elle un impact sur le nombre de pêcheurs qui s'adonne à l'agriculture, et vis-versa.

Il s'agit spécifiquement de la corrélation de Pearson vue le caractère quantitatif des variables traitées. Ce traitement statistique a été fait avec le logiciel SPSS qui nous a facilité le calcul des différents paramètres tels que l'écart type, la variance et le coefficient de corrélation. Après traitement, ce logiciel nous donne directement le coefficient de corrélation de Pearson.

1.4 Collecte des données

Un entretien guidé semi-directif a été effectué avec le Chef du Bureau Aquaculture et Pêche (BAP) de Guessabo qui est un démembrement du Ministère des Ressources Animales et Halieutiques (MIRAH). Cet entretien a mis à disposition les statistiques de la pêche dans le bassin du Guessabo en termes de quantité et de qualité de poissons, des statistiques sur le profil des pêcheurs et les normes règlementaires de la pêche en Côte d'Ivoire.

Sur la base des statistiques produites par le BAP, un échantillonnage par choix raisonné a permis d'interroger par entretiens directifs, cinq (5) pêcheurs maliens, trois (3) pêcheurs ivoiriens et un (1) pêcheur ghanéen qui pratiquent la pêche de manière formelle.

Par ailleurs, pour les acteurs qui travaillent de manière informelle et sur qui nous n'avions aucune information au préalable, un échantillonnage par la méthode accidentelle nous a permis d'interroger 10 senneurs. Cette technique a été appliquée sur quatre jours différents : deux jours dans la période de novembre à janvier correspondant la saison sèche et deux jours différents durant la période d'avril à juin correspondant à la saison pluvieuse.

Aussi, une série de deux focus groups a été menée avec les exploitants agricoles travaillant dans le bassin pendant les périodes d'étiage. Ce groupe d'acteurs a révélé leurs techniques de résiliences face aux mouvements de crue et de décrue face aux perturbations climatiques.

En outre, la consultation de sites météorologiques (https://fr.climate-data.org/afrique/, Guessabo Annual Weather Averages - Bas-Sassandra, CI et Archive météo Guéssabo - meteoblue) a permis de collecter des informations des paramètres météorologiques. Ce site met à disposition la Température, la Pluviométrie, le diagramme ombrothermique, les Moyennes météorologiques pour chaque contré de l'Afrique selon différentes époques. La consultation de ce site a permis de collecter des données climatiques dans la région du Haut-Sassandra et de mener une analyse des paramètres climatiques qui explique l'alternance des phénomènes de crue et de décrue, ainsi que leur saisonnalité.

Aussi, l'analyse diachronique de photographies aériennes du plan d'eau a permis de montrer les variations de la surface lacustre et de les mettre en rapport avec les différentes époques climatiques. Ces images satellitaires ont été collectées avec le logiciel GoogleEarth.

2. Résultats

2.1 Analyse environnementale et état des lieux du lac Guessabo

Le lac de Guessabo fait suite à la construction du barrage de Buyo depuis 1984. Alors sa construction a occasionné une perturbation de la flore et faune locale tout en modifiant les pratiques anthropiques de la population. Cette recomposition écologique a poussé les décideurs publics à proposer des politiques avantageuses pour la population.

2.1.1 Un échec de la politique de nationalisation du secteur de la pêche à Gusessabo

Depuis sa construction, le barrage de Buyo fut appuyé par un projet volontariste de l'Etat à travers le projet ARSO. Ce projet comportait plusieurs points, notamment un volet social qui concernait la création d'emplois autour de ce plan d'eau par la formation et l'équipement de jeunes ivoiriens aux activités de pêche. Cependant, cette population locale qui n'avait pas une culture de pêche s'en détourna et vendit à vil prix tous les équipements aux halogènes maliens qui s'en servirent pour s'enraciner et s'approprier le secteur de la pêche dans cette localité. Cette politique de nationalisation échoua ainsi et occasionna la prépondérance étrangère dans ce secteur contre toute attente. Par ailleurs, avec les crises successives qu'a connu le pays et l'esprit d'entrepreneuriat naissant au sein des populations autochtones, celles-ci reviennent de plus en plus vers le secteur de la pêche dans le Guessabo mais elles occupent généralement un rang d'employé, subordonnés aux étrangers car les équipements de pêche coûtent chers. Ainsi, on dénombre des autochtones et des allochtones contribuant aux différentes prises. Ces captures sont de deux catégories : d'une part, les poissons capturés sur la portion du lac gérée par le BAP de Guessabo qu'on a appelé les ''produits de zone''. D'autre part, les poissons capturés hors de la portion du lac gérée par le BAP de Guessabo qu'on a appelé les ''produits hors zone'' (Tableau 1).

Tableau 1 : Captures halieutiques pour les campagnes 2022 et 2023 (en Tonnes)

Espèces Halieutiques	Type	Campagne 2022				Campagne 2023			
		1e Semestre		2e Semestre		1e Semestre		2e Semestre	
		Produit de Zone	Produit Hors zone	Produit de Zone	Produit Hors zone	Produit de Zone	Produit Hors zone	Produit de Zone	Produit Hors zone
Tilapia	Frais	60532	311500	55354	283705	73014	193858	37253	61363
	Fumé	113750	241500	102660	282026	94970	133655	30974	47833
Mâchoiron	Frais	47800	270900	48719	244827	46410	150085	32234	39317
	Fumé	90000	210450	89606	229608	61509	100950	30658	48698
Silures	Frais	31454	156900	29837	529293	25472	75129	5422	9846
	Fumé	52700	136400	57018	138982	23337	53955	2030	4078
Autres	Frais	47307	293200	41615	252528	71186	179546	13108	30718
	Fumé	102750	226750	98930	193262	64914	98088	8253	17688

Source : BAP Guessabo, 2024

Plusieurs espèces sont capturées notamment : le capitaine (*Lates niloticus*), le mâchoiron (*Chrysichthys nigrodigitatus*), Cameroun (*heterotis niloticus*), Pyrrhulina, silodontus, mormyrus, hemichromis, le silure ou longitudus, labeo coubie, synodontis. Ces espèces ont toujours été pêchées dans le lac du Guessabo malgré les perturbations saisonnières. Le règne animal du bassin aquatique du Guessabo n'a donc pas subi d'extinction au contraire on y enregistre la venue d'une forte communauté d'hippopotames depuis la construction du barrage de Soubré un peu plus au sud sur le fleuve Sassandra. L'impact du dérèglement climatique sur la pêche est moindre par contre, il est significatif dans l'agriculture. En effet, ce fléau entraine une perturbation des saisons avec des saisons sèches anormalement longues et les saisons pluvieuses courtes. Cette perturbation saisonnière impacte le cycle végétal en réduisant la rentabilité des récoltes, poussant même certains agriculteurs à pratiquer la pêche de subsistance ou à être des auxiliaires de pêche. On voit aussi qu'une grande part du poisson débarqué dans le bassin du Guessabo vient des autres zones du lac de Buyo, ceci s'explique par le fait que la ville de Guessabo est une ville carrefour où l'activité commerciale est en plein essor.

2.1.2 Incidence de la variabilité climatique sur le lit lacustre

La superficie du lac de Guessabo varie en fonction des saisons qui elle-même dépend de la pluviométrie. L'analyse des données climatologiques dans ce bassin montre une irrégularité saisonnière (Figure 2)

Figure 2 : Comparaison des courbes ombrothermique avant et après 2015

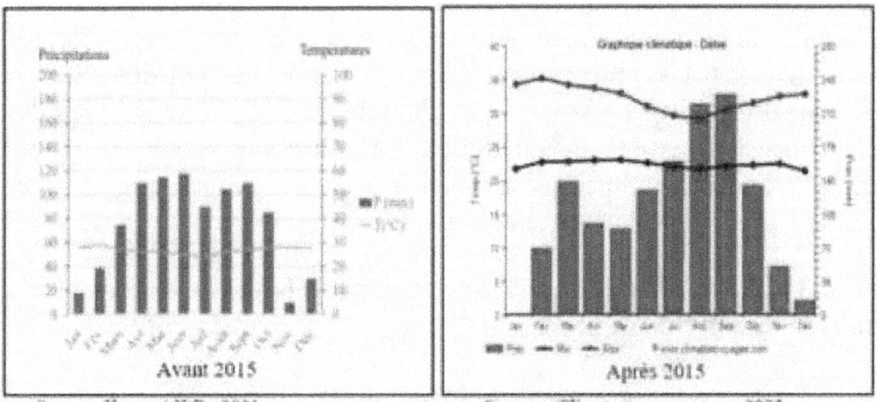

Avant 2015 — Source : Kouamé K.B., 2021

Après 2015 — Source : Climatsetvoyages.com, 2025

La comparaison de ces deux courbes montre une perturbation saisonnière : les saisons de pluies sont plus courtes que la normale avec de fortes températures qui atteignent souvent 36° C et une pluviométrie irrégulière. Les données pluviométriques couplées avec les superficies aquatiques du bassin de Guessabo constatent une fluctuation. Durant toutes ces années, on constate des mouvements de crue et de décrue. Les espaces laissés par ces mouvements que sont les différents lits mineur, intermédiaire et majeur, sont exploités différemment par des agents économiques qui se subdivisent en deux catégories : les agriculteurs simples et les pêcheurs-agriculteurs. Dans le bassin du Guessabo, le lit majeur est sous-exploité, seulement 05% de cet espace est utilisé à des fins agricoles par des agriculteurs simples. Ils représentent 90% des acteurs qui utilisent cet espace, les 10% sont des pêcheurs-éleveurs qui y font paître leurs bétails. 10% de l'espace du lit intermédiaire est exploité par 75% d'agriculteurs simples et 25% de pêcheurs-agriculteurs qui y pratiquent une agriculture saisonnière.
Le lit mineur avec son chenal d'écoulement et tous ces espaces en crue sont exploités exclusivement par la pêche. Selon ces trois phases de crue, la superficie agricole varie considérablement jusqu'à même être annihilée pendant la période de crue. Les saisonnalités de la pluviométrie ont une incidence sur la superficie lacustre du Guessabo mais cette incidence est moyenne et indirecte. En effet, d'une part, il s'agit d'un lac artificiel qui s'est formé aux dépens du barrage de Buyo. Le facteur directement impliqué dans la variation de la superficie lacustre, est l'ouverture des vannes du barrage en aval. Certes les mouvements de la vanne sont liés à la quantité de d'eau recueillie de la

pluie et de la source du fleuve Sassandra et de ces confluents. D'autre part, l'eau des précipitations tombée *in situ* dans le bassin, s'infiltre et s'écoule rapidement pour ne pas laisser un lac aussi durable. Alors la superficie lacustre est plus conditionnée par la gestion des eaux au niveau du barrage. Aussi, les témoignages historiques viennent confirmer cette assertion statistique car à l'observation et les récits des anciens confirment bien l'inexistence d'un lac aussi vaste dans ce bassin avant 1984, date de la création du barrage.

2.2 Un flux bidirectionnel des acteurs de la pêche et agriculture dans le bassin du Guessabo

2.2.1 Les senneurs plus enclins au multi-emploi

La population locale est à majorité agricultrice pratiquant une agriculture de rente hors des bas-fonds du lac. Dans ces bas-fonds, c'est majoritairement des étrangers burkinabés qui pratiquent le maraichage et allochtones et autochtones qui pratiquent la riziculture. Les pêcheurs recensés par les services de pêche oscillent entre 100 et 120 individus pendant les campagnes 2022-2023 et 2023-2024, mais seulement 41 d'entre eux se sont déclarés à l'autorité compétente. Ceux-ci sont les patrons et détiennent une licence de pêche et mènent alors une activité formelle. Les patrons ont des profils différents sur les 41 individus dont une femme, 25 sont des maliens, 2 sont des ghanéens et 14 sont ivoiriens. Les étrangers particulièrement les maliens dominent la pêche dans le Guessabo avec un taux de 65% (Figue 2).

Figure 2 : Part relative des pêcheurs selon la nationalité

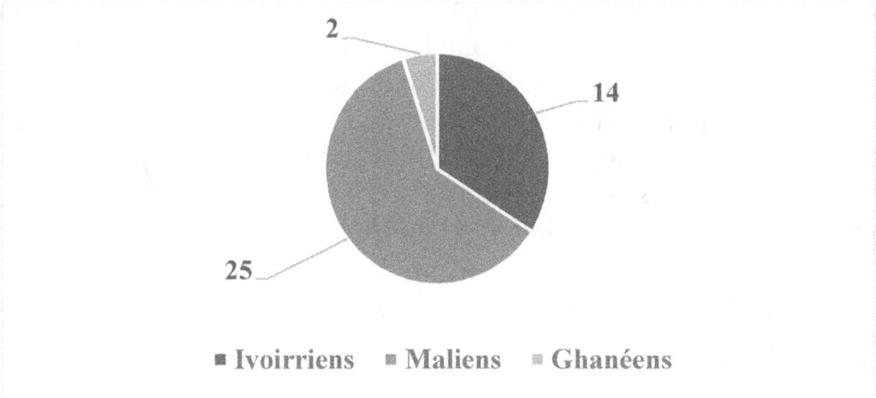

Source : BAP, Guessabo, 2024

Ils emploient d'autres acteurs appelés senneurs qui ne sont pas déclarés et travaillent au niveau informel. Chaque patron emploie 5 à 6 senneurs, ce qui donne un effectif d'au moins 287 pêcheurs avec un taux de formalisation de seulement de 14,28%. Ces senneurs ont un niveau de vie bas et donc ils s'adonnent à divers emplois dont principalement l'agriculture. Les techniques et périodes de pêche varient selon la nationalité. Les étrangers utilisent toutes les techniques dont l'épervier, les sennes et les nasses auxquelles s'ajoute l'acadja qui consiste à mettre des branchages dans l'eau pour élever les poissons. Quant aux ivoiriens, ils sont spécialisés dans les nasses et l'épervier. Ces pêcheurs employeurs ou employés associent d'autres activités pastorales et/ou agricoles selon leur mode de vie rural ou citadin.

2.2.1.1 Des pêcheurs ruraux avec une structure agraire plus diversifiée

Les pêcheurs ruraux sont ceux qui se sont sédentarisés dans des campements en bordure du lac. Ils sont plus nombreux dont 27 licenciés et plus de 200 senneurs ruraux informels qui pratiquent intensément la pêche. En effet, le poste de Guessabo comporte des campements de pêcheurs dont certains sont devenus de véritables villages avec des commodités comme l'eau courante, l'électricité, des écoles et des infirmeries. Ce développement est dû à leur ancienneté sur ces différents sites qui datent de la construction du barrage depuis 1984. Ces campements sont : SATMACI, Scierie, Seydoudaga, Niakazon,

Laminedaga, Akacia. Ces pêcheurs ruraux sont étrangers d'origine Malienne ou Ghanéennes et ont une structure agraire comprenant l'élevage et l'agriculture en plus de leurs activités de pêche. Ils pratiquent une agriculture légère faite exclusivement de maraîchères : piment aubergine gombo, etc. C'est principalement une agriculture de subsistance mais l'excédent est vendu. Cependant, 11% de ces senneurs ruraux qui sont essentiellement des allochtones senoufos et malinkés, pratiquent un maraichage intensif à des fins commerciales.

2.2.1.2 Des pêcheurs citadins moins impliqués opérationnellement

Les pêcheurs citadins sont ceux qui habitent la ville de Guessabo et non les campements situés autour du lac. Ils sont ivoiriens avec 14 licenciés et plus de 60 auxiliaires. Pour eux la pêche est une activité secondaire. Une première catégorie travaille dans le secteur formel comme salariés ou dans le secteur tertiaire comme commerçants. Fort de la liquidité que leur procure ces travaux, ils investissent dans la pêche et même dans l'agriculture en mettant à disposition d'autres acteurs, les moyens financiers et techniques. Les pêcheurs citadins qui possèdent une licence de pêche sont donc employeurs. Sans toutefois pratiquer opérationnellement cette activité, ils financent les campagnes de pêche. Les autres pêcheurs citadins sont des senneurs qui aident à la pêche moyennant une paie, ils sont de ce fait des employés. Les pêcheurs citadins ne possèdent pas de cheptels car le suivi des pâturages situés dans le bassin du Guessabo, leur est difficile surtout qu'ils ne sont pas de tradition pastorale. Cependant, les senneurs citadins pratiquent une agriculture diversifiée qui prend en compte le maraîchage, la riziculture, les céréales comme le maïs et la culture de fécule comme la patate douce, manioc.

2.3. Des raisons variées des flux d'acteurs pêche-agriculture dans le Guessabo

L'analyse des interactions pêche-agriculture se fait au regard de différents facteurs que sont la superficie aquatique, la zone de marnage et la berge lacustre qui sont liés aux contingences climatiques mais aussi aux réalités socio-économiques des acteurs.

2.3.1 Une synchrone évolution de l'intensité de la pratique de la pêche et de l'agriculture dans le Guessabo

Notre hypothèse de départ était que l'intensité de la pêche augmente avec l'augmentation de la surface de lac qui à son tour réduisait la superficie agricole et donc la production agricole. Mais l'analyse des données statiques révèlent d'autres réalités (Figure 3).

Figure 2 : Courbes d'évolutions comparées des activités de pêche et de l'agriculture selon la superficie du plan d'eau

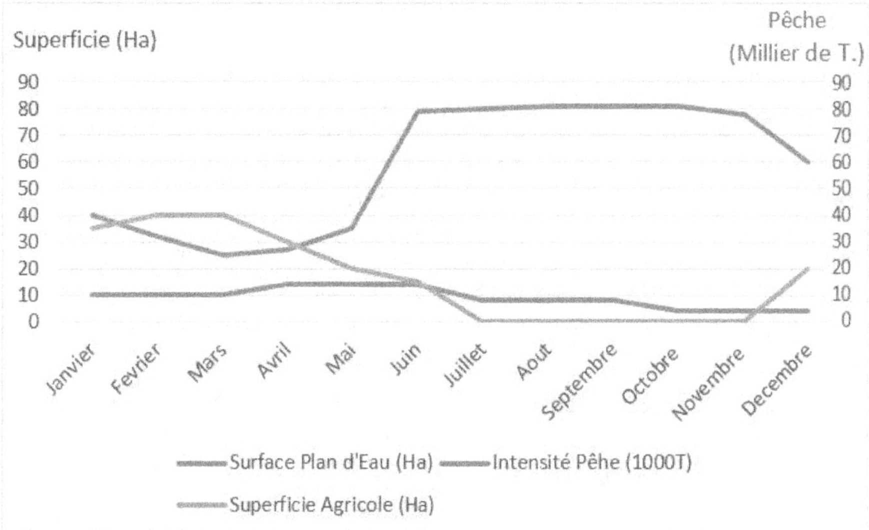

Source : Nos enquêtes

La superficie du lac varie remarquablement au gré des saisons qui déterminent les crues et les décrues. La période de crue s'étend de mai à octobre, pendant ce temps, la superficie du lac est de 81 000 ha avec une profondeur pouvant atteindre 52 m. La période d'étiage s'étend de novembre à avril et la superficie du lac peut décroitre jusqu'à environ 25 000 ha. La superficie lacustre du Guessabo évolue inversement à celle agricole. Elle n'est pas linéaire et directe si nous considérions comme superficie agricole la somme de la zone de marnage et de la berge. Par contre, le lien est direct si on considère que l'agriculture se pratique seulement dans la zone de marnage. En effet, lorsque l'eau se retire elle laisse un vaste espace cultivable qui peut être exploité par les riverains. Mais force et de constater que cet espace n'est pas systématiquement exploité à des fins agricoles par ces acteurs. Ainsi, la superficie dégagée par l'eau n'est pas arithmétiquement égale à la superficie cultivée pendant les périodes de décrue. La pêche et l'agriculture sont plus intensives pendant les périodes de décrues. Car d'une part, la surface lacustre ayant considérablement diminué, permet de capturer plus facilement les poissons qui se concentrent dans les bras d'eau, et leurs techniques de pêche qui sont restées archaïques s'avèrent plus efficace du fait de la faible profondeur de l'eau. Cette période correspond aussi, à la présence du plus grand nombre de pêcheurs étrangers qui sont sur place. Car pendant la saison de pluie, ces derniers particulièrement les pêcheurs maliens, sont de retour au Mali pour d'autres investissements et activités notamment agraires. Les raisons qui les poussent à des reconversions sont nombreuses.

2.3.2 Un faible impact de la variabilité thermo-pluviométrique sur l'insertion bidirectionnelle pêche-agriculture

Dans le bassin du Guessabo, le nombre de pêcheurs qui s'intéressent à l'agriculture va crescendo, c'est aussi le cas pour les agriculteurs qui s'intéressent de plus en plus à la pêche. Au même moment, nous assistons à une variation thermo-pluviométrique dans la zone, ce qui interroge si les intérêts des agents d'un secteur pour l'autre ne sont pas motivés par ces variations. Ainsi, selon les années, les moyennes pluviométriques et de températures changent et le nombre d'acteurs polyvalents augmente. Ces informations ont été traitées de manière détaillée de manière logicielle mais regroupées ici (tableau 3).

Tableau 3 : Evolution du nombre de pêcheurs-agriculteurs selon la variation thermo - Pluviométriques

Laps de temps	Nombre de pêcheurs-agriculteurs	Température moyenne (°C)			Précipitations (mm)		
		T° max	T° min	Mo T°	P° Max	P° min	Mo P°
1984-1990	0	NP	NP	26,76	NP	NP	96,25
1990-1995	0	NP	NP	25,82	NP	NP	95,56
1995-2000	1	NP	NP	25,82	NP	NP	95,56
2000-2004	3	NP	NP	26,13	NP	NP	103,28
2004-2009	3	NP	NP	26,13	NP	NP	103,28
2009-2013	7	36	20	26	214,55	51,33	105,95
2014-2019	9	37	18	26,16	238,66	33,30	126,02
2020-2024	16	41	22	26,33	273	46,53	118,77

Source : Guessabo Annual Weather Averages – Bas-Sassandra, CI, 14/12/2024

Le gradient général des températures est important dans ce bassin car on a pu enregistrer des températures minimums de 18° C et des

températures maximum 41° C. Il en est de même pour la pluviométrie avec des minimums de 33 mm et des maximums de 239 mm.
On admet les hypothèses suivantes :
Hypothèse nulle H_0 : Les variations de pluviométrie ou de température entraine la multi-pratique halieutique et agricole chez les acteurs du bassin de Guessabo.
Hypothèse alternative H_1 : Les variations de pluviométrie ou de température n'entraine pas la multi-pratique halieutique et agricole des acteurs du bassin de Guessabo.
L'étude de la corrélation entre le nombre d'acteurs polyvalents et la variation de la pluviométrie donne un coefficient de corrélation r = 0,854. En plus, la valeur P calculée (Valeur de Probabilité) est de 0,007. Ce qui est inférieur au seuil de significativité de 0,05. Alors on accepte l'hypothèse nulle H_0. Les variations de pluviométrie entraînent les flux des pêcheurs vers l'agriculture, et vis-versa, dans le bassin de Guessabo.
La corrélation entre le nombre d'acteurs polyvalents et la variation de température donne un coefficient de corrélation r = 0,146 ; ce qui est très insignifiant. Mais en plus, la valeur P calculée est de 0,731. Ce qui est supérieur au seuil de significativité de 0,05. Alors on réfute l'hypothèse nulle H_0. Les variations de température n'entraînent pas les flux des pêcheurs vers l'agriculture, et vis-versa, dans le bassin de Guessabo. Donc il n'y a pas de corrélation.
En effet, ce résultat statistique corrobore bien les avis des acteurs interrogés qui affirment à 100% que la raison de leur intérêt pour l'autre activité est motivée par la quête de plus de moyens pour faire face aux besoins des ménages et amasser le maximum de profit devant l'aubaine que leur donne cet espace. A en croire à Monsieur Bassirou : « *Moi je suis pêcheur, mais il y a la terre pour planter et ma femme n'a pas besoin d'aller au marché pour payer gombo, tomate et aubergine. Pourquoi ne pas en profiter ?* ».
Si pour ces derniers, l'intérêt pour l'autre secteur est animé d'une intention de subsistance, pour d'autres par contre il s'agit d'un moyen sûr d'enrichissement. Ceux-ci sont des pêcheurs-éleveurs qui ont vu l'opportunité que présente la vaste prairie que constitue ce bassin et la forte demande en protéine animale dans la région en particulier et dans tout le pays en général. En fait, l'être humain étant homo œconomicus, il est rationnel et maximisateur, c'est ce comportement qui justifie les choix et pratiques des acteurs halieutiques et agricoles dans le bassin du Guessabo. Cela se confirme à travers le propos de Monsieur Moussa, un pêcheur-éleveur : « *Même s'il pleuvait ou pas, moi j'allais faire mon*

élevage, car j'ai toujours aimé cette activité et cela me donne beaucoup de profits ».
En réalité, les acteurs de la production agricole et halieutique dans le bassin du Guessabo sont conscients de la variation climatique et mesures même ses conséquences. Mais cela ne détermine pas leurs intérêts respectifs pour ces différents secteurs. Ces facteurs naturels notamment pluviométriques restent indirects. La raison directe qui motive leur comportement de pratiques multiples est la quête des mieux-être. Dans la quête de ce mieux-être, ils ont des pratiques agraires et halieutiques incontrôlées.

2.4 Des pratiques mutuellement menaçantes

On constate certes des mouvements bidirectionnels des agriculteurs et pêcheurs dans le bassin du Guessabo, mais leurs différentes techniques de travail ont des incidences mutuelles sur les deux secteurs.

2.4.1 L'acadja, une pratique dangereuse pour le lac

L'acadja est une technique de pêche empruntée aux béninois et consiste à piquer des branchages dans le plan d'eau. Ces branchages constituent un biotope favorable à la vie des poissons qui y trouvent un abri et de la nourriture. Les pêcheurs installés dans les campements de pêche pratiquent intensément cette technique. Le problème est que ces branchages ne sont pas sortis de l'eau après usage et y pourrissent. Ces branchages participent à l'envasement du lac et constitue un obstacle aux pratiques agricoles.

2.4.2 L'utilisation de filets à petites mailles, un danger pour la pérennité des espèces

Les filets à petite mailles sont interdits par les autorités compétentes. En effet, la loi N° 2016-554 du 26 juillet 2016 en son article 105 prohibe et puni l'utilisation de tout filet maillant de moins de 35 mm. Mais les pêcheurs les utilisent toujours dans le lac de Guessabo. Certains plus véreux utilisent même les moustiquaires. Les sennes sont plus dangereuses quand ils sont de petites mailles car elles sont de longs filets de 200 à 300 mètres portant des plombs au bas. Ils sont placés dans l'eau et au regard de leurs tailles, ils capturent toutes les tailles de poisson même les alevins et juvéniles de poisson. Ce fond lacustre composé de matières organique en décomposition constituerait un riche limon pour l'agriculture lors du recul de l'eau. Cependant, il est raclé par les opérations non optimums de cette technique de pêche.

2.4.3 Les intrants agricoles dangereux pour l'avenir de la pêche

L'agriculture en général et en particulier le maraichage et la riziculture qui se pratiquent dans les zones de marnage, laisse des impacts graves sur le lac. En effet, les intrants utilisés dans cet espace sont directement en contact avec l'eau du lac. Une fois que l'eau reprend ses droits, elle dissout les particules chimiques des intrants agricoles. Mais aussi, les emballages de ces produits sont abandonnés dans ces espaces qui contaminent l'eau directement pendant les crues. Ces pesticides sont une véritable menace létale pour les espèces aquatiques qui rentrent en contact avec eux.

3. Discussion

La forte part d'informalité dans le secteur de la pêche à Guessabo qu'affiche cette étude a été montrée par K. S. Kra (2016, p.44). Ce dernier souligne que le Ministère de l'économie, des finances et du plan y avait trouvé une solution à travers des campagnes de sensibilisation pour amener les nationaux à s'intéresser et moderniser la pêche. L'étude montre bien une variabilité thermique et pluviométrique dans ce bassin à travers des moyennes collectées sur des sites climatologiques. Ces moyennes sont conformes aux résultats de Z. M. Coulibaly (2021, p.31) qui donnent les mêmes tendances à travers la fonction d'évolution linéaire qui est $y=0,185x + 25,333$. Cela montre bien que la température a cru dans le bassin de Guessabo de 1984 à 2024. Quant à la pluviométrie, elle a linéairement cru de 1984 à 2020 selon une fonction de $y=42,199x+1096$, puis elle a commencé à décroitre à partir de l'année 2000. Ce qui montre bien une variabilité pluviométrique. Cependant, l'étude montre que ce ne sont pas ces variations thermiques et pluviométriques qui conditionnent le flux bidirectionnel des acteurs de la pêche et de l'agriculture. En fait, les acteurs agricoles et halieutiques du Guessabo sont homo œconomicus, il profite des opportunités pour améliorer leurs situations socioéconomiques. Cela vient confirmer le model néoclassique en économie développé par Micaleff, 1982 cité par P. Aurier, (1990, p.74). Pour ces acteurs, c'est plus qu'une stratégie de résilience face aux variabilités climatiques, c'est un opportunisme intelligent pour diversifier les sources d'entrées financières et une manière de faire face amplement aux charges familiales. Même si les études du PDNA (2014, p.23) montrent aussi qu'il est possible de parvenir à un relèvement résilient en diversifiant les moyens d'existence ou en favorisant d'autres stratégies de subsistance. Par ailleurs, l'utilisation du bassin du Guessabo à des fins polyvalentes partagées entre pêche, agriculture et élevage, n'est pas une réalité exclusive. D'après le Programme National de Recherche sur les Zones Humides (PNRZH), les prairies humides sont souvent menacées. Car elles sont retournées et drainées et permettent l'installation de cultures. Elles peuvent également être transformées en peupleraies ou creusées pour aménager des espaces de pêche ou de chasse (P. Grégoire et *al.*, 2024, p.130). Cela se passe en France, précisément à Nord-Pas-de-Calais et à Pas-de-Calais. Enfin, les menaces mutuelles des techniques appliquées dans les deux secteurs ont été citées dans d'autres études, notamment celles de S. K. Kouakou (2021, p.90).

Conclusion

Les pêcheurs du bassin du Guessabo s'initient dans les activités agricoles et inversement des agriculteurs dans la pêche de subsistance. Cette tendance n'est pas conditionnée par des aléas climatiques notamment le réchauffement climatique qui est incriminé par la croyance populaire. La démarche mixte appliquée dans cette étude a été efficace. En effet, la démarche quantitative reposant sur le croisement de données climatologiques collectées auprès d'institutions et sites agréés, a permis de montrer qu'il y a une corrélation positive entre l'évolution du nombre d'acteurs polyvalents et celle de la pluviométrie. Mais, la démarche qualitative reposant sur la recension des opinions, a permis de montrer que les raisons directes de ces flux bidirectionnels est la recherche d'un mieux-être social. Le faisant, ils y adoptent des techniques qui ont des conséquences diverses. La conséquence économique consiste à une complémentarité entre la pêche et agriculture pour leur bien-être. Car certains agriculteurs utilisent la pêche comme activité de relais et les pêcheurs inversement. D'autres, conscients des opportunités qu'offre ce bassin, y pratiquent une agriculture et élevage prolifique pour redorer leur niveau social. Ce n'est pas de la résilience, mais la manifestation de l'état homo œconomicus de ces acteurs qui maximisent leurs satisfactions en utilisant au mieux les opportunités. Du point de vue environnemental, il y a une rivalité car les pratiques de la pêche qui déverse les huiles de moteur sur le rivage avec des techniques de pêche inappropriées, constituent une menace pour l'agriculture. A contrario, les agriculteurs qui utilisent les pesticides et engrais chimiques menacent l'environnement aquatique.

Références bibliographiques

COULIBALY Zana Mohamed, 2021, *Évaluation des signaux régionaux des changements climatiques projetés sur le fonctionnement hydrologique du bassin versant du fleuve Sassandra à Soubré (Sud-ouest de la Côte d'Ivoire)*, Mémoire de Master en Génie de l'Eau et de l'Environnement, Université Jean Lorougnon Guédé de Daloa.

GIRAUD Jean-Pierre et LAFITTE Antoine, 2018, *Vers une économie bleue pour une méditerranée durable : indicateurs et recommandations*, France, les notes du plan bleu.

KOUAKOU Séraphin Konan, KOUAKOU Benoit Kouamé, KONAN Félix Koffi, Koffi Charles BOUSSOU, et KOUASSI Lazare Kouakou, 2021, « Pollution des eaux à usages domestiques par les éléments traces métalliques des activités anthropiques : cas du sous bassin versant du fleuve Sassandra en amont du barrage de buyo », Côte d'Ivoire. IAHS, p. 85–92.

KOUAME Kouakou Benoit, 2021, *Qualité et vulnérabilité a la pollution des ressources en eau destinées à la potabilisation : cas des lacs guessabo et dohou (ouest de la côte d'ivoire)*, Thèse de Doctorat, géosciences et environnement spécialité : hydrochimie et chimie de l'environnement.

KRA Koffi Siméon, 2016, « Le développement de la pêche en Côte d'Ivoire : le cas de la pêche continentale dans la sous-préfecture de Guessabo », Abidjan, EDUCI, p. 37-45.

LAHSEN Ababouch et CHERYL Carolu, 2015, *La pêche et l'aquaculture dans le contexte de l'économie bleue*, Africanfisheries.

NATIONS UNIES, 2016, *L'économie bleue en Afrique : Guide pratique*, Addis-Abeba, Commission économique pour l'Afrique.

PATRICE Grégoire, HUBERT Michel, LAVOUX Thierry, MARIANI Alexis et CUGNY-SEGUIN Marie, 2024, *L'environnement en NORD-PAS-DE-CALAIS*, Paris, Les cahiers régionaux de l'environnement.

AURIER Philippe, 1990, *Analyse de la structure des marchés et étude du concept de concurrence entre les marques : une application sur données de panel. Gestion et management*. Paris, HEC.

PNDA, 2014, *Lignes directrices pour la réduction des risques de catastrophes et le relèvement*, New York, PNUD.

YAPO Ossey Bernard, MAMBO Véronique, TIDOU Sanogo Abiba et HOUENOU Pascal Valentin, 2008, « Etude Analytique des Caractéristiques Chimiques d'un Lac Eutrophe en Milieu Tropical : La Conductivité comme Indicateur de Trophie du Lac de Buyo (Côte d'Ivoire) », *Journal Société Ouest-Africaine de la Chimie*, numéro 25, p. 87-108.

Conclusion générale

L'Afrique dispose d'un territoire maritime absolument gigantesque, de l'ordre de 13 millions de kilomètres carrés, appelé zones économiques exclusives (CEA, 2016), et des lacs d'une superficie d'environ 240 000 kilomètres carrés (GRID Arendal, 2015). Ce potentiel de croissance semble être fragilisé par le manque d'un système de connaissances nécessaires pour avoir un océan accessible, ouvert et équitable aux données et aux informations. L'exploitation des mers, des océans et des cours d'eau s'intensifie dans plusieurs secteurs de l'économie et les opportunités de l'économie bleue sont prises dans l'étau de plusieurs menaces.

Pour savoir comment promouvoir l'économie bleue en Afrique, les propositions des auteurs regroupés dans le présent ouvrage collectif, organisé autour de quatre axes qui sont : (i) les paradoxes de l'entrepreneuriat dans le secteur de l'économie bleue en Afrique : l'employabilité à l'épreuve de la responsabilité sociale des entreprises, (ii) l'économie bleue et le droit, (iii) la gouvernance des océans et croissance bleue ainsi que (iv) l'adaptation au changement climatique.

Les débats autour des *paradoxes de l'entrepreneuriat dans le secteur de l'économie bleue en Afrique : l'employabilité à l'épreuve de la responsabilité sociale des entreprises*, ont révélés que l'entrepreneuriat dans la filière de l'économie bleue peut être un antidote au chômage, au sous-emploi et à l'aubaine de développement de l'employabilité. En effet, l'entrepreneuriat dans l'économie bleue est un catalyseur pour la création d'emplois et la croissance économique. Les mutations des activités dans les secteurs de l'économie bleue ont fait émerger de nouvelles professions autour de l'aquaculture, de la robotique, du numérique, de la cybersécurité et de l'écologie, entre autres, portant à des milliers le nombre de métiers variés et accessibles selon différents niveaux de qualification. Il en est de même de certains fleuves du continent africain qui constituent des opportunités grâce auxquelles se développent les économies locales à partir des activités formelles et informelles. Toutefois, l'existence des contraintes liées à l'exercice des activités entrepreneuriales et l'émergence de certaines pratiques déviantes fragilisent l'accompagnement de l'Etat dans la promotion de l'entrepreneuriat bleu et les défis à relever restent énormes.

À propos des relations entre *l'économie bleue et le doit*, il importe d'introduire des cadres juridiques, réglementaires et institutionnels pour une meilleure intégration des différents secteurs et pour une plus large compréhension du concept. Le concept de l'économie bleue ne s'applique pas seulement aux ressources océaniques. En Afrique, ce concept s'intéresse plus aux pays côtiers, et pose du coup une forme de marginalisation des pays de l'hinterland. Cette perception ne favorise pas l'atteinte des objectifs et la vision de certains gouvernements dans la promotion de l'économie bleue, la valorisation des ressources inexploitées et une gestion durable. L'articulation entre le développement de l'économie bleue et la préservation de l'environnement des bassins versants, plans d'eaux et des barrages s'impose dans le secteur bleu. Les auteurs préconisent ainsi un renforcement des capacités locales sur les étendues du concept de l'économie bleue et l'intégration de ce concept dans le système éducatif par la mise en place des formations et des recherches-développement. L'insuffisance de la réglementation et le manque de procédures standardisées, l'absence d'un système de contrôle et de surveillance apparaissent comme des facteurs significatifs qui contribuent à la persistance de la pêche illicite, non déclarée et non réglementée (INN) dans la zone économique exclusive (ZEE).

Les thématiques en rapport avec la *gouvernance des océans et la croissance bleue* ont mis en exergue les défis institutionnels, environnementaux et sociaux, tout en soulignant les opportunités qu'une meilleure gouvernance maritime peut offrir. À cet effet, la communication peut aider à relever certains de ces défis et catalyser l'élaboration et la mise en œuvre de la planification spatiale maritime (PSM). La communication pourra servir d'outil d'une bonne gouvernance et d'intégration des parties prenantes de la PSM. Elle se présente dans ce contexte comme un puissant moyen de gestion des conflits d'usage pour un consensus sur l'utilisation de l'espace maritime. Dans ce sens, elle servira aussi de moyen de facilitation de l'accès et de partage des connaissances, de l'information, de moyen de sensibilisation et d'éducation des acteurs du milieu marin et côtier de sorte qu'ils parviennent à acquérir une compréhension commune des problématiques en jeu afin de minimiser les obstacles à la mise en œuvre de la PSM. Les contributions ont planché également sur l'analyse des effets de la croissance bleue sur les inégalités de revenu en Afrique Subsaharienne (ASS). Les résultats allant dans ce sens ne montrent pas de relation significative au niveau de l'ASS dans son ensemble concernant l'effet de la croissance bleue sur les inégalités de revenu. Toutefois, il faut retenir que dans les pays côtiers d'ASS, la croissance bleue présente un effet positif significatif (0,045) sur les inégalités, suggérant qu'aux premiers stades du développement lié aux ressources maritimes, les bénéfices économiques tendent à se concentrer entre les mains d'une élite. Aussi, l'effet quadratique négatif (-0,032) révèle une relation en forme de courbe en U inversée, indiquant qu'au-delà d'un certain seuil, une croissance bleue plus avancée pourrait contribuer à une réduction des inégalités grâce à une meilleure redistribution des bénéfices. Dans ce même axe, les analyses ont montré également l'impact de l'économie bleue sur le bien-être psychologique des communautés côtières. Les activités telles que la pêche, l'aquaculture et le tourisme côtier jouent un rôle fondamental dans la sécurité économique des travailleurs, ce qui contribue à une réduction du stress et à une amélioration significative de la santé mentale au sein de ces populations.

Au sujet de l'*adaptation au changement climatique*, il apparaît que son intégration dans les secteurs d'activités économiques liées aux océans, aux mers, aux côtes, aux cours d'eau est un défi à relever pour une économie bleue résiliente. La baisse du volume des captures de pêches due en partie aux effets des changements climatiques contribue énormément à l'accroissement de la vulnérabilité des femmes transformatrices de poissons. Aussi, note-on une tendance régressive, depuis plus de deux décennies, du régime d'écoulement des cours d'eau, caractérisée par la baisse du débit du fait des contraintes climatiques. Les observations faites depuis quelques décennies couplées à l'analyse des données climatiques, notamment les données de température et océanique, révèlent que les pêcheries artisanales sont très vulnérables aux effets des changements climatiques au travers de la baisse de la production halieutique, aux fortes houles et à la modification de l'habitat des poissons due à l'érosion côtière, au relatif appauvrissement des eaux superficielles et la diminution de la productivité de certains stocks halieutiques. De plus les mauvaises pratiques agraires et halieutiques dans certains bassins constituent une menace pour l'économie bleue en Afrique.

De façon générale, le présent ouvrage collectif a permis de capitaliser les acquis en termes de connaissances et demande d'investir dans la science, la technologie, l'innovation et la formation mais également sur les jeunes, les institutions et sur la culture afin de promouvoir la bonne gouvernance dans le domaine de l'économie bleue et vaincre considérablement les effets du changement climatique. Promouvoir l'économie bleue exige une approche multidimensionnelle au regard de l'ensemble des propositions qui sont faites. L'enjeu essentiel et le préalable absolu étant l'innovation, car les lacunes institutionnelles, l'absence de cadres de gouvernances robustes et les défis techniques, notamment en matière de planification spatiale marine et de sécurité maritime, entravent également une exploitation optimale des ressources.

Les sciences et technologies jouent un rôle crucial dans la réponse à ces défis. L'innovation dans les énergies renouvelables marines, telles que l'éolien offshore et l'énergie des vagues, ouvre de nouvelles perspectives pour une transition énergétique durable. Les technologies émergentes, notamment la surveillance par satellite, l'intelligence artificielle et les drones, renforcent la gestion des ressources et la sécurité maritime. De plus, la biotechnologie marine offre des opportunités pour l'exploitation de la biodiversité marine dans des domaines comme la pharmacie et l'agroalimentaire.

La coopération internationale apparaît comme un levier indispensable pour la réussite de l'économie bleue en Afrique. Les initiatives régionales et mondiales, les accords de gouvernance maritime et le transfert de technologies jouent un rôle clé dans le renforcement des capacités des pays africains. Par ailleurs, des modèles économiques durables basés sur la circularité, la résilience et l'inclusivité sont nécessaires pour maximiser les bénéfices socio-économiques tout en préservant les écosystèmes. Des instruments financiers innovants, tels que les fonds verts, la finance bleue et les partenariats public-privé, sont proposés pour soutenir les projets liés à l'économie bleue.

L'ouvrage propose des recommandations politiques, notamment l'élaboration de cadres de gouvernance spécifiques et la mise en place d'un système de comptabilité dédié à l'économie bleue pour mieux suivre et évaluer les performances des différents secteurs. Dans l'ensemble, cet ouvrage met en avant le rôle stratégique de l'économie bleue dans la transformation socio-économique de l'Afrique et appelle à un engagement collectif pour exploiter durablement les richesses marines et aquatiques du continent.

Gbati NAPO
Professeur Titulaire
en Sociologie

Les contributeurs

ADJOUSSI Pessièzoum est Professeur Titulaire en géographie physique au département de géographie à l'Université de Lomé. Ses principaux axes de recherche portent sur les changements globaux, les géo-risques, la gestion des zones côtières et la télédétection/SIG.

BABA Eli Tchaa est doctorant en géographie à l'Université de Lomé. Il est membre du Laboratoire de Recherche sur la Dynamique des Milieux et des Sociétés (LARDYMES).

DATINON Mahoutin Ange G.-M. est Enseignant-Chercheur au Département de Psychologie,
Université d'Abomey-Calavi/Bénin.

DOUT Hamitande est Docteur en Sciences économiques, spécialisé en économie du développement. Il est Enseignant-Chercheur (Assistant) au Centre de Recherche en Économie Appliquée et en Management des Organisations (CREAMO) de l'Université de Lomé.

FIAGAN Koku-Azonko est Maître de Conférences, Enseignant-Chercheur au Département de Géographie de la Faculté des Sciences de l'Homme et de la Société (FSHS) de l'Université de Lomé (UL), Membre du Laboratoire de Recherche sur la Dynamique des Milieux et des Sociétés (LARDYMES), Géographe et spécialiste des questions en lien avec l'exploitation et la gestion des ressources halieutiques.

GNANE Napo Mouncaïla est Maître de Conférences en sociologie de la communication à l'Institut des Sciences de l'Information, de la Communication et des Arts (ISICA). Il est membre du Centre d'Études et de Recherches sur les Organisations, la Communication et l'Éducation (CEROCE) de l'Université de Lomé (UL)

KANATE Mohamed est Enseignant-Chercheur en Géographie et Logisticien, Maître-Assistant à l'Université Jean Lorougnon Guédé (Daloa, Côte d'Ivoire) à l'UFR des Sciences Sociales et Humaines : Parcours Géographie des Mers et Exploitation des Océans ; Spécialité « Ports, Transports et Echanges Commerciaux ». Il appartient aux laboratoires LATECOMP (Laboratoire des Transports et d'Economie Maritime et Portuaire) et LADYSTER (Laboratoire des Dynamiques Sociales et Territoriales).

LARE Konnegbéne, Maître de Conférences en géographie rurale, il est Enseignant-Chercheur au Département de Géographie à l'Université de Kara (Togo)

LARE Yambambate, Doctorant en sociologie à l'Université de Kara

LOKO Associé Delphin, spécialiste en gestion et commande publique, titulaire d'un Master complémentaire en Économie des Ressources Naturelles et de l'Environnement à École Doctorale des Sciences Agronomiques et de l'Eau (EDSAE), Université de Parakou. Affilié au Laboratoire de Recherche en Économie et Gestion (LAREG) de l'Université de Parakou, il est en service à l'Université Nationale des Sciences, Technologies, Ingénierie et Mathématiques (UNSTIM) depuis sa création. Passionné par les finances durables.

MEHINTO Michel M. est Enseignant-Chercheur au Laboratoire de Psychologie Appliquée,
Université d'Abomey-Calavi/Bénin

MOUTORE Yentougle est Maître de Conférences de sociologie urbaine à l'Université de Kara (Togo), Directeur adjoint du laboratoire Pôle de Recherche et d'Expertise sur la Dynamique des Espaces et des Sociétés (PREDES)

NANA Claudin Karim, PhD - chercheur, attaché à l'Unité de Recherche de Philosophie et Sciences Sociales appliquées (URPHISSA), Université de Dschang, Sociologie du développement.

NANGBE Florentin est Maître de Conférences en sociologie des organisations. Il est Enseignant-Chercheur au Département de Sociologie-Anthropologie, Université d'Abomey-Calavi/Bénin.

NAPO Gbati, Professeur Titulaire de Sociologie, Enseignant chercheur à l'Université de Lomé et membre de l'Unité de Recherche en Sociologie Appliquée et Fondamentale (URSAF), il est auteur de plusieurs publications. Domaines de publication : communication, communication-éducation-citoyenneté, TIC, communication politique et électorale. Il est actuellement Chef Division Administration des Ecole et Etudes doctorales à la direction de la recherche et de l'innovation (DRI)/Université de Lomé

NGOUYAMSA Valentin est socio-économie. Il est Maître de Conférences, responsable de l'Unité de Recherche de Philosophie et des

Sciences Sociales Appliquées (URPHISSA) à la FLSH de l'Université de Dschang au Cameroun.

PENN Laré Batouth est Maître de Conférences en sociologie des organisations et de l'action publique. Enseignant-Chercheur à l'Université de Lomé, il est membre de l'Unité de Recherche en Sociologie Appliquée et Fondamentale (URSAF).

POGBO PALI Magnim est socio-politologue de nationalité togolaise. Enseignant chercheur à l'Université de Lomé et membre de l'Unité de Recherche en Sociologie Appliquée et Fondamentale (URSAF), il est auteur de plusieurs publications sur la politique et la communication. Il est actuellement Chef Division suivi et certification au Centre de Formation Continue (CFC-UL)

SIMTAGNA Yao est spécialiste en planification maritime et en économie bleue. Il est membre du Laboratoire de Recherche en Sciences Économiques et de Gestion, Université de Kara-Togo

TCHAYE Nandja Tchaboré est Doctorant en Sociologie de développement au Département de sociologie à l'université de Lomé. Il est membre de l'Unité de recherche en sociologie appliquée et fondamentale (URSAF).

Structures éditoriales du groupe L'Harmattan

L'Harmattan Italie
Via degli Artisti, 15
10124 Torino
harmattan.italia@gmail.com

L'Harmattan Hongrie
Kossuth l. u. 14-16.
1053 Budapest
harmattan@harmattan.hu

L'Harmattan Sénégal
10 VDN SICAP AMITIE 3
BP 45034 Dakar-Fann
direction@senharmattan.com

L'Harmattan Cameroun
Tsinga/Derrière polyclinique FECAFOOT
BP 11486 Yaoundé
Jacques.koukam@harmattan.fr

L'Harmattan Burkina Faso
Villa 281, secteur 23 623, rue 14.32
Ouagadougou
zagbie@outlook.fr

L'Harmattan Guinée
Almamya, rue KA 028 OKB Agency
BP 3470 Conakry
harmattanguinee@yahoo.fr

L'Harmattan RDC
185, avenue Nyangwe
Commune de Lingwala - Kinshasa
matangilamusadila@yahoo.fr

L'Harmattan Congo
219, avenue Nelson Mandela
BP 2874 Brazzaville
deunovmikhael@gmail.com

L'Harmattan Mali
Immeuble Mgr Jean Marie Cissé
Aci Hamadallaye
BP 145 Bamako
syllaka@yahoo.fr

L'Harmattan Togo
Djidjole - Maison Amela
face EPP BATOME
02 BP 20680 Lomé
didieramela11@gmail.com

L'Harmattan Côte d'Ivoire
Résidence Karl - Cité des Arts
Abidjan-Cocody
03 BP 1588 Abidjan
harmattan.ivoire@gmail.com

L'Harmattan Bénin
Rue 604, (Immeuble à l'entrée
de la rue UCAO- Cite de Saint-Jean)
Cotonou
stepcorpus@gmail.com

Nos librairies en France

Librairie internationale
16, rue des Écoles
75005 Paris
librairie.internationale@harmattan.fr
01 40 46 79 11
www.librairieharmattan.com

Librairie des savoirs
21, rue des Écoles
75005 Paris
librairie.sh@harmattan.fr
01 46 34 13 71
www.librairieharmattansh.com

www.ingramcontent.com/pod-product-compliance
Lightning Source LLC
LaVergne TN
LVHW011432061026
849535LV00004BA/792